¡Nunca se habían visto en México manifestaciones espontáneas de esta envergadura! ¡La época de oro, la más hermosa del Movimiento Estudiantil se dio entre agosto y septiembre!

Una de las primeras grandes manifestaciones, la del 27 de agosto, reunió a 300 mil personas. Llevaban pancartas, los muchachos volanteaban; nunca creímos que se nos unieran espontáneamente tantos y tantos...

Los ferrocarrileros en 1958 estuvieron solos. Nosotros no.

¡LIBERTAD
A LOS PRESOS
POLITICOS!

Los obreros si participaron con nosotros en el Movimiento Estudiantil y pedían
a libertad de sus líderes, de Vallejo encarcelado desde hace once años y de

en las brigadas, recolectando dinero llegamos a juntar de mil a dos mil peso

Ciudad Universitaria era el refugio de los estudiantes. Allí realizaban sus asambleas, imprimían sus volantes, guardaban su propaganda. Pintaron todo: a los mingitorios les pusieron los nombres de los jefes de policía; las aulas se llamaron Camilo Torres y Che Guevara, y letreros que advertían: "Hoy todo estudiante con vergüenza es revolucionario."

Hubo muchas niñas popis que participaron, muchachas ricas de la Iberoameri-cana y de la Facultad de Filosofía y Letras que estudian una carrera porque "la cultura es una monada". Pero a la hora de los cocolazos se portaron valientes; ayudaron a sus compañeros, llevaban propaganda y volantes en el coche de su papá. . .

Nos posesionamos de muchos camiones... Nos servían de casa y
sobre todo de tribuna... Sentados en sus techos, en lugar del
equipaje, participábamos en las manifestaciones... En aquella época
todos nos aplaudían...

Las marchas en México habían sido, cuando mucho de 15 mil manifestantes. Pero ¡600 mil personas de todos los sectores de la población y sobre todo de jóvenes! ¿Cuándo se había visto algo semejante? En "El Angel" de la

Entramos al Zócalo! ¡Estaban repicando las campanas de catedral! Do
studiantes de medicina subieron con el permiso del padre Jesús Pérez y
ambién encendieron todas las luces de la fachada. Todo el mundo aplaudí

Había que desacralizar el Zócalo y lo logramos tres veces... Por primera vez después de cuarenta años una multitud de ciudadanos conscientes de sus derechos, una multitud indignada se hacía oír frente al balcón presidencial, en la Plaza de la Constitución.

"Hay que restablecer la paz y la tranquilidad pública. Una
mano está tendida; los mexicanos dirán si esa mano se queda
tendida en el aire..." El presidente de la República, 1o. de
agosto de 1968.

"La ocupación militar de la Ciudad Universitaria, ha sido un
gesto excesivo de fuerza que nuestra casa de estudios no
merecía." El rector Javier Barros Sierra, 19 de septiembre de

En agosto comenzaron las agresiones, el profesor e ingeniero Heberto Castillo fue salvajemente golpeado; desaparecieron numerosos muchachos hubo varios encuentros sangrientos entre granaderos y estudiantes.

Los muchachos del Politécnico de extracción humilde y campesina siempre fueron muy bravos; entre ellos los granaderos hicieron muchas víctimas y en la cárcel la mayoría de los jóvenes presos son del Poli. . .

Fueron muchas madres de familia a las manifestaciones; las mismas que después irían a la Cámara de Diputados para protestar por la muerte de sus hijos.

Los camiones del Poli eran como nuestra casa, nuestro refugio. Adentro nos sentíamos seguros. Además cada vez que la gente veía un camión del Poli, se hacía bolita a su alrededor.

Recibíamos a los granaderos con cohetones y bombas molotov. Ese era nuestro poderoso arsenal.

Señor Presidente, ¿cómo puede ofrecer la amistad a los pueblos de la tierra

Surgió el símbolo que pronto cubrió la ciudad, aun se coló en los actos públicos, la Televisión: la V de Venceremos, hecha con los dedos por los muchachos al marchar en las manifestaciones, pintada después en autobuses, bardas...

Nos formaron a todos con la

A las 5.30 horas de la tarde, cerca de 5 mil personas se reunieron en la Plaza de las Tres Culturas de Tlatelolco para escuchar a los oradores del Consejo Nacional de Huelga... Había mujeres, niños, ancianos sentados en el suelo...

unto a la vieja Iglesia de Santiago Tlatelolco, se reunió confiada una multitud
ue media hora más tarde yacería desangrándose frente a las puertas de
onvento que jamás se abrieron para albergar a niños, hombres y mujeres

Quemar camiones, secuestrarlos siempre ha sido uno de los puntales de las
luchas estudiantiles. . . Es la única forma que tenemos de protestar contra el
Gobierno; la única forma de que se de cuenta de que existimos, y de que
tenemos nuestras exigencias. . .

Nos formaron a todos con las manos en alto y a los que estaban greñudos los
apartaban. A un muchacho lo hincaron y le trozaron mechones con la
bayoneta. Pensé que a mi hermano Ignacio lo iban a pelar porque es artista y

Yo estas cosas las veía en "Combate" en la Televisión. Nunca creí que las vería en la realidad.

"Ahí les va su despedida"... Y nos golpearon como si estuvieran quebrando

"¡Al Consejo Nacional de Huelga lo vamos a pasar por las armas por traición a la patria!"...

¡Cuidado, no muevas la camilla, la herida está en el vientre!

...iedaron tirados en el suelo entre jirones de ropa y plantas machucadas ...chos zapatos, sobre todo de mujer; mudos testigos de la desaparición de sus...

Los tanques permanecieron muchos días en Tlatelolco... Aquello parecía un campo de batalla...

Quinientas mujeres fueron a la Cámara de Diputados a pedir que saliera el ejército de Tlatelolco. Portaban cartelones protestando por el allanamiento de

Mientras tanto, en todas partes había una romería de gente buscando a sus muertos o a sus heridos. Sólo en la Tercera Delegación nos mostraron 3 cadáveres. En las Cruces y en los hospitales había más.

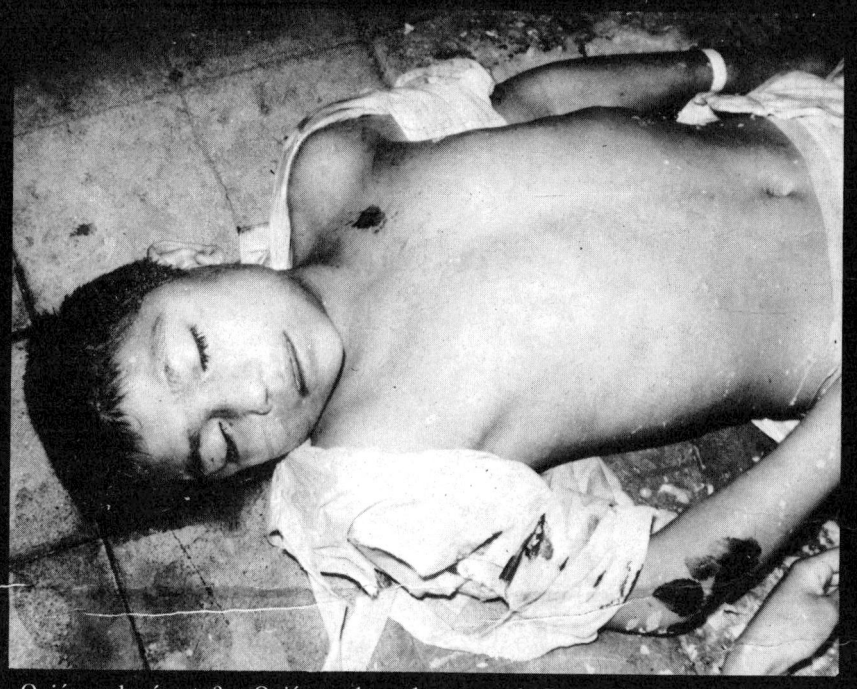

¿Quién ordenó esto? ¿Quién pudo ordenar esto? Esto es un crimen.

En vez de meter a los bandidos explotadores a la cárcel, México mete a su juventud.

El doctor Eli de Gortari, profesor universitario, y el editor Manuel Marcué Pardiñas, exdirector de *Política*, revista de oposición.

Tres líderes del Consejo Nacional de Huelga: Cabeza de Vaca, de la Escuela de Agricultura de Chapingo, Félix Lucio Hernández Gamundi, del Politécnico y Luis González de Alba, de Filosofía y Letras de la UNAM.

La Nacha de pelo largo, el escritor José Revueltas con su barbita a la Ho Chi Minh, frente a ellos *El Che*, Antonio Rodríguez, la *Tita*, *El Búho*, Eduardo Espinoza del Valle, en una audiencia.

El 2 de noviembre, día de los muertos, depositamos cempasuchitl y veladoras en la Plaza de las Tres Culturas... Muchos soldados nos vigilaban pero de pronto se prendieron miles de veladoras y surgieron gentes de entre los árboles que comenzaron a rezar por sus hijos masacrados el 2 de octubre en Tlatelolco...

Biblioteca Era

Elena Poniatowska
LA NOCHE DE TLATELOLCO

Elena Poniatowska

LA NOCHE DE TLATELOLCO

Testimonios de
historia oral

Biblioteca Era

Primera edición: 1971
55a. reimpresión: 1997
Segunda edición (corregida): 1998
6a reimpresión: 2003
ISBN: 968-411-425-7
DR © 1971, Ediciones Era, S. A. de C. V.
Calle del Trabajo 31, 14269 México, D. F.
Impreso y hecho en México
Printed and made in Mexico

www.edicionesera.com.mx

A Jan

1947-1968

Agradecemos a Rosario Castellanos su poema escrito especialmente para este libro.

Los poemas de José Emilio Pacheco, José Carlos Becerra, Juan Bañuelos, Eduardo Santos fueron las primeras protestas de artistas que siguieron el ejemplo de Octavio Paz.

Margarita García Flores, entonces (1968) jefa de Prensa de la Universidad, nos prestó algunas de sus valiosas "Noticias Universitarias", de la Dirección General de Información de la UNAM. Finalmente agradecemos a todos los que nos dieron su nombre y su testimonio.

Índice

Primera parte
Ganar la calle

ÚNETE PUEBLO, NO NOS ABANDONES, ÚNETE PUEBLO. PUEBLO, NO NOS ABADONES, ÚNETE PUEBLO.

• Mantas en la manifestación del 13 de agosto de 1968

Son muchos. Vienen a pie, vienen riendo. Bajaron por Melchor Ocampo, la Reforma, Juárez, Cinco de Mayo, muchachos y muchachas estudiantes que van del brazo en la manifestación con la misma alegría con que hace apenas unos días iban a la feria; jóvenes despreocupados que no saben que mañana, dentro de dos días, dentro de cuatro, estarán allí hinchándose bajo la lluvia, después de una feria en donde el centro del tiro al blanco lo serán ellos, niños-blanco, niños que todo lo maravillan, niños para quienes todos los días son día-de-fiesta, hasta que el dueño de la barraca del tiro al blanco les dijo que se formaran así el uno junto al otro como la tira de pollitos plateados que avanza en los juegos, click, click, click, click y pasa a la altura de los ojos, ¡Apunten, fuego!, y se doblan para atrás rozando la cortina de satín rojo.

El dueño de la barraca les dio los fusiles a los cuicos, a los del ejército, y les ordenó que dispararan, que dieran en el blanco y allí estaban los monitos plateados con el azoro en los ojos, boquiabiertos ante el cañón de los fusiles. ¡Fuego! El relámpago verde de una luz de bengala. ¡Fuego! Cayeron pero ya no se levantaban de golpe impulsados por un resorte para que los volvieran a tirar al turno siguiente; la mecánica de la feria era otra; los resortes no eran de alambre sino de sangre; una sangre lenta y espesa que se encharcaba, sangre joven pisoteada en este reventar de vidas por toda la Plaza de las Tres Culturas.

Aquí vienen los muchachos, vienen hacia mí, son muchos, ninguno lleva las manos en alto, ninguno trae los pantalones caídos entre los pies mientras los desnudan para cachearlos, no hay puñetazos sorpresivos ni macanazos, ni vejaciones, ni vómitos por las torturas, ni zapatos amontonados, respiran hondo, caminan seguros, pisando fuerte, obstinados; vienen cercando la Plaza de las Tres Culturas y se detienen junto al borde donde la Plaza cae a pico dos o tres metros para que se vean las ruinas prehispánicas; reanudan la marcha, son muchos, vienen hacia mí con sus manos que levantan la pancarta, manos aniñadas porque la muerte aniña las manos; todos vienen en filas apretadas, felices, andan felices, pálidos, sí, y un poco

13

borroneados, pero felices; ya no hay muros de bayonetas que los rechacen violentamente, ya no hay violencia; los miro a través de una cortina de lluvia, o será de lágrimas, igual a la de Tlatelolco; no alcanzo a distinguir sus heridas, qué bueno, ya no hay orificios, ni bayonetazos, ni balas expansivas; los veo nublados pero sí oigo sus voces, oigo sus pasos, pas, pas, pas, paaaaas, paaaaaas, como en la manifestación del silencio, toda la vida oiré esos pasos que avanzan; muchachas de mini con sus jóvenes piernas quemadas por el sol, maestros sin corbata, muchachos con el suéter amarrado a la cintura, al cuello, vienen a pie, vienen riendo, son muchos, vienen con esa loca alegría que se siente al caminar juntos en esta calle, nuestra calle, rumbo al Zócalo, nuestro Zócalo; aquí vienen; 5 de agosto, 13 de agosto, 27 de agosto, 13 de septiembre, el padre Jesús Pérez echó a vuelo las campanas de Catedral para recibirlos, toda la Plaza de la Constitución está iluminada; constelada con millares de cempazúchitl, millares de veladoras; los muchachos están en el corazón de una naranja, son el estallido más alto del fuego de artificio, ¿no que México era triste? Yo lo veo alegre, qué loca alegría; suben por Cinco de Mayo, Juárez, cuántos aplausos, la Reforma, se les unen trescientas mil personas que nadie acarrea, Melchor Ocampo, las Lomas, se remontan a la sierra, los bosques, las montañas, Mé-xi-co, Li-ber-tad, Mé-xi-co, Li-ber-tad, Mé-xi-co, Li-ber-tad, Mé-xi-co, Li-ber-tad, Mé-xi-co, Li-ber-tad.

E. P.

No es que yo me "metiera" al Movimiento Estudiantil; ya estaba adentro desde hace mucho. Entiéndame, yo soy del Poli; allá tengo mi casa; allá están mis cuates, los vecinos, el trabajo... Allá nacieron mis hijos. Mi mujer también es del Poli. El Movimiento lo traemos dentro desde hace muchos años. ¡Aquí no hay improvisación, ni "puntada", ni "buena onda", ni nada! No se trata de eso. Se trata de defender todo aquello en que creemos, por lo que siempre hemos luchado y antes de nosotros nuestros padres y los padres de nuestros padres... Provenimos de familias de obreros, de gente que siempre ha trabajado, y trabajado duro.

> • Raúl Álvarez Garín, físico matemático de la ESFM.
> Profesor de la Escuela Nacional de Ciencias Biológicas
> del IPN, delegado ante el CNH, preso en Lecumberri

MÉ-XI-CO-LI-BER-TAD - MÉ-XI-CO-LI-BER-TAD - MÉ-XI-CO-LI-BER-TAD

• Coro en las manifestaciones

Yo le entré al Movimiento Estudiantil porque un día, sin más, llegaron los granaderos a la Escuela de Bellas Artes con perros policía y cadenas y se llevaron a todo mundo preso, así, fíjate, con la mano en la cintura. ¡Y el INBA ni siquiera había dicho abiertamente si apoyaba o no al Movimiento! (Yo creo más bien que no, ¿eh?) A muchos actores, esta invasión arbitraria nos hizo tomar conciencia y resolvimos unirnos a los estudiantes y ayudarlos, pero de veras, no sólo yendo a las manifestaciones agarrados del brazo o gritando en los mítines... Entonces constituimos una brigada de actores de teatro.

• Margarita Isabel, actriz

ÚNETE-PUEBLO - ÚNETE-PUEBLO - ÚNETE-PUEBLO - ÚNETE-PUEBLO

• Coro en las manifestaciones

La decisión que podíamos tomar no era meternos dentro del Movimiento sino quedarnos o salirnos. Desde un principio tuvimos una conciencia más o menos clara de lo que iba a suceder –la represión, las detenciones masivas, las macanizas no se hicieron esperar–, entonces se presentó la alternativa. O "le haces al clandestino", que significa tomar un boleto de avión o de tren o de lo que sea y largarte, o te quedas en la ciudad a ver de a cómo te toca... Todos estábamos en nuestras escuelas, Raúl en Físico-Matemáticas, yo en Filosofía, y habíamos participado anteriormente en cuestiones estudiantiles. Por ejemplo, los problemas concretos de mi escuela eran: la Prepa Popular, los rechazados, la libertad de Vallejo, los planes de estudio y otros de tipo académico, la independencia del Colegio de Psicología, etcétera. Desde 1967 era yo el presidente de la Sociedad de Alumnos pero ahora ya soy vitalicio... A partir del 26 de julio, todo cambió... Yo no soy el mismo; todos somos otros. Hay un México antes del Movimiento Estudiantil y otro después de 1968. Tlatelolco es la escisión entre los dos Méxicos.

• Luis González de Alba, delegado de la Facultad de Filosofía y Letras de la UNAM ante el CNH, preso en Lecumberri

"Hacerle al clandestino" significa no hacer nada.

• Gilberto Guevara Niebla, delegado de la Facultad de Ciencias de la UNAM ante el CNH, preso en Lecumberri

Pienso que la fuerza y la importancia del Movimiento Estudiantil se la dio la represión. Más que ningún discurso político, el hecho mismo de la represión politizó a la gente y logró que la gran mayoría participara activamente en las asambleas. Se decretó que en cada escuela habría paros y allí mismo surgió la idea de las brigadas y de los comités de lucha en cada facultad. Los brigadistas eran muchachos y muchachas de la base estudiantil que realizaban todo tipo de actividades, desde recolectar dinero hasta hacer mítines relámpago en la calle, en los barrios más alejados, en las colonias proletarias. Las grandes manifestaciones fueron una de las armas políticas más eficaces del Movimiento.

• Carolina Pérez Cicero, estudiante de la Facultad de Filosofía y Letras de la UNAM

Nunca se habían visto en México manifestaciones espontáneas tan grandes y tan extraordinariamente vivas como las estudiantiles. Hubo una, creo, de apoyo a la Revolución Cubana, hace muchos años, pero no tuvo esa envergadura. En realidad, el Movimiento Estudiantil sacudió a la sociedad mexicana y por eso el gobierno empezó a tener tanto miedo.

• Félix Lucio Hernández Gamundi, de la ESIME del IPN, delegado ante el CNH, preso en Lecumberri

Las marchas en México habían sido, cuando mucho, de quince mil manifestantes. Pero ¡seiscientas mil personas de todos los sectores de la población, y sobre todo de jóvenes! ¿Cuándo se había visto algo semejante? ¿Cómo lo iba a aguantar el gobierno? Con razón se le botó la canica.

• Salvador Martínez della Rocca, *Pino*, del Comité de Lucha de la Facultad de Ciencias de la UNAM, preso en Lecumberri

No era tolerable que una verdadera multitud que oscilaba entre trescientas y seiscientas mil personas desfilara por las principales avenidas de México, el Paseo de la Reforma, Juárez, Cinco de Mayo, llevando mantas y pancartas que se mofaban del "principio de autoridad". Había que aplastar la protesta estudiantil que hacía tambalearse el *statu quo*, el PRI, el sindicalismo charro, la "momiza".

• Eduardo Valle Espinoza, *Búho*, delegado de la Escuela Nacional de Economía de la UNAM ante el CNH, preso en Lecumberri

Al marchar por las calles como lo hicimos, en cierta forma vengábamos a todos los estudiantes de la provincia que fueron reprimidos antes que nos tocara a nosotros; a los estudiantes de Puebla, de Tabasco, de Chihuahua, de Sinaloa, de Guerrero, de Sonora, y, en cierto modo, los atropellos cometidos en Morelia, en Hermosillo, en Monterrey.

• Ernesto Hernández Pichardo, de la Escuela Nacional de Economía de la UNAM

SOLDADO, NO DISPARES, TÚ TAMBIÉN ERES EL PUEBLO

• Manta en la manifestación del 27 de agosto

La población de México consta hoy por hoy de cuarenta y ocho millones de habitantes mal repartidos sobre un territorio de dos millones de kilómetros cuadrados. Su tasa de crecimiento demográfico es de 3.6 por ciento al año (al menos esto es lo que dice el maestro

Loyo) y, como cada año es mayor, en 1990 habrá en nuestro país noventa millones de habitantes. El setenta por ciento de ellos tendrán menos de 23 años.

Esto viene a cuento porque creo que los jóvenes campesinos, los obreros y los estudiantes tienen pocas perspectivas dignas de vida, porque las fuentes de trabajo se crean en beneficio de intereses particulares y no de la colectividad. Se nos dice continuamente: "Ustedes son el futuro del país". Pero se nos niega sistemáticamente cualquier oportunidad de actuar y participar en las decisiones políticas del presente... Nosotros queremos y podemos participar ahora, no cuando tengamos sesenta años...

> • Gustavo Gordillo, delegado de la Escuela Nacional de Economía de la UNAM ante el CNH

¡PUEBLO, NO NOS ABANDONES - ÚNETE PUEBLO!

> • Coro en la manifestación del 13 de agosto

Yo no entré al Movimiento; ya estaba yo adentro creo desde que nací. Ése es mi medio, es el aire que respiro y para mí el Movimiento significaba defender mi casa, mi mujer, mis hijos, mis compañeros.

> • Ernesto Olvera, profesor de matemáticas de la Preparatoria 1 de la UNAM, preso en Lecumberri

---

¡PRESOS POLÍTICOS LI-BER-TAD!   ¡PRESOS POLÍTICOS LI-BER-TAD!

> • Coro en la manifestación del 13 de agosto

El Movimiento Estudiantil de 1968 no nació en ese mismo año; no surgió así nomás por generación espontánea. Sus demandas habían sido planteadas anteriormente por innumerables organizaciones políticas revolucionarias y por importantes grupos estudiantiles. La libertad a los presos políticos es en México una demanda tan vieja como el fenómeno mismo. También la lucha por derogar el artículo 145 que se refiere a la disolución social y por que desaparezca el cuerpo de granaderos. El Movimiento de 1968 recogió todas estas demandas y no sólo se pronunció por la solución de su pliego petitorio sino que se hizo el vocero de las demandas más sentidas por los estudiantes, los trabajadores y los intelectuales de México.

Antes, en muchas partes del país, los estudiantes habían encabezado a todo el pueblo en luchas cuyo contenido general tiene mucha relación con el Movimiento de 1968. Los más importantes movimientos de este tipo son los de Puebla en 1964, Morelia en 1966, Sonora y Tabasco en 1967... Junto a lo anterior las manifestaciones de solidaridad con Cuba, Vietnam y la República Dominicana movilizaron a grandes grupos de estudiantes principalmente de la ciudad de México, y la conciencia de la opresión de otros pueblos elevó el nivel de su politización y los hizo conscientes de su propia fuerza. Ejemplos de esto son la lucha estudiantil en Morelia, durante los años de 1962 y 1963; el movimiento por la reforma universitaria en Puebla en 1962; la huelga de la UNAM en 1966; las constantes huelgas estudiantiles por reivindicaciones económicas y académicas realizadas en diversas partes del país (dentro de las que destacan las normales rurales); el movimiento de los estudiantes de la Escuela de Agronomía de Ciudad Juárez, Chihuahua, que fue apoyado por el resto de las escuelas de agronomía y por los estudiantes del IPN, y muchas otras luchas estudiantiles.

Yo no creo que estas luchas estén aisladas las unas de las otras. Por el contrario, creo que podemos decir que, a partir de la huelga nacional de abril de 1956, se abrió en México un proceso de ascenso de las luchas estudiantiles. El Movimiento Magisterial de 1958, el Ferrocarrilero de 1958-1959 y las manifestaciones de solidaridad con Cuba fueron hechos que impulsaron dicho proceso, que tiene un punto culminante precisamente en 1968. Probablemente el Movimiento Estudiantil espera ahora el "relevo" del movimiento obrero y de las luchas campesinas.

> • Pablo Gómez, de la Escuela Nacional de Economía de la
> UNAM, de las Juventudes Comunistas, preso en Lecumberri

Habíamos decidido no asistir a la manifestación organizada por el PC. Sería como siempre, dos veces al año: una por Vietnam y otra por Cuba: la glorieta de la SCOP como punto de partida, Niño Perdido,

San Juan de Letrán. Aquí se programan siempre porras a Vallejo al pasar frente al sindicato de ferrocarrileros y mueras a los "charros".

> • Luis González de Alba, *Los días y los años*,
> Era, México, 1971*

DIÁ-LO-GO-DIÁ-LO-GO-DIÁ-LO-GO-DIÁ-LO-GO-DIÁ-LO-GO-DIÁ-LO-GO-DI

> • Coro en la manifestación del 13 de agosto

Los ferrocarrileros, en 1958, estuvieron solos. Nosotros no.

> • Luis González de Alba, del CNH

PUEBLO, ABRE YA LOS OJOS

> • Cartel en la calle

Se trata de un conflicto muy distinto al de mayo en Francia. En México no hubo prácticamente reivindicaciones escolares o académicas; sólo peticiones políticas; liberación de presos políticos, disolución del cuerpo de granaderos, destitución del alcalde de la ciudad [sic], del jefe de la seguridad...

¿Puede hablarse de sólidas tradiciones democráticas cuando de hecho no hay más que un partido político? ¿Cuando en las cámaras no se admiten candidatos de otro partido o sólo se aceptan algunos para dar la engañosa apariencia de una oposición? ¿Y qué decir de la sólida tradición del "tapado", o sea el misterio que el presidente en el poder y sus consejeros guardan hasta el último momento para anunciar a través del Partido Oficial, el PRI, quién debe ser candidato a la presidencia? Todo el mundo sabe en México que el tapado, en ocasiones hasta ese momento poco conocido, se convierte en unas cuantas semanas en el hombre más dotado, el

---

* En adelante, DA [nota del editor].

más capaz, y su efigie se repite en todas las bardas, en todas las pancartas, en foquitos con los colores de la bandera nacional, en anuncios luminosos –de frente, de perfil, de tres cuartos–, sus siglas, las iniciales de su nombre se estampan en todos los cerros, rapan los montes en forma casi indeleble; cicatrices, estigmas en la tierra. Se desperdician millones de pesos en esta propaganda para que la masa ignorante y crédula engulla las virtudes excepcionales del candidato propuesto por el PRI. ¿Qué pueden hacer los partidos de oposición ante este avasallamiento, ante las sumas estratosféricas? O aliarse, o hacer una modesta propaganda, algunos discursos que se traga el viento...

Estos trucos políticos, estas trampas son los que hastiaron a los jóvenes estudiantes que encuentran frente a ellos todas las puertas cerradas y todos los puestos asegurados para los políticos del PRI, a menos de que "se alinien" y "entren a la cargada".

> • Prof. M. Mayagoitia, carta a *Le Monde*, 7 de octubre de 1968

¡NO QUEREMOS OLIMPIADA! ¡QUEREMOS REVOLUCIÓN!

> • Exhortación estudiantil en algunos mítines

¡ABAJO LA MOMIZA!

> • Grito estudiantil

Es indudable que, con sus desmanes callejeros e intraescolares, los estudiantes universitarios y politécnicos dieron motivo para una intervención de las autoridades policiacas. Los atracos estudiantiles se repetían con frecuencia. Las advertencias y aun las amenazas públicas sobre posibles castigos habían perdido valor y efectividad. La disciplina interna en las escuelas era prácticamente nula. Obviamente, el "triunfo" estudiantil que motivó la renuncia del rector Ignacio Chávez provocó dentro de la Universidad Nacional una densa y demagógica atmósfera que hacía dominar la implícita pero operante política de "al estudiante la razón, aunque no la tenga". Muchos de nosotros recordamos cómo un ministro de la Suprema Corte de Justicia, que a la vez era presidente en turno de la Junta de Gobierno de la Universidad, licenciado José Caso Estrada, había declarado –refiriéndose al grupo de fósiles y gangsteriles líderes universitarios– que a los vencedores (el vencido era el rector Chávez) históricamente siempre se les otorga un premio. El premio en este caso debía ser, de hecho, el control de la Universidad. Las nuevas autoridades universitarias tenderían –indiscriminadamente– a congraciarse con el sector estudiantil. La Reforma Universitaria se anunciaba como una panacea y los aprendices de brujo calentaban probetas y calderos, hacían sus mágicas mixturas, proclamaban la democracia con base estudiantil, hacían llamados a los jóvenes para que éstos dieran sus luces en programas de estudios, proyectos de mejoramiento, selección de profesores y directores. Hasta se llegó a plantear: "¿Por qué no habría de ser rector un estudiante?" Toda regla disciplinaria se consideraba de antemano como antipedagógica. Había que ser comprensivos, condescendientes, dóciles ante una juventud cuyos posibles defectos o desorientación eran sólo resultado de los pecados y aturdimientos de los viejos. Había que pagar cristianamente nuestras culpas. Sonaba la hora del arrepentimiento. Los padres tienen los hijos que se merecen. Mea culpa, mea culpa, mea culpa.

• Gerardo Hernández Ponce, maestro de la Preparatoria número 2 de la UNAM

Mi papá toda la vida se la pasa diciéndome que él fue muy buen hijo y eso... Entonces yo me pongo a pensar: ¡Caray!, ¿qué, yo soy un ser raro o neurótico, o qué? En su afán de crearnos arquetipos, los adultos nos presentan unas formas abstractas totalmente perfectas y, ¡zas!, se corta la comunicación. Yo me pongo a pensar: Caray, mi jefe, según él, todo lo hizo bien, y yo, según él, todo lo hago mal. Por eso yo tengo mala comunicación con mi papá por más que lo intento. Cuando mi jefe empieza con su "Yo, a tu edad..." y las arañas, me dan ganas de echarme a dormir.

• Gustavo Gordillo, del CNH

Los jóvenes están enojados. Tienen derecho a construir su mundo. Está justificado su furor. Hay que reconocerlo con humildad y esto es sólo una forma de purgar nuestros defectos y deficiencias. Nuestra herencia es mala, nuestra actitud hacia la vida pésima. Hemos engendrado una juventud rebelde, incomprendida, sin un presente y un futuro libres y soberanamente elegidos. Tendríamos nosotros mismos que rejuvenecer, implorar que se nos aceptara, cubrir nuestras canas y arrugas con afeites; entrar en la onda; ocultar nuestro jadeo tras los primeros pasos de un nuevo baile. Aparentar comprensión, arrepentimiento y, sobre todas las cosas, maniobrar para mantener el puesto o de preferencia mejorarlo. La popularidad y la aceptación entre los jóvenes constituye el más profundo y vehemente deseo. Hay que lograrlo pero ¿cómo?

• Pedro Tamariz, maestro de la Escuela Erasmo Castellanos Quinto

–Oye tú, greña brava, ¿qué no te di para la peluquería?

• Juan López Martínez, padre de familia

Cada uno se encierra en su medio. Los adultos ven cualquier cosa de la juventud como una agresión a sus principios y a sus bases morales. Así se explica ese ilógico ataque, por ejemplo, a las melenas. ¿Qué tienen que ver las melenas con la decencia o qué tienen que ver con que uno sea malo o sea bueno? A mí me da mucho gusto andar con la melena larga y no por eso voy a ser homosexual o femenino o qué se yo. Los adultos quieren centrar en la longitud del pelo el sexo o la decencia.

• Gustavo Gordillo, del CNH

Mis "rucos" consideran que sus principios son inmutables.

• Gabriela Peña Valle, de la Facultad de Filosofía y Letras

¿Por qué andas tan rabona? Además, no sabes sentarte. Yo me moriría antes que usar una falda así.

• Mercedes Fernández de Cervantes, madre de familia

¡Ciento cincuenta pesos por esa falda! ¡Pero si no tiene ni treinta centímetros de largo!

• Elsa Treviño de Zozaya, madre de familia

–¿Por qué no mejor sales en cueros?

• Sofía Arrechiga de Toscano, madre de familia

La Universidad Nacional y el Instituto Politécnico crecen arrolladoramente. La población escolar en ambas instituciones sobrepasa ya –en términos relativos– los límites alcanzados en cualquier otra parte del mundo. El rendimiento académico señala cifras desconsoladoras y la calidad y productividad politécnicas y universitarias no pueden ser de más bajo nivel.

Claro que esta situación –que sigue siendo vigente y aún empeora– no puede ser la resultante de una sola y bien definida causa. Son muchas y complejas y si se enumeran algunas no se intentan jerarquizar ni limitar: prostitución como actividad pública y vía eficaz de control gubernamental, obrero y campesino; malos alumnos y peores maestros, falta de acción y ejemplaridad en la familia; carencia de una profunda vida intelectual; inexistencia de partidos políticos atractivos y promotores de actitudes cívicas independientes; desigualdades sociales con miseria y riqueza extremas e insultantes; inexorable dependencia colonial que penetra, envilece y distorsiona todos los aspectos de nuestro desarrollo; la imagen hiriente de un panorama internacional caótico, injusto y sangriento.

En resumen, un complejo ámbito en donde no hay claridad, en donde lo poco positivo es lento e insuficiente. La esperanza siempre superada por los estigmas de una realidad dolorosamente presente y desoladora. Esto ha sido y es el alimento de cada día para jóvenes y viejos. ¿Qué podemos esperar de nuestros jóvenes? ¿Qué nos atrevemos a exigirles? ¿Qué estamos dando y recibiendo los viejos?

Por supuesto que el Movimiento Estudiantil de 1968 en México estaba desorientado y su estallido nos pareció desproporcionado al incidente callejero que le dio origen. Pero ¿quién no estaba desorientado? ¿Cuál es la verdad que debe prevalecer? ¿Qué es lo que ofrecemos y qué es lo que pedimos? Si no podemos encontrar pronto un buen camino, hay por lo menos algo que debemos afirmar con total honestidad: tragedias como la del 2 de octubre en la Plaza de las Tres Culturas en Tlatelolco vienen a engrosar la venda en los ojos y a ensangrentar la falta de esperanza.

• Pedro Ramírez Arteaga, profesor de Filosofía de la Universidad de Hermosillo, Sonora

Mis viejos son unos asnos solemnes, y mis maestros también.

● Vera Pomar Bermúdez, de la Escuela de Odontología de la
UNAM

En los únicos momentos en que me llevo bien con mis papás es
cuando vamos al cine, porque entonces nadie habla.

● Victoria Garfias Madrigal, de la Facultad de Ingeniería de
la UNAM

Ahora te das cuenta de por qué soy hippie.

● Eduardo Parra del Río, hippie

A mí me encanta la juventud de hoy, su moda, sus canciones, su libertad, su falta de hipocresía, su manera de enfrentarse al amor y
de vivirlo. Prefiero a los Beatles que a Beethoven. ¿Cómo comparar
"I'll be mine" de John Lennon, "The fool on the hill" de Paul
McCartney con los románticos de mi época? Yo viví sentada en el
blanco diván de tul de Agustín Lara, con mi pie chiquito como un
alfiletero descansando en un cojinete; me cantaban "Mujer, mujer
divina" y el hastío era pavorreal que se aburría de luz por la tarde.
No sé qué hubiera dado por que me dijeran en vez de "y te has
vuelto medrosa y cobarde", "See you later, alligator, after a while,
crocodile", y por que las rupturas se limitaran a:

Bye bye love
bye bye happiness
Hello loneliness
I think I'm gonna cry.

● Luz Fernanda Carmona Ochoa, madre de familia

Nosotras éramos unas mosquitas muertas, unas "quiero y no puedo"; cuando nos gustaba un muchacho fingíamos que no; la vida
transcurría entre zozobras, recaditos, correveidiles, puntapiés debajo de la mesa, sainetes, "No metas la pata" y componendas de a

tres por cinco. Todo lo hacíamos a escondidas y yo tengo la sensación de haber vivido así, a escondidas; logrando lo que deseaba a hurtadillas como cuando niña robaba la mermelada de la alacena de las conservas y cerraba bruscamente el armario con el terror de que alguien me hubiera visto... Por eso me gusta la vida de los jóvenes; prefiero mil veces la vida de mi hija a la que yo llevé. Sé que mi hija no me dice mentiras.

• Yvonne Huitrón de Gutiérrez, madre de familia

Yo soy hijo de obreros. En la noche, mis padres están demasiado cansados para hablar. Comemos. Nos dormimos. Con quienes hablo es con los "ñeros" en la Nocturna.

• Elpidio Canales Benítez, mandadero de Ayotla Textil

Ni siquiera entre sí hablan mis papás. En mi casa no se usa platicar. ¿Por qué habían de hablar con nosotros?

• Hermelinda Suárez Vergara, del salón de belleza Esperanza

En la casa, tenemos tele.

• Rodolfo Nieto Andrade, de la Vocacional 1 del IPN

¿Comunicarme con mis jefes? ¿Qué mamadas son ésas?

• Javier Garza Jiménez, de la Escuela de Ciencias Políticas de la UNAM

En el Poli yo nunca oí términos como "momiza", "fresiza", "onderos" y demás monerías. Nunca se nos habló de la generación "sándwich", la de los padres aplastados entre sus hijos y sus propios padres como una rebanada de queso de puerco. Quizá en la UNAM se emplee este lenguaje, pero a mí me parecen más bien términos de intelectuales o de pequeños grupos que quisieron acercarse al Movimiento, estar "in". Nosotros hablamos a puras groserías, eso sí, empleamos más bien el lenguaje de los albañiles cuando discutimos entre nosotros.

• Raúl Álvarez Garín, del CNH

Preveíamos los cocolazos, las detenciones masivas, estábamos preparados para la cárcel, bueno, más o menos, pero no previmos la muerte.

• Gilberto Guevara Niebla, del CNH

¡LIBERTAD-VALLEJO-LIBERTAD-VALLEJO!   ¡LIBERTAD-VALLEJO-LI-

• Coro en la manifestación del 13 de agosto

De pronto he decidido que no me importa si se inician o no las conversaciones previas, si alguien llega a oponerse a ellas con argumentos absurdos, si corren a Cueto o salen los presos: tú estás lejos y ni siquiera te habrás enterado bien de lo que aquí sucede; y yo podría estar contigo, ser como tú, llevar una vida dedicada a mi profesión, a un área reducida que conocería a fondo, me preocuparía por las últimas investigaciones y descubrimientos que se publican en las revistas especializadas. Sentí derrumbarse las áreas de mi vida que en los últimos años habían sido más importantes. Terminaron las últimas notas de la melodía pero yo la seguía escuchando, no en estas suaves campanadas, sino durante aquel verano. La oigo junto a ti, cantada en el día, al sol, cuando el mar inspira confianza y puede entrar un barco blanco cubierto de banderas; la oigo de noche, mientras camino contigo y la Osa Mayor se levanta del horizonte, las olas dejan extrañas luces fosforescentes en la arena y descubro que aún tienes sal en los hombros oscuros; la escucho ahora, terminadas ya las campanadas, y me siento dolorosamente separado de ti y lo que significaste. Me levanté estremecido por el sentimiento de que se derrumba un mundo, mi mundo, en el que estabas tú y ese verano y ese sol, y que todo es irrecuperable como la edad que teníamos.

• Luis González de Alba, DA

27

¡Ya estuvo bueno de agarrarnos de sus perritos! Todo porque queremos lo que dice la Constitución, que nos permitan protestar, que todos puedan ir a la escuela, que se acabe la pobreza, como la que se ve en los pueblos a que nos lleva mi mamá.

Después de lo de Tlatelolco, mis cuates y yo vamos a llevar piedras y palos y si encontramos un granadero o un soldado solo, le "arriamos".

> • Rodolfo Torres Morales, niño de once años,
> primer año de secundaria

Para mí esto ha sido el horror de darme cuenta cómo puede la civilización permitir algo semejante: Tlatelolco, la muerte, lo irracional, la prisión, y, por otra parte, darme cuenta de la fuerza que puede una sacar de una misma por el amor a un hombre.

> • Artemisa de Gortari, madre de familia

¡Es triste tener que morir tan joven! ¡Si no te hubieras metido de agitador, ahorita estarías libre y tranquilo!

> • Un oficial al delegado por la Escuela de Chapingo
> ante el CNH, Luis Tomás Cervantes Cabeza de Vaca,
> en el Campo Militar número 1

MÉXICO-LIBERTAD-MÉXICO-LIBERTAD-MÉXICO-LIBERTAD-MÉXICO-LI-

> • Coro en la manifestación del 13 de agosto

Yo soy de la UNAM y allá se maneja un lenguaje académico, de grupo. Aquí la educación es clasista. Ya desde chamaco siempre he andado en pandilla, con los hijos de dos trabajadores de mi papá, que es ingeniero y cuando salía a brigadas yo me hacía entender, pero muy pronto noté que los muchachos, de Ciencias Políticas por ejemplo, como Paco Taibo, al entrar en contacto con la gente del pueblo, sobre todo al principio, hablaban de lucha de clases, de bienes de producción en manos de la burguesía, la clase en el poder y otras madres, y nadie los entendía. No había comunicación. Al contrario, se levantaba un muro de desconfianza. Lo mismo pasaba con Humanidades. Las muchachas de Filosofía regresaban de las brigadas todas monas, todas sonrientes y nos decían: "Compañeros, hoy fuimos a ver a los obreros y fue retebonito, retemocionante. Les dimos su volante: Toma obrero, toma obrero, toma obrero". Los obreros decían: "¿Y ahora éstas qué se traen?" Y los estudiantes les parecíamos medio payasitos, si no es que pendejitos. Yo fui testigo de que el lenguaje fue cambiando, o mejor dicho, de que fuimos encontrando un lenguaje común, y ésta es la experiencia más bonita que saqué del Movimiento... Poco a poco el pueblo nos empezó a enseñar su modo de hablar y los aplausos nos indicaban que nos entendíamos. Empezamos a conocer México y su triste realidad. Todo esto lo vivíamos diariamente en la brigada. Una vez, en un mercado por el lado de Ixtapalapa, fuimos a "volantear". Después me tocó hablar y al terminar una viejita, pero viejita viejita, me dio unos pesos liados en un pañuelo o en un trapito. A mí me conmovió mucho y le devolví el dinero porque a ella le hacía más falta que a nosotros, pero toda la vida recordaré su mano arrugada, el pañuelo arrugado, el rostro ruquito volteando hacia mí... En otra ocasión los de Físico-Matemáticas y los de Ciencias hicimos un mitin en Xochimilco. Todos estábamos conmovidos ante la respuesta de la gente. ¡Juntamos a seis mil!

• Salvador Martínez della Rocca, *Pino*, del Comité de Lucha de la Facultad de Ciencias de la UNAM

Nosotros decidimos recurrir a lo único que sabemos hacer: actuar. Dijimos: "Vamos a tratar de hacerle comprender a la gente qué es el Movimiento, qué quieren los estudiantes, cuáles son los seis puntos, vamos a demostrar que no son vándalos ni salvajes". ¿Cómo?: actuando. Desde el primer momento el grupo de Teatro de Bellas Artes decidió: "No nos podemos quedar con los brazos cruzados. Hay que hacerle publicidad al Movimiento". Entonces fuimos a la Lagunilla, a la Merced, a Jamaica, a todo ese tipo de mercados, además de organizar brigadas a plazas, parques públicos, dos o tres fábricas (eso sí, muy poquitas), cafés, fondas, y allí sin más ni más nos soltamos hablando con la gente. También en los camiones de pasajeros, en los tranvías, en los trolebuses, comenzábamos a hablar en voz alta, de modo que la gente nos oyera. Hacíamos "encuentros", ¿ves?, *happenings*. Por ejemplo yo llegaba a un puesto de periódicos y pedía un periódico y al instante llegaba también una señora muy *nice*, muy burguesa con sus aretitos, su collarcito de perlitas, de esas que hacen su mercado cada quince días, y que no era sino otra compañera actriz. Ella tomaba un periódico del estante y decía en voz alta, como tanta gente que comenta algo al comprar un periódico:

–Éstos locos estudiantes toda la vida haciendo nada más borlotes, miren nada más, y una que vive tan tranquila y tan pacíficamente en México sin meterse con nadie. A ver ¿qué es lo que quieren? Molestar, nada más. Mo-les-tar, eso es. Para mí que son comunistas, eso es lo que han de ser.

Entonces yo, con mis botas y mi minifalda, me le ponía al brinco:

–Señora, me va usted a tener que aclarar qué es lo que está diciendo porque está diciendo estupideces, fíjese, ¿cómo la ve?

Y yo alzaba la voz. Entonces ella me la alzaba más. Y yo la alzaba más aún hasta que acabábamos a gritos. Se empezaba a juntar la gente porque un pleito a todo el mundo le interesa, ¿no?, y además se ponía la cosa tan al rojo vivo que parecía que iba a haber cachetadas y de hecho llegó a haberlas. Siempre al principio cundía el silencio en nuestro público, hasta que de repente, cuando menos lo sentían, empezaban a tomar parte y un señor decía:

–Oiga señora, esta muchacha tiene razón, fíjese, tiene razón porque usted no conoce ni los seis puntos que están pidiendo los estudiantes. Son éstos y éstos y éstos y éstos...

Y este señor no era actor ni nada. Pasaba por allí y se detuvo porque seguramente estaba también sufriendo en carne viva el problema estudiantil por equis razón. Entonces dejábamos hablar al compañero, que no sabía que era nuestro compañero, y muchas veces los espontáneos que intervinieron estaban mucho más politizados que nosotros y hacían una labor mucho más eficaz. Casi siempre todo el mundo acababa a favor mío y a "la catrina" le iba de la patada; la corrían, pinche vieja rota, sáquese de aquí, usted qué sabe, pinche rota, y la pobre actriz salía por piernas siempre. Resulta que en realidad ella pensaba como nosotros, pero era la mártir del *happening*.

• Margarita Isabel, actriz

¿Sabes?, las brigadas eran la vida del Movimiento. La gente iba a las manifestaciones por las brigadas. ¿Por qué seguía toda la gente a los estudiantes? Por las brigadas, porque antes habíamos "volanteado" en los camiones, los trolebuses, los mercados, los grandes almacenes, los talleres, las esquinas en las que hacíamos mítines relámpago y nos pelábamos hechos la mocha apenas olíamos un granadero... ¡Jijos, cómo me acuerdo yo de las brigadas!

• Salvador Martínez della Rocca, *Pino*, del Comité de Lucha de la Facultad de Ciencias de la UNAM

Yo empecé a trabajar en el Movimiento a partir de agosto. Me hice amigo del representante de la Vocacional 7 ante el CNH y me nombraron jefe de una brigada de dieciséis chavos: diez hombres y seis mujeres: la brigada "Che Guevara", una brigada a toda madre. Hacíamos pintas, mítines relámpago, recolectábamos dinero en los camiones, en la calle, en los mercados. Yo pocas veces estaba en la Vocacional 7, siempre fuera, de brigada. No, yo no soy estudiante, pero soy joven; era yo comerciante, vendía ropa, pero me atrajo mucho el Movimiento Estudiantil, su pliego petitorio, la posibilidad de que cesara la represión policiaca y la arbitrariedad en que vivimos todos. La primera vez que hicimos un mitin fue en el mercado grande de Tacuba. Logramos juntar tres mil personas y como enfrente está la 9a. Delegación fuimos atacados por los policías y todos los comerciantes se encargaron de repeler el ataque con palos y piedras, jitomatazos y romanitazos [la romanita es una lechuga]. Esto nos emocionó un chorro.

• Antonio Careaga García, vendedor de ropa

La calle se ganó cuando entramos al Zócalo el martes 13 de agosto, porque se rompió un tabú... Todos decían que nunca llegaríamos al Zócalo.

• Salvador Martínez della Rocca, *Pino*, del Comité de Lucha de la Facultad de Ciencias de la UNAM

CHE CHE CHE GUEVARA CHE CHE CHE GUEVARA CHE CHE CHE GUE-

• Coro en la manifestación del 13 de agosto

Una manifestación sin policías es una manifestación pacífica.

• Manifiesto publicado en *El Día* el 12 de agosto de 1968 y firmado por el Consejo Nacional de Huelga y la Coalición de Maestros de Enseñanza Media y Superior Pro Libertades Democráticas

Si hubiéramos planeado cada etapa con la anticipación que nos atribuye el gobierno, no habríamos logrado dar tanto significado a las primeras manifestaciones: una, del sur hacia el centro; otra, del norte hacia el centro; la tercera necesariamente tenía que partir de un lugar intermedio y llegar al corazón mismo de la vida política del país, el Zócalo. Su sola mención producía un cosquilleo de temor y animación. ¡El Zócalo! Entrar en una de las plazas más imponentes del mundo y gritar bajo los balcones –en el mismo sitio destinado para exponer a la pública veneración, y sólo en fechas históricas, la figura del presidente– todas nuestras exigencias, y también, ¿por qué no?, todos los insultos que se le ocurren a una multitud indignada. Pues qué esperaban, ¿flores? Se merecían todo lo que se gritó, pintó, imprimió y pensó. Eso y más. No habían realizado un acto de heroísmo en San Ildefonso, en las Vocas 2 y 5 y en las demás escuelas ocupadas. La furia con que golpeaban a estudiantes, maestros y simples transeúntes perseguidos hasta el interior de las escuelas en cuyos pasillos, como en la Voca 5, continuaban su desenfrenada labor, no era ninguna virtud cívica. Pero no había empezado ahí el odio que los insultos ponían al descubierto: en los últimos años la tropa había entrado en las universidades de Michoacán, Puebla, Sonora, Tabasco; habíamos visto aplastar con el ejército demandas estudiantiles y populares, muchas de ellas mínimas, en Sinaloa, Durango, Nuevo León.

• Luis González de Alba, DA

LOS PROFESORES REPROBAMOS AL GOBIERNO POR SU POLÍTICA DE TERROR

• Manta de la Coalición de Profesores de Enseñanza Media y Superior Pro Libertades Democráticas en la manifestación del 13 de agosto

---

ÚNETE-PUEBLO - ÚNETE-PUEBLO - ÚNETE-PUEBLO - ÚNETE-PUEBLO -

> • Coro en la manifestación del 13 de agosto

MÉXICO-LIBERTAD-MÉXICO-LIBERTAD-MÉXICO-LIBERTAD-MÉXICO-

> • Coro en la manifestación del 13 de agosto

LIBROS SÍ - BAYONETAS NO

> • Cartel en la manifestación del 13 de agosto

AL HOMBRE NO SE LE DOMA, SE LE EDUCA

> • Cartel en la manifestación del 13 de agosto

Llegó la manifestación del 13 de agosto, todo México estaba enterado y sabía de su realización por medio de las brigadas. La manifestación resultó el mayor éxito político obtenido hasta ese día. Esperábamos cincuenta mil gentes y el Zócalo se llenó con doscientas cincuenta mil. En ese mitin, el CNH finalizó diciendo: "Volveremos al Zócalo y vendremos el doble que ahora". Esta afirmación implicaba una obligación para nosotros los brigadistas. El trabajo sería duro y desde luego las brigadas aumentaron enormemente. Empezaron a salir grupos de doscientos a cuatrocientos estudiantes. Los maestros se nos juntaron y nos acompañaban, aunque ya desde antes lo hacían, y esto nos daba confianza y responsabilidad. En las escuelas nos organizábamos en la siguiente forma: al terminar las asambleas nos reuníamos en tres salones y nos poníamos de acuerdo sobre los lugares a que debía dirigirse cada brigada, nos repartíamos los botes para recolectar el dinero y la propaganda que necesitábamos. Es interesante señalar que para esos días se repartían aproximadamente seiscientos mil volantes diarios y juntábamos de mil a dos mil pesos diarios. Además en los mítines relámpago ya no sólo hablábamos nosotros, sino que invitábamos al pueblo a tomar la palabra. Con su lenguaje claro, franco y decidido, nos decían que estaban con nosotros. Ésa fue la época de oro del Movimiento –del 12 al 27 de agosto–. Una vez hasta habló un locutor bien fregón en un mitin relámpago en la avenida Juárez. Claro que yo lo traía agarrado del cinturón, pero dijo: "Yo estoy de acuerdo con el Movimiento, porque es humano", y quién sabe qué tanto. Yo ni le puse mucha atención, porque no trago a los locutores. Después al bajarlo de la camioneta –porque desde el techo estábamos hablando–, le dije: "Ahora que ya dijiste tu sarta de babosadas, ahora azótate con cien pesos". Y nos dio los cien chuchos.

> • Salvador Martínez della Rocca, *Pino*, del Comité de Lucha de la Facultad de Ciencias de la UNAM

SAL AL BALCÓN, HOCICÓN - SAL AL BALCÓN, HOCICÓN - SAL AL BALCÓN, HOCICÓN - SAL AL BALCÓN, BOCÓN

> • Coro o "porra" injuriosa en la manifestación del 13 de agosto, a la que asistieron entre 250 y 300 mil manifestantes en el Zócalo

---

Al finalizar el mitin cantamos el himno nacional y emprendimos el regreso por una ciudad desconocida: una ciudad nuestra. A pesar de que estamos siendo juzgados por todo lo que sucedió durante los meses de julio a octubre: teléfonos rotos, camiones quemados, tranvías volteados, etcétera, ningún parte policiaco menciona destrozos, robos o cualquier tipo de excesos cometidos después de una manifestación. Trescientos mil manifestantes nos dispersamos por todas las calles y avenidas del centro de la ciudad sin que se presentara queja alguna, hasta ahora, por parte de los comerciantes. El único disturbio a la vida normal de la ciudad se provocaba en el tráfico, pues si la marcha se realizaba por una ruta definida, no sucedía lo mismo durante el regreso. No sé con qué objeto apagaban el alumbrado público; pero, el caso es que, después de esta manifestación y de las siguientes, siempre nos encontramos las calles a oscuras; y se trataba, precisamente, del centro de la ciudad. Era un espectáculo como de un sueño.

> • Luis González de Alba, DA

Yo creo que si en alguna de las veces que fuimos al Zócalo, el presidente sale al balcón y le hace frente a la multitud, a pesar de las porras injuriosas, los insultos, la violencia, los "muera", habría logrado dividir y se hubiera ganado a muchos compañeros. Los jóvenes son mucho más dúctiles de lo que se cree y les hubiera impresionado este gesto. Aquí en México los gestos son siempre significativos; la mano tendida, la bandera a media asta, etcétera. Pero le faltó salir al balcón. Yo siempre sostendré que al presidente lo aconsejan sus peores enemigos.

• Leonor Vargas Patrón, maestra normalista

En vez de decir que el rencor no anida en su pecho y las ofensas no le hacen mella, ¿no hubiera sido mejor hablarles a los estudiantes desde su balcón?

• Alicia Sarmiento de Gómez, madre de familia

Después de pasarnos todo el día en una brigada, me daba risa y coraje regresar a CU y asistir a una asamblea para oír los piques entre grupos y ver que los cuates tardaban cinco horas en sacar una pinche resolución. Nosotros salíamos a brigadas y nos dábamos en la madre con la raza. Los teóricos no salían a brigadas; se quedaban encerrados cotorree y cotorree nomás perdiendo el tiempo. Hablaban, por ejemplo, de los presos políticos. Nosotros los brigadistas comenzamos a entender lo que eran los presos políticos cuando nos empezaron a perseguir sin que estuviéramos haciendo nada ilegal... A nivel de base, todos éramos amigos: Poli, UNAM, Chapingo. Pero en el CNH, que maoístas, que trotskos, que espartortas, que los "peces" [PC], ¡qué desmadre! Yo era de la base y sé que nosotros hubiéramos aceptado el diálogo con el que fuera, y el CNH no, que no se podía aceptar el diálogo con ningún funcionario que estuviera en la represión. ¡Si el gobierno entero era la represión! En las asambleas se aventaban peroratas de más de una hora sobre Althusser, Marx y Lenin, pero no decían lo que a la raza le interesaba. *Qué vamos a hacer mañana.* ¡Puras jaladas! Estaban derrotados por principio porque eran teóricos y se la pasaban explicándonos por qué el gobierno no podía resolver el pliego petitorio. ¡Y es que en la UNAM hay cada escuelita! En Ciencias Políticas, esa pinche escuelita, hay muchos priístas. Allí los chavos piensan que van a ser diplomáticos, diputados y que pueden llegar hasta a ser presidentes. ¡No me lo diga, sírvamelo! En la Facultad de Derecho, todos son presidentes en potencia. Eso sí, en los primeros años son chavos muy revolucionarios, pura pantalla; manejan un lenguaje que olvídate, que la tecnocracia, la humanización de la ciencia, el-artela-ciencia-la-técnica-al-servicio-del-pueblo, y demás madres. En esos años tienen una formación marxista leninista a muerte y al final no son más que unos pinches burócratas porque ni en Economía ni en Derecho ni en Ciencias Políticas, ni en Filosofía y Letras ni en Humanidades van a resolver problemas concretos del país... Dirigentes con esa formación hablaban mucho y yo tenía ganas de darles hasta por debajo de la lengua, porque me parecía que tenían un papel negativo en el Movimiento.

• Salvador Martínez della Rocca, *Pino*, del Comité de Lucha de la Facultad de Ciencias de la UNAM

Yo vivo en Ciudad Sahagún y todos los días vengo en camión de segunda, México-Teotihuacán-Otumba-Apan-Calpulalpan y ramales, y salgo de mi casa a las cinco de la mañana para estar a las siete en la Vocacional 1, la que está en Peluqueros y Orfebrería. Todos los días mis papás me dan doce pesos para mis camiones, cinco de ida y cinco de vuelta –porque el de primera cuesta seis cincuenta– y dos para movilizarme aquí en la ciudad. Cuando por primera vez me enteré del Movimiento Estudiantil fue porque no pude presentar pruebas finales de matemáticas, física, química, taller de electrónica, dibujo, tecnología y demás, y me dio harto coraje porque sabía mis materias. ¡Huelga! Cerraron la escuela. Pensé regresar pronto –porque todo esto sucedió la segunda semana de agosto– pero mi papá no me dejó venir de Sahagún: "¡Muchachos revoltosos!" Ya mi jefe había oído por radio que era puro revoltijo. No me dio para los pasajes y ni modo. Todos mis amigos fueron a los mítines de la Vocacional, murieron dos y de mi salón –segundo de Vocacional– metieron como a cuatro a la cárcel, entre ellos a Luna que nos contó después que a él le tocaron muchos garrotazos... Mi papá me dijo: "¡A mí todo me ha costado demasiado trabajo para que tú vayas a México a andar de vago!" Mi papá es obrero de la Constructora Nacional de Carros de Ferrocarril.

• Andrés Montaño Sánchez, estudiante de Ciencias Físico-Matemáticas de la Vocacional 1

Es difícil que el gobierno dé solución a las demandas. El gobierno siempre ha dicho: "No nos presionen y concederemos las demandas que además nos parecen justas". Esto mismo les dijeron a los médicos en 1965: "Regresen a sus hospitales, atiendan a sus enfermos –es criminal no atender a los enfermos–, y como tienen razón en sus peticiones de elevación de salarios, cuando estén ustedes otra vez en sus puestos, les aumentaremos su salario". Volvieron al hospital y ¿qué pasó? Los dirigentes fueron encarcelados, hubo ceses, despidos en masa, vigilancia policiaca y mayor control de los hospitales. ¿Y Vallejo? Si levanta su huelga de hambre puede que salga libre. ¿Y la huelga de hambre en diciembre de 1969 en Lecumberri? Si la suspenden saldrán los presos por los disturbios de 1968. Pero nada de presiones, nada de presiones. El gobierno no actúa bajo presión, el gobierno nada concede si se hacen mítines, manifestaciones... Paciencia, paciencia, y entonces quizá sí... puede que... a lo mejor... El gobierno sabe ser generoso con los que esperan... ¿No es eso lo que les aconsejan a los que quieren hacer carrera política? Aguante amigo, aguante... Apechugue con todo... Aguante, aguante...

- Isabel Sperry de Barraza, maestra de primaria

El gobierno de la República está en la mejor disposición de recibir a los representantes de los maestros y estudiantes de la UNAM, del IPN y de otros centros educativos vinculados al problema existente, para cambiar impresiones con ellos y conocer en forma directa las demandas que formulen y las sugerencias que hagan, a fin de resolver en definitiva el conflicto que ha vivido nuestra capital en las últimas semanas y que ha afectado en realidad, en mayor o menor grado, a todos sus habitantes.

- Luis Echeverría, secretario de Gobernación, 22 de agosto de 1968

A LA OPINIÓN PÚBLICA

Los doscientos cincuenta mil estudiantes y maestros en huelga por la consecución de nuestro pliego petitorio de seis puntos hemos conocido de la iniciativa del Poder Ejecutivo para resolver este conflicto que tanto afecta a todo el país y en especial a nosotros los estudiantes y maestros.

Confiamos en que ahora el diálogo público en el que desde un principio hemos insistido no sea de nuevo rehuido, y que para ello el Poder Ejecutivo designe a los funcionarios que considere competentes para llevarlo a cabo con los únicos representantes de los estudiantes y maestros: Consejo Nacional de Huelga y Coalición de

Maestros de Enseñanza Media y Superior Pro Libertades Democráticas, respectivamente.

A la mayor brevedad posible, el gobierno de la República tiene la obligación de solucionar este problema y para ello debe fijar lugar, fecha y hora para iniciar las pláticas con la única condición de que sean públicas.

[Firman muchas escuelas tecnológicas del IPN, la 2, la 3, la 4, la 6, la 7, las Vocacionales 1, 2, 4, etcétera, muchas escuelas de la UNAM, la Universidad Iberoamericana, La Esmeralda, el Conservatorio, la Escuela de Periodismo Carlos Septién García, la Academia Mexicana de la Danza del INBA y finalmente la Universidad Veracruzana.]

- *El Día*, 23 de agosto de 1968

–¿Qué una llamada telefónica puede considerarse diálogo público?

- Discusión de cinco horas en el seno de una Asamblea del CNH y la base en el Auditorio de Filosofía y Letras

---

DIÁ-LO-GO-DIÁ-LO-GO-DIÁ-LO-GO-DIÁ-LO-GO-DIÁ-LO-GO-DIÁ-LO-GO

- Coro en las manifestaciones

Hace cincuenta años que el gobierno monologa con el gobierno.

- Roberto Escudero, delegado de la Facultad de Filosofía y Letras ante el CNH

En las sesiones, los universitarios se sentían obligados a politizar a los politécnicos. Explicaban tendencias filosóficas, tácticas revolucionarias, métodos de convencimiento. No hablaban de la próxima manifestación sino de Lenin, Marcuse, la pugna chino-soviética, el imperialismo y otros temas que ponían a la mayoría de los delegados al borde del estallido. Los politécnicos querían obtener la satisfacción de las demandas, eso y nada más, y los universitarios, sobre todo el ala de Humanidades, querían demostrar que el gobierno era rígido, reaccionario y que la tarea del CNH era hacerle ver al Movimiento Estudiantil esta realidad y enfrentarlo a ella.

  • Gustavo Gordillo, del CNH

Ya no tenía nada que hacer, entré a mi recámara, me desvestí y tomé un libro para leer un rato. La cama era demasiado blanda y tardé en calentarme, porque no encontré la maldita piyama. Abrí *El hombre unidimensional* y llegué hasta la página cinco. Con lo que me había aburrido *Eros y civilización* y ahora tener que leer otro libro de Marcuse, todo porque a Díaz Ordaz se le había ocurrido hablar de "los filósofos de la destrucción"...

  • Luis González de Alba, del CNH

Bien concretito.

  • Petición, que se hizo famosa, del físico-matemático Raúl Álvarez Garín, del IPN, que se desesperaba ante las interminables disquisiciones del ala de Humanidades, Ciencias Políticas y Derecho de la UNAM

—¿Por qué llegaste tan tarde anteanoche?
—Porque hicimos una pinta.
—¿En dónde pintaron?
—En el Palacio...
—¿En el Palacio de Hierro?
—No, allí no.
—Entonces, ¿en cuál palacio?
—En Palacio.
—¿En Palacio Nacional?
—Sí.
—¡Por Dios!, ¡están locos de remate! ¡Los pueden matar! ¿Qué les pasa? Están totalmente virolos...
—Somos inmortales... Además todo lo tenemos rebién estudiado, la hora, quién echa aguas, el coche andando, la cantidad de pintura, tú olvídate mi vieja que pa'pintas somos expertazos.

—Ay, no es cierto, no te creo. Pero, ¿quién les dijo que hicieran eso?

—Por ai, por ai...

—Y anoche, ¿qué hiciste? También llegaste tardísimo...

—¡Ah!, anoche fuimos al Capri...

—¿Al Capri? ¿A qué?

—Por puntada. Es una tumba aquello, puros muertos haciendo que se divierten, puras calacas brindando y un pinche show del año del caldo, gachísimo... Íbamos con tres cueritos y nos pelamos Oswald, Javier y yo sin pagar la cuenta. Se lo merecen por tarados...

—Ay Jan, se están muriendo muchachos, hay desaparecidos, suceden cosas muy graves y tú una noche haces una pinta y a la otra vas al Capri y te sales sin pagar. ¿Qué les pasa? De veras, están locos...

—No mana, así es esto. ¡Son ondas que nos entran!

> • Jan Poniatowski Amor, estudiante de la Preparatoria Antonio Caso

Un estudiante de 19 años de edad –Luis González Sánchez– perdió la vida a manos de un policía, el 17 de noviembre de 1968, por el delito de ser sorprendido pintando propaganda del Movimiento en una pared, cerca del Periférico.

> • *Excélsior*, 18 de noviembre de 1968

Yo nunca he pensado realmente en Zapata como en un símbolo estudiantil, un emblema. Zapata ya está integrado a la ideología burguesa; ya se lo apropió el PRI. Quizá por eso, en un principio, en nuestras manifestaciones escogimos al Che. ¡El Che nos unía también a todos los movimientos estudiantiles del mundo!... Tampoco pensamos jamás en Pancho Villa. ¡Ése ni siquiera nos pasó por la cabeza!

> • Claudia Cortés González, estudiante de Ciencias Políticas de la UNAM

CHE-CHE-CHE-GUEVARA-CHE-CHE-CHE-GUEVARA-CHE-CHE-CHE-GUE-

> • Coro en las manifestaciones

Cuando la URSS invadió Checoslovaquia me sentí flotar en el aire.
¿En quién poder creer ahora?

> • Óscar Hidalgo Estrada, estudiante de la
> Facultad de Derecho de la UNAM

LIBROS SÍ, GRANADEROS NO

> • Manta en la Manifestación del Silencio, viernes 13 de
> septiembre de 1968

Había que llegar al Zócalo; teníamos que desacralizar el Zócalo, y
lo logramos, tres veces.

> • Salvador Martínez della Rocca, *Pino*, del Comité de
> Lucha de la Facultad de Ciencias de la UNAM

ÉSTOS SON LOS AGITADORES: IGNORANCIA, HAMBRE Y MISERIA

> • Manta en la Manifestación del Silencio, viernes 13 de
> septiembre de 1968

Cuando empezó el Movimiento, las cinco escuelas en apariencia
más radicales eran: Ciencias Políticas, Economía, Filosofía, Colegio de México y Chapingo... En el CNH los llamábamos "los acelerados"... Pero todos los del Poli, eso sí, estaban aceleradazos.

> • Gustavo Gordillo, del CNH

–En Física –respondió el *Pino*– todos los conceptos están sujetos a
continuo cambio. Una teoría nunca se considera completa, ni mucho menos se piensa que la opinión de un fulano sea definitiva.

> • Salvador Martínez della Rocca, *Pino*, del Comité de
> Lucha de la Facultad de Ciencias, en DA

El Movimiento despertó grandes simpatías sobre todo en la clase media, porque la masa estudiantil, sobre todo la de la Universidad, proviene principalmente de la clase media.

> • Francisco Rentería Melgar, economista

El apoyo fuerte lo podían dar los trabajadores de los gremios más importantes del país y hacia ellos enfocamos nuestras baterías. Diariamente se daba a los brigadistas la consigna: "ir a la clase obrera", pero al acercarnos a ella chocamos frontalmente con la muralla del sindicalismo charro, que impedía la movilización de los trabajadores. Entonces nos dispusimos a cambiar esa realidad y a impulsar la organización de los obreros en gremios independientes.

> • Gilberto Guevara Niebla, del CNH

Los obreros no saben nada. Trabajan de la mañana a la noche, eso es todo. Leen el *Esto*, cuando leen, pero nada de política. ¿Por qué tenía que interesarles el pliego petitorio?

> • Carlota López de León, maestra normalista

Lo que pasa es que los obreros son bien reaccionarios.

> • Rebeca Navarro Mendiola, de Filosofía y Letras
> de la UNAM

¿Para qué andarnos con cosas? ¿Por qué no decir sinceramente que fracasamos con los obreros?

> • Heberto Portilla Posada, estudiante de Ciencias Políticas
> de la UNAM

¡Son unos pesados! ¡Qué facha politizar obreros!

> • Raquel Núñez Ochoa, de la Universidad Iberoamericana

No se puede romper el control gubernamental en fábricas y sindicatos.

> • Florencio López Osuna, delegado de la Escuela Superior de Economía del IPN ante el CNH, preso en Lecumberri

Los obreros tienen horas fijas, turnos establecidos, ¿cómo van a ir a mítines? ¿Y los campesinos? ¿En qué se vienen? ¿Qué, los va a acarrear el PRI para que vayan al Zócalo con los estudiantes a abuchear al presidente?

> • María Salazar de Obregón, madre de familia

Yo soy obrero, era empaquetador; hacía paquetes de dulces en la fábrica de chocolates Sanborns. Me llamo Félix Sánchez Hernández y tengo veintinueve años. Desde su inicio, me gustó el Movimiento, bueno, me llamó la atención. Conocí a Cabeza de Vaca y a varios más y ellos me invitaron a ir a las manifestaciones y fui a la mayoría y cooperé repartiendo volantes, tanto en la fábrica de chocolates como en la calle. Los obreros fueron a algunas manifestaciones pero en forma individual –a título personal, si usted quiere–. En total éramos como quinientos. Fuimos a la del Silencio y antes a la del 27, caminamos desde Tacubaya –porque la fábrica está en Benjamín Hill– hasta Chapultepec y allí nos unimos para marchar hacia el Zócalo por todo el Paseo de la Reforma. En la manifestación del 27 me tocó ir con los electricistas y éramos más o menos como seiscientos, más los amigos que fueron incorporándose a medida que íbamos avanzando. Muchos obreros simpatizaban con el Movimiento pero muchos no se atrevían a manifestarlo, por miedo a las represalias, por apatía, por dejadez, porque salimos muy cansados del trabajo, pero sobre todo por miedo a perder el trabajo. El sindicato de la fábrica de chocolates Sanborns es blanco. A esa fábrica llegaba propaganda del Movimiento y se repartía entre los mismos obreros.

Yo no sé lo que voy a hacer cuando salga libre. No podré regresar a la fábrica. A mi cuñada la corrieron porque dijeron que nos reuníamos los tres, mi esposa, mi cuñada y yo para pedir mejor sueldo y causarle problemas a la empresa. Yo ganaba treinta y dos pesos diarios y entraba a trabajar a las cinco y media de la mañana y salía a las dos de la tarde.

No sé por qué estoy en Lecumberri. Soy obrero y por esta condición mi única posible participación en el Movimiento Estudiantil fue prestar solidaridad con mi presencia en actos públicos de los estudiantes en que fui como espectador, a la manifestación del 27 de agosto, y a la manifestación silenciosa del 13 de septiembre. ¿O a lo mejor me detuvieron porque en varias ocasiones visité a un paisano mío del estado de Oaxaca, preso en la crujía N del penal de Lecumberri, el señor Justino Juárez? Cuando me enteré por la prensa de que estaba preso, como es amigo lo vine a visitar. Ahora sé que las autoridades del penal entregan copia de las listas de visitas de los presos políticos a la policía Judicial y Federal de Seguridad, que las usan para enviar amenazas a las familias de los presos, y como ocurrió en mi caso, para detener arbitrariamente a algunos e imputarles cualquier delito.

El día primero de octubre de 1968 salí a trabajar como era mi costumbre. A las doce cuarenta y cinco del día entraron a la fábrica cuatro individuos vestidos de civil con pistola en mano y de inmediato empezaron a golpearme y a jalones me sacaron del local. Les pregunté quiénes eran y a dónde me llevaban y respondieron con golpes, mientras uno me ataba las manos a la espalda. Violentamente y a empellones me metieron a un automóvil y una vez dentro me vendaron los ojos con un trapo y con otro me amordazaron. Este ultraje fue presenciado por mis compañeros de trabajo y puedo presentar varios testigos del hecho. En la comandancia de la Policía Judicial Federal fui desvestido, golpeado, me dieron toques eléctricos, se me despojó de todos mis objetos personales y los agentes me dijeron que yo iba a ver a Justino Juárez "para recibir órdenes". Me aplicaron toda clase de torturas y me amenazaron para que yo firmara la declaración:

—Mira pendejo, ya llegaste aquí con nosotros, así es que tienes que decir que sí, aunque no hayas hecho nada. Tienes que declararte culpable porque todos los que llegan aquí se van al bote, lo hayan hecho o no. Tienes que firmar o te matamos.

Ni siquiera supe el contenido de lo que declaré. El 9 de octubre de 1968 ingresé al Penal de Lecumberri y desde entonces estoy aquí.

> • Félix Sánchez Hernández, obrero de la fábrica de chocolates Sanborns, preso en Lecumberri

---

MÉXICO-LIBERTAD-MÉXICO-LIBERTAD-MÉXICO-LIBERTAD-MÉXICO-LI-

> • Coro en las manifestaciones

México es un país con diez millones de hambrientos y diez millones de analfabetos. Sólo una camarilla que está en el poder impone su verdad y su ley. Nos rige la ley de los líderes "charros", la de los banqueros, la de los industriales, la de los políticos que se han enriquecido con la Revolución. ¡Y para colmo, tenemos que aguantar a sus representantes estudiantiles, asociaciones como la FNET en el Poli, como el PEFI y el MURO en la Universidad! Hay que acabar con estos organismos apócrifos.

> • José Tayde Aburto, agrónomo, de la Escuela Nacional de Agricultura de Chapingo, preso en Lecumberri

Durante el mes de agosto, en la carretera que conduce a Topilejo, un autobús de la línea que llega a ese pueblo se volcó. Del accidente resultaron varios muertos y heridos. La empresa permisionaria dueña de los autobuses se dispuso, comó tradicionalmente lo había hecho, a pagar simplemente una indemnización de quinientos a dos mil pesos a cada familia de los muertos. Sin embargo para entonces el gran movimiento popular que conmovía a la ciudad de México y a gran parte del país ya se había reflejado hasta en aquel remoto pueblito de la Sierra del Ajusco. Sus habitantes, indignados, se dispusieron a pelear, y empezaron a apoderarse de las unidades de transporte de la línea exigiendo su modernización; que se reparara el camino que lleva al pueblo y que se elevara el monto de la indemnización para los familiares de los muertos y heridos. Al iniciarse las pláticas con la empresa, el delegado de la CNC representaba a los habitantes de Topilejo, pero como los dirigentes de la central campesina charra y corrupta son verdaderos lacayos del poder oficial, la traición no se hizo esperar. El delegado empezó a dar largas al asunto, coludido con la empresa. Entonces el pueblo, reunido en asamblea, resolvió recurrir a los estudiantes. Fueron a exponer su problema a la Escuela Nacional de Economía de la UNAM, y, tras discutirlo brevemente, los estudiantes decidieron ayudar en todo lo posible a Topilejo. Se pusieron al servicio de los campesinos los autobuses de la Universidad para que cumplieran el servicio de transporte que había sido suspendido; estudiantes de enfermería, de agricultura, de trabajo social y de medicina empezaron a dar orientaciones sobre sus especialidades, ya que establecieron en Topilejo un campamento: "El Soviet". Dieron conferencias y pláticas a la población sobre los derechos que les asistían y para entonces la asamblea del pueblo había resuelto desconocer al delegado de la CNC como su representante, y nombrar una nueva comisión para las pláticas en la que participaban estudiantes. Así presionada, la empresa tuvo que retroceder y prometió pagar cinco mil pesos de indemnización por cada muerto; pero no aceptó cambiar las unidades, lo cual significaba que continuarían los accidentes. Las pláticas se suspendieron temporalmente. Mientras esto sucedía, cientos de brigadas llegaban a todos los poblados de la zona prestando sus servicios a los campesinos. Ellos, por su parte, correspondían con el afecto de la gente sencilla. Allí se confundían los sentimientos fraternales de unos y otros, que días antes parecían tan separados. Un anhelo común los aliaba: la lucha contra las injusticias. Al mezclarse en esa forma con la población, los estudiantes reafirmaban su fe en la causa por la que peleaban y se disponían con más bríos a trabajar para conseguir el triunfo. El CNH había resuelto dar su completo apoyo a Topilejo y para los primeros días de septiembre la empresa se vio obligada a ceder, pagando una indemnización de veinticinco mil pesos a cada familiar de los muertos así como a cambiar las unidades de transporte. Las autoridades, por su parte, aceptaron reparar el camino a Topilejo. Así se alcanzó un triunfo muy significativo. De igual manera, y para sellar este pacto, los contingentes campesinos de Topilejo siempre estuvieron presentes en los mítines estudiantiles organizados a lo largo del Movimiento.

• Gilberto Guevara Niebla, del CNH

El único contacto real que tuvimos con el campesinado fue Topilejo, y Topilejo no se puede considerar zona rural o "campo", puesto que queda a menos de treinta kilómetros del D. F.

• Raúl Reséndiz Medina, estudiante de Ciencias Políticas de la UNAM

En una ocasión estudiantes de la ESIME y otras escuelas del Politécnico, al enterarse de que habían sido arrestados doscientos locatarios de los mercados en la delegación de la Villa, se dirigieron hacia allá a organizar un mitin para exigir que se les dejara en libertad. A pesar de que se les trató de intimidar con la presencia de granaderos, se mantuvieron firmes hasta que las autoridades tuvieron que ceder y liberar a los comerciantes. Así demostraban los estudiantes que estaban cumpliendo y cumplirían con el compromiso que habían adquirido con el pueblo... A partir de ese momento, muchos trabajadores empezaron a simpatizar con la causa estudiantil, porque vieron que los estudiantes también se preocupaban por ellos y los incluían en su lucha.

• Florencio López Osuna, del CNH

NADA CON LA FUERZA, TODO CON LA RAZÓN

• Manta en la manifestación del 27 de agosto

OBRERO, DESTRUYE TU SINDICATO CHARRO

• Manta en la manifestación del 27 de agosto

No es cierto que los estudiantes estuvieran solos, y que los obreros no les echaran ni un lazo. Hubo trabajadores de la Comisión Federal de Electricidad que hicieron público su apoyo en un manifiesto el 13 de septiembre de 1968, en *Excélsior*; también el Grupo de Sindicatos Independientes se adhirió, como lo atestigua *El Día*, el 13 de septiembre de 1968, a la grandiosa lucha estudiantil. Encabezaba la lista de firmantes Othón Salazar, por el Movimiento Revolucionario del Magisterio; también 37 sacerdotes mexicanos (y ellos se dicen obreros de Cristo) se hicieron solidarios del actual despertar de la juventud, en *El Día*, el 11 de septiembre de 1968. ¿Y el Sindicato de Trabajadores de la Universidad de Nuevo León? ¿Y los pasantes de los hospitales General, Juárez, de la Mujer, Maternidad Isidro Espinosa de los Reyes de la SSA y del Hospital de la SCOP? ¿Y los médicos residentes de tantos hospitales? ¿Y el Sindicato Revolucionario de Trabajadores de la Fábrica de Loza "El Ánfora", que apoyó los seis puntos estudiantiles, asesorado por el licenciado Armando Castillejos, ahora encarcelado? ¿Y la Comisión Organizadora de Telefonistas?... Todos ellos patentizaron en una u otra forma su apoyo al Movimiento, y, aunque no se logró llegar a la gran masa obrera, estas adhesiones constituyen en cierta forma un triunfo de los estudiantes en 1968.

• Ernesto Olvera, profesor de matemáticas de la Preparatoria 1 de la UNAM

A mí me parece que en Topilejo se inició uno de los capítulos más estimulantes que se dieron a lo largo de nuestra lucha.

• Esther Fernández, estudiante de Ciencias de la UNAM

En Villa Jiménez, Michoacán, y ante el director general de la Conasupo, el campesino Francisco Ambriz dijo que los ejidatarios rechazan los escándalos estudiantiles y expresó que si los jóvenes no quieren estudiar, que se den a los trabajadores del campo los millones de pesos que se invierten en educación y que ellos prefieren desperdiciar, pues en el campo lo que hace falta es dinero para la construcción de obras. Francisco Ambriz habló en el acto de entrega de los graneros del pueblo, propiedad de su ejido, en el municipio de Zacapú.

• *Revista de la Universidad*, sábado 24 de agosto de 1968, "Relación de los hechos"; julio, agosto, septiembre, octubre de 1968, vol. XXIII, n. 1

Uno de los factores en el actual Movimiento es el afán de los jóvenes por remediar injusticias. El problema debe atacarse no con represión sino con orientación y canalizando los ímpetus juveniles. El Movimiento no está dirigido contra el gobierno, sino contra los actos de algunos funcionarios que se han excedido en sus funciones.

• Ifigenia M. de Navarrete, directora de la Escuela Nacional de Economía, en *Anatomías*, programa de televisión organizado por Jorge Saldaña en el que participaron Heberto Castillo, Víctor Flores Olea, Francisco López Cámara, Íñigo Laviada, transmitido el miércoles 21 de agosto de 1968

Ya no más porras injuriosas, olvídense de los insultos y de la violencia. No lleven banderas rojas. No carguen pancartas del Che, ¡ni de Mao! ¡Ahora vamos a llevar la figura de Hidalgo, la de Morelos, la de Zapata, pa' que no digan! ¡Son nuestros héroes! ¡Viva Zapata! ¡Viva!

• Consigna del CNH

Nosotros llevábamos, además, una gran bandera roja al frente, junto a la tricolor. Selma se moría de ganas por llevarla y, pasando la columna de la Independencia, le quitó la bandera a María Elena, quien la había llevado desde un principio, y no la soltó hasta llegar al Zócalo aunque casi sacaba la lengua de cansancio. Yo me quedé con ella más tarde. El Paseo de la Reforma estaba cubierto a todo lo ancho por autos y camiones, encima de los cuales la gente gritaba y aplaudía. El paso junto a la columna de la Independencia era impresionante porque se veía gente encimada desde la orilla del prado hasta las partes más altas de la base de la columna. A donde volteara uno veía un mar de cabezas, manos que aplaudían y gente que se apresuraba a integrarse a los contingentes. A pesar de que la avenida Juárez también era un tumulto incontenible fue más emocionante la llegada a Cinco de Mayo porque en la esquina con San Juan de Letrán, donde la acera es muy alta, nos esperaba una multitud de mujeres, tal vez maestras, por su aspecto, quienes, en cuanto oyeron la porra de ¡el pueblo al poder! y vieron ondear encima la masa compacta de banderas rojas se pusieron de pie y empezaron a aplaudir sin parar. Todas tenían lágrimas en los ojos y algunas no podían contenerlas pues les llegaban hasta las mejillas. No supe quiénes eran, pero no vi gente más emocionada [...] Y en cuanto doblamos la esquina para entrar a Cinco de Mayo nos esperaba lo mejor: las campanas de la Catedral echadas a vuelo y todas las luces encendidas. Entramos al Zócalo como si fuera en un sueño; la anterior manifestación había sido muy grande, alrededor de un cuarto de millón, y con todo no habíamos llenado ni la mitad de la gigantesca plaza que es el Zócalo; ahora estaba totalmente lleno y aún faltaban la mitad de los contingentes, pues Filosofía iba en medio. Avanzamos hasta quedar frente a Palacio Nacional. [...] Al voltear hacia la calle de Guatemala, mucho más cercana, noté que también salía gran cantidad de gente con rumbo a Lecumberri; un mitin frente a la cárcel. [...] Eran las diez de la noche; durante cuatro horas o más había estado entrando gente al Zócalo.

• Luis González de Alba, DA

49

Nosotros estábamos en Lecumberri, oyendo. Eran como quinientos, los cuales frente a la puerta principal echaban porras: libertad-a-los-presos-políticos. Gritaban: UNAM, POLI, CHAPINGO, pero sobre todo: LIBERTAD-A-LOS-PRESOS-POLÍTICOS-LIBERTAD-A-LOS-PRESOS-POLÍTICOS. LIBERTAD-A-LOS-PRESOS-POLÍTICOS-LIBERTAD-A-LOS-PRESOS-POLÍTICOS.

Nosotros tratábamos de contestarles; echábamos porras también. El Movimiento nos entusiasmaba. Ese mismo día entró una comisión de muchachas de Ciencias a la dirección del penal y de la dirección llamaron a Víctor Rico Galán, que habló con ellas. Nos mandaron un saludo. Ese mitin por la libertad de los presos políticos sí había sido organizado, pero una vez vino todo el CNH, una "acelerada" de algunos y nos gritaban desde la calle: "¡Compañeros, estamos con ustedes! ¡Compañeros, estamos con ustedes!" A las dos de la mañana. Tocaban los claxons de los coches, un escándalo a todo dar. Nosotros sentíamos un gran apoyo de afuera. Desde nuestras celdas seguíamos todos los actos del Movimiento, sus triunfos, y nos daban muchas ganas de estar libres –bueno, ésas siempre las tengo– para participar, ir a las manifestaciones. ¡Era remala suerte, remala suerte! Yo pensaba: "¡Ese Movimiento va para arriba!" Nuestros mensajes se leyeron dos veces en el Zócalo: una el 27 de agosto, y otra cuando Vallejo mandó también una carta...

Yo estoy preso desde el 26 de julio de 1968. Me arrestaron después de la manifestación a favor de la Revolución Cubana en el Hemiciclo a Juárez. No nos agarraron allí mismo, sino en el Café Viena –creo que ya no existe– que quedaba en Insurgentes frente al Cine de las Américas... Nos llevaron a los separos y de los separos a la crujía N, en Lecumberri...

• Arturo Zama Escalante, Facultad de Derecho de la UNAM, dirigente de la CNED, preso en Lecumberri

A mí también me metieron al tambo el 27 de julio, al otro día de los primeros camorrazos. Se hicieron dos mítines muy grandes frente a Lecumberri y nos impactaron mucho. Aunque no podíamos oír claramente los gritos aislados que daban afuera, sí percibíamos las porras, que nos impresionaron un chorro: "LIBERTAD PRESOS POLÍTICOS, LIBERTAD PRESOS POLÍTICOS". Esto nos dio mucho ánimo. Yo pensé: "Vamos a salir libres. Afuera están luchando como nunca". Entonces no podíamos imaginar que antes y después del 2 de octubre no sólo no saldríamos sino que entrarían los compañeros que nos echaban porras tras las murallas de Lecumberri... Claro, en esos meses también agarraron a muchos compañeros pero nosotros estábamos más o menos confiados. Saldríamos todos. Teníamos que salir. Pero después del 2 de octubre se perdió la esperanza, de salir, no la otra... Ahora estamos estudiando aquí adentro, y aunque tenemos diferencias políticas no estamos divididos. Al contrario, hacemos estudios conjuntos. Se imparten doce clases: una de alemán (con disco), otra de inglés que da Zama, otra de francés (con disco), Luis González de Alba nos da literatura española, Raúl Álvarez Garín, Félix Gamundi y *Pino* matemáticas, Unzueta economía política, el *Búho* (Miguel Eduardo Espinoza Valle) geografía, Saúl, el *Chale*, historia universal, y ahora vamos a empezar un círculo sobre *El capital*, un seminario al que también viene el *Pino* (Salvador Martínez della Rocca).

> • Félix Goded Andreu, estudiante de arquitectura de la
> UNAM, miembro de las Juventudes Comunistas,
> preso en Lecumberri

A mí me agarraron por baboso y por no hacerle caso a mi mujer. Yo fui junto con Gerardo Unzueta y Arturo Marbán el 27 de julio a rescatar las oficinas del Partido Comunista (Mérida n. 186), ocupadas por la policía. Pensamos que si apelábamos a la Constitución saldrían los policías. Pero los que salimos fuimos nosotros, rumbo a Lecumberri. Nos agarraron y nos apresaron con argumentos armados. De ahí en adelante –el trayecto que han recorrido muchos–, la crujía H, y luego la J, crujía de delincuentes sexuales, hasta llegar a la C, en la que estamos muchos de los presos políticos... Los otros están en la M.

> • Eduardo de la Vega Ávila, miembro del PC,
> preso en Lecumberri

No tratamos de llevar los problemas políticos a la vida diaria de la cárcel.

> • Luis González Sánchez, de las Juventudes Comunistas,
> preso en Lecumberri

Nosotros no somos nada puritanos, nada mochos –nada de beatos de izquierda–. Somos gentes a quienes les encanta gozar de la vida... Lo que pasa es que arrastramos famitas de momias anteriores; momias del PC que nacieron envueltas en vendas, tutancámenes solemnes.

• Eduardo de la Vega Ávila, del PC

El más grosero de la crujía junto con el *Pino* –y eso ya es mucho decir, porque al *Pino* no hay quien le gane– es De la Vega, del PC. ¡Hasta a las clases de alemán va, para que le enseñen albures en ese idioma, por si se echa un viajecito a Alemania!

• Pablo Gómez, de la Escuela de Economía de la UNAM

Fuimos interrogados por un agente norteamericano y dos mexicanos. Nos preguntaron concretamente:
– ¿Son miembros del Partido Comunista?
– ¿Son miembros de las Juventudes Comunistas?
– ¿Tienen visa a los Estados Unidos?
– ¿Tienen parientes en los Estados Unidos?
– ¿Qué relación tienen con la CNED?
Este interrogatorio nos lo hicieron a mí, a Arturo Zama, a Rubén Valdespino, a Pedro Castillo, a Salvador Pérez Ríos (que salió luego, sería por la coincidencia) y a William Rosado, el puertorriqueño.

• Félix Goded Andreu, de las Juventudes Comunistas

En el Zócalo, el 27, el líder Sócrates Campos Lemus pidió que se quedara una guardia. Se encendieron hogueras, fuimos a comprar tortas para la guardia... Los de la guardia se pusieron a cantar *La Adelita*, corridos, el de Cananea, hasta que llegaron los tanques.

• Félix Lucio Hernández Gamundi, del CNH

Hemos sido tolerantes hasta excesos criticad‹ pero todo tiene un límite y no podemos permitir ya que se siga q brantando irremisiblemente el orden jurídico, como a los ojos de todo el mundo ha venido sucediendo.

> • Gustavo Díaz Ordaz, IV Informe Presidencial al Congreso de la Unión, 1o. de septiembre de 1968

La mañana siguiente al desalojo, el 28 de agosto, los burócratas fueron avisados de que tendrían que asistir al desagravio que el gobierno ofrecía al lábaro patrio.

> • Luis González de Alba, DA

Como los muchachos encendieron las luces de Catedral y echaron a vuelo sus campanas cuando la manifestación entraba al Zócalo y se izó una bandera rojinegra en el asta central, la prensa utilizó estos "delitos" para lambisconear al gobierno y se quedó con un palmo de narices cuando fueron inmediatamente desmentidos por la mitra y el CENCOS que declararon que el derecho canónico no consideraba un sacrilegio echar a vuelo las campanas ni encender las luces de Catedral. Además, el sacerdote de guardia Jesús Pérez aclaró que los muchachos le habían pedido permiso para subir a tocarlas y que se lo había dado; en cuanto a la bandera, se dejó una banderita medio furris, de algodón, y al día siguiente amaneció una rojota de satín, nuevecita. ¡Qué casualidad! Con todo y todo se organizó el acto de desagravio. Si la obligada asistencia a las ceremonias oficiales –bajo pena de perder el empleo o por lo menos un día de sueldo– es tolerada con disgusto por los trabajadores al servicio del estado, esta nueva exigencia les cayó de la patada.

> • Gilberto Guevara Niebla, del CNH

No en vano había pasado ya un mes de lucha y manifestaciones, un mes de gritar sin temor lo que se piensa sobre los "democráticos procedimientos" del gobierno. Los burócratas fueron a la ceremonia de purificación cívica, pero no con la tradicional indiferencia con que van en los desfiles de apoyo a la política presidencial. Salieron de los ministerios y de las oficinas públicas al grito de: "Somos borregos, nos llevan... beee... beee... No vamos, nos llevan, no vamos, nos llevan, beee, beee, beee". Iban balando, fíjate nomás, y

53

gritando desde los camiones: "¡Somos borregos!" Sus balidos se oyeron en todas las calles. "Bee... Bee..." Se vaciaron los burócratas. ¡Qué ondón más padre! ¡Qué puntada se botaron! "Somos borregos." Y eso que se suponía que iban a apoyar el desagravio.

• Luis González de Alba, DA

El gobierno cree que en México sólo existe una opinión pública: la que lo aplaude, la que lo lambisconea. Pero existe otra: la que critica, la que no cree en nada de lo que dice, y otra más aún, la del importamadrismo, la que no sabe de promesas, la que no se ha encauzado, la indiferente, la que nadie ha sabido aprovechar, y que es, a pesar de su incredulidad e incluso de su ignorancia, una opinión libre.

• José Fuente Herrera, estudiante de la ESIME del IPN

La raza está acelerada.

• Ernesto Hernández Pichardo, de la Escuela Nacional de Economía de la UNAM

INSCRIPCIONES GRATIS PARA GRANADEROS EN LOS CURSOS DE ALFABE-TIZACIÓN

• Manta en la manifestación

–Yo no cargo a Venustiano, tú llévalo.
–¿Y quién ordenó esta pancarta?
–El Comité de Lucha, pero yo no lo cargo...
–Mujer, no hay que ser...
–No lo cargo, y no lo cargo...
–¡A ver acáaaaaa! ¡Otro brigadista que cargue a Venustiano Carranza!

• Hugo Peniche Avilés, estudiante de la Escuela Wilfrido Massieu

—¡A mí me tocó Pancho Villa!

• Josefina Ondarza López, de la Escuela Nacional
de Arte Dramático

La Escuela de Físico-Matemáticas propuso al CNH una gran manifestación en absoluto silencio para demostrar nuestra capacidad
de disciplina y control. Los delegados de Humanidades y de Chapingo querían intentar una movilización obrera, pero era difícil
conseguirla dentro de las circunstancias actuales. Sin embargo, yo
insistí. Siempre alego. Siempre insisto.

• Luis Tomás Cervantes Cabeza de Vaca, agrónomo,
delegado de la Escuela de Agricultura de Chapingo ante
el CNH, preso en Lecumberri

—Oye, yo no entendí por qué Barros Sierra le aplaudía al presidente en la Cámara, si está con nosotros y el presidente no resolvió
ninguno de los seis puntos...

—Y ¿qué querías que hiciera, tarado, que se metiera los dos dedos en la boca y que chiflara?

—No, pero, pues, que no aplaudiera...

—¿En dónde crees que vivimos? Todas las cámaras de televisión
lo estaban enfocando... Además el presidente sí dijo que iba a iniciarse una auscultación pública del artículo 145 a ver si se deroga...

—Vas a ver a dónde nos lleva la dichosa auscultación.

—Bueno, algo es algo dijo un calvo.

—Mira, el día que algún diputado se levante en la Cámara y diga:
"Señor presidente, no estoy de acuerdo con lo que acaba de decir..."

—No tendrá más remedio que suicidarse después...

—Oye, pero ¿por qué aplaudió el rector?

—¡No te digo! ¿Qué no ves que allá adentro hasta los escaños
aplauden, hasta los sillones en que se acomodan los dips aplauden?

• Conversación grabada entre dos estudiantes de la
Escuela Wilfrido Massieu

UNIVERSIDAD NACIONAL AUTÓNOMA DE MÉXICO
LLAMADO A LOS UNIVERSITARIOS

La situación actual de la Universidad, casi sobra decirlo, es delicada en extremo. Desde hace varias semanas se suspendieron las labores docentes, cuando estábamos terminando los cursos del bachillerato y cuando, en el nivel profesional, el segundo semestre iba a menos de la mitad de su avance. Esa interrupción, aunada al uso de bienes y servicios de la Universidad para fines que no son estrictamente universitarios, no sólo ha perjudicado a los alumnos, sino que ha quebrantado gravemente a la propia casa de estudios al desviarse, e impedirse en gran parte, el cumplimiento de las funciones que nos encomienda la ley y que constituyen nuestra obligación ante el pueblo mexicano.

Ahora bien, nuestras demandas institucionales, contenidas en la declaración del Consejo Universitario publicada el pasado 18 de agosto, han quedado satisfechas, en lo esencial, por el ciudadano presidente de la República en su último informe. Cierto es que aún falta el esclarecimiento de algunos aspectos jurídicos importantes en relación con la autonomía; pero ello se logrará por las vías y con los métodos más adecuados.

> • El rector Javier Barros Sierra, "Llamado a los universitarios", Universidad Nacional Autónoma de México, Ciudad Universitaria, 9 de septiembre de 1968

Un día llegamos a los caldos Zenón a repartir propaganda. Era de las primeras veces en que iba yo a "volantear" pero las compañeras dizque ya tenían experiencia y sabían organizarse: unas le hablaban a la gente, otras repartían propaganda, otras echaban aguas, otra nos esperaba al volante del carro, con el motor andando, ¿ves? La jefa de brigada nos dijo:

–Bueno, Cecilia, tú te bajas a los caldos y te pones a echar vidrio, y tú Ofelia, te sientas en una mesa y pides un caldo para despistar y tú, Margarita, te quedas en la banqueta y a la gente que vaya entrando a los caldos le das un volante...

–Órale pues...

Yo me bajé y veo frente a los caldos dos coches parados llenos de gente. Dije: "Uy qué padre. Les reparto de una vez a estos compañeros". Meto la cabeza por la ventanilla, así toda mona, ¿ves?, y les digo:

–Compañeros, lean atenta, detenida y detalladamente esto por-

que es la consigna para mañana ¿eh? y no vayan a faltar –y entonces me dice un señor:

–Bueno, de una vez déme cinco, porque somos cinco...

–Sí, cómo no, tome.

–Oiga, ¿no me da el "bonchecito"?

En el momento en que me pidió el "bonchecito", pensé: Para
qué todo ¿no? Pensé: Querrá ayudar. Pero me entró el cuscús
porque volteo y veo un antenón en el techo como los que traen los
radio-taxis y dije: ¿No será agente? ¡Ah, chispas!

Por si las dudas eché a correr. Y que les chiflo a las demás y se
suben todas a mi coche y que nos arrancamos y que nos empieza a
seguir el coche, que era amarillo, bueno, pero así, echándonos de
plano el carro encima. Yo traía mi datsuncito, es un datsun 67, pero ellos andaban en un último modelo... Yo era la que manejaba
porque la cuata que dejamos en el volante creyó que la volanteada
iba a tardar mucho y la babosa se bajó a comprar unos chicles y allí
la dejamos... Iba corriendo lo más que podía en el datsun cuando
en eso pasa un muchacho guapísimo, en un carro rojo divino, que
a mí se me olvidaron los agentes nomás de verlo, ¿ves?, y entonces
yo dije: "Se me hace que éste es estudiante, aunque sea de la La Salle", y que le empiezo a hacer señas de que nos seguían y todo, y
pensé: "Aquí, además de salvarnos de los agentes hasta romance,
tú", grandes señas y todo, y el muchacho también me hacía señas
de que qué pasaba y cuando me di cuenta, ya se me habían cerrado los agentes, pero el muchacho se había parado valientemente
junto a nosotras. Yo dije: "Este chico va a resolver el problema",
¿ves? Y que se baja y me pregunta:

–¿Qué pasa?

–Ay compañero, se me hace que estos agentes...

Y que se acercan los agentes y se voltean y le dicen al muchacho:

–¡Qué bueno que nos ayudó compañero, porque esta señorita
no se quería parar!

Y me dice el muchacho:

–A ver, identifíquese...

–What you mean *identifíquese*?...

Era también agente, fíjate, pero como era guapo nunca nos lo
hubiéramos imaginado, ¿ves? ¡Qué plancha! Total que se despidió
de ellos, ya los había ayudado a atraparnos y se fue.

• Margarita Isabel, actriz

Cada quien abandonó su ostracismo, olvidó sus problemas personales y se dio un ambiente muy padre de mucho compañerismo; todos se trataban como hermanos. Antes a los grupos "José Carlos Mariátegui" y "Miguel Hernández", de la Facultad de Filosofía y Letras –como eran de filiación marxista–, nos miraban, tanto los democratacristianos como la gente que no participaba en la política, como a bichos raros, casi casi como enemigos, como alborotadores, agitadores, exterminadores de la sociedad. Pero después del bazukazo a la Prepa 1, en las reuniones y en las asambleas todos llegaron a unificarse y a trabajar juntos. No digo que se hayan acabado las diferencias políticas, pero los objetivos inmediatos eran los mismos: luchar contra la represión para lograr el respeto de las libertades democráticas.

• Carolina Pérez Cicero, de la Facultad de Filosofía y Letras

---

¡MUERA CUETO Y SU PERRO MENDIOLEA!

• Cartel en la Facultad de Ciencias

–¿Y su conferencia?
–No señor Acevedo Escobedo, yo me voy a la Silenciosa...
–Pero usted tiene que dar su conferencia. Ya hay público esperándolo. Mírelos en las butacas...
–No señor. Invito al público a la manifestación... Ésa que sea mi conferencia. La del Silencio, ésa sí que es buena onda...
–Pero esto no es posible. El público vino a la conferencia, no a una manifestación...
–Mire señor Acevedo Escobedo, a los que no quieran irse, mejor cuénteles usted una de vaqueros... ¡Yo me pelo!

• Conversación entre José Agustín y Antonio Acevedo Escobedo, jefe del Departamento de Literatura del INBA en la Sala Manuel M. Ponce, el 13 de septiembre de 1968, durante la serie "Los narradores ante el público"

POLI UNAM UNIDOS VENCERÁN. POLI UNAM UNIDOS VENCERÁN

• Coro en la manifestación del 27 de agosto de 1968

¿Te acuerdas de la noche del bazukazo?, creyeron que íbamos a correrles a los tanques pero nel, les aventamos hasta los zapatos.

• Leonardo Ávila Pineda, de la Escuela de Odontología de la UNAM

¡Híjole, yo pensé que en esta ciudad todos estaban muertos, que nadie nos pelaría y mira cuántos se nos unen! ¡Estos azules ya ni la amuelan!, ¿viste cómo vienen pertrechados? ¡Ni que estuviéramos en guerra! ¡Qué tipos! ¡Con qué gusto me echaría a uno de ellos! ¡MUERA CUETO Y SU PERRO MENDIOLEA! ¡MUERA CUETO Y SU PERRO MENDIOLEA! ¡MUERA CUETO Y SU PERRO MENDIOLEA! Camínale, ¿qué te pasa?, andas todo chueco, no me salgas con lo de tu macanazo, ¡a todos nos has restregado tu macanazo!

• Eulogio Juárez Méndez, de la ESIQIE del IPN

¿Qué van a hacer? ¿Derrocar al gobierno? A poco, a poco. ¿A poco se sienten tan cabroncitos?

• Un oficial a unos estudiantes en la Federal de Seguridad

¿Por qué caminará Chuy tan encorvado? Parece ruco. Ah, si no es Chuy, Chuy desapareció cuando tomaron la Prepa.

• Servando Hernández Cueto, de la ESIME del IPN

A mí mierditas del MURO me hacen los mandados.

• Gilberto Guevara Niebla, del CNH

• Coro en la manifestación del 27 de agosto de 1968

... Y la cuata esa ¿por qué llora? Que está nerviosa. Óyeme los nerviosos a su casa, aquí nada de traumitas personales. Que su hermano. ¿Qué le pasó a su hermano? Pues dile que se calme, que no va a pasar nada, que aquí estamos todos juntos, dile eso a la compañera, díselo a todos los compañeros...

• Leonardo Bañuelos Tovar, de la Escuela Luis Enrique Erro

AL PUEBLO

El Consejo Nacional de Huelga convoca a todos los obreros, campesinos, maestros, estudiantes y pueblo en general, a la

GRAN MARCHA DEL SILENCIO

En apoyo a los seis puntos de nuestro pliego petitorio:

1. Libertad de todos los presos políticos.
2. Derogación del artículo 145 del Código Penal Federal.
3. Desaparición del cuerpo de granaderos.
4. Destitución de los jefes policiacos Luis Cueto, Raúl Mendiolea y A. Frías.
5. Indemnización a los familiares de todos los muertos y heridos desde el inicio del conflicto.
6. Deslindamiento de responsabilidades de los funcionarios culpables de los hechos sangrientos.

En la que exigiremos la solución inmediata y definitiva por parte del Poder Ejecutivo a nuestras demandas.

Reiteramos que nuestro Movimiento es independiente de la celebración de los XIX Juegos Olímpicos y de las fiestas cívicas conmemorativas de nuestra Independencia, y que no es en absoluto intención de este Consejo obstruir su desarrollo en lo más mínimo. Reafirmamos, además, que toda negociación tendiente a resolver este conflicto debe ser pública.

La marcha partirá a las 16 horas del día de hoy, viernes 13, del

Museo Nacional de Antropología e Historia, para culminar con un gran mitin en la Plaza de la Constitución.

Ha llegado el día en que nuestro silencio será más elocuente que las palabras que ayer callaron las bayonetas.

• Desplegado en *El Día*, 13 de septiembre de 1968

El helicóptero seguía volando casi al ras de las copas de los árboles. Finalmente, a la hora señalada, se inició la marcha en absoluto silencio. Ahora no podrían oponer ni siquiera el pretexto de las ofensas. Apenas salidos del Bosque, a unas cuadras de iniciado el recorrido, las columnas empezaron a engrosarse. Todo el Paseo de la Reforma, banquetas, camellones, monumentos y hasta árboles, estaba cubierto por una multitud que en cien metros duplicaba el contingente inicial. Y de aquellas decenas y después cientos de miles sólo se oían los pasos. El silencio era más impresionante que la multitud. Si los gritos, porras y cantos de otras manifestaciones les daban un aspecto de fiesta popular, la austeridad de la silenciosa era semejante a la de una ceremonia solemne. Entonces, ante la imposibilidad de hablar y gritar como en otras ocasiones; al oír por primera vez claramente los aplausos y voces de aliento de las gruesas vallas humanas que luego se unían a nuestro contingente, surgió el símbolo que pronto cubrió la ciudad y aun se coló a los actos públicos, la televisión, las ceremonias oficiales: la "V" de ¡Venceremos! Hecha con los dedos, formada con los contingentes en marcha; pintada después en casetas de teléfonos, autobuses, bardas. En los lugares más insólitos, pintado en cualquier momento, brotaba el símbolo de la voluntad inquebrantable, incorruptible, resistente a todo, aun a la masacre que llegó después. En los días siguientes al 2 de octubre, la "V" continuaba apareciendo hasta en las ceremonias olímpicas, en las manos alzadas del Pentatlón Militar Deportivo y en todas partes. Nada parecía poder extinguirla.

• Luis Gonzáles de Alba, DA

Pueblo Mexicano:

Puedes ver que no somos unos vándalos ni unos rebeldes sin causa, como se nos ha tachado con extraordinaria frecuencia. Puedes darte cuenta de nuestro silencio.

• Volante en la manifestación del 13 de septiembre

¿Sabes?, me gustaron, me cayeron bien, por hombrecitos. Muchos tenían esparadrapo en la boca, casi todos parecían gatos escaldados con sus suéteres viejos, sus camisas rotas pero tan decididos. Le eran simpáticos a la gente que estaba en las banquetas viéndolos, y muchos, además de aplaudirles, se les unían y cuando no se les daba propaganda la pedían, e incluso el público se ponía a repartir de mano en mano. Nunca había visto antes una manifestación tan vasta, tan de a de veras, tan hermosa. Toma, te traje unos volantes.

• Paula Amor de Poniatowski, madre de familia

El día que se programó la Silenciosa se pensó que un compañero de la Facultad de Derecho era el indicado para hablar sobre la ilegalidad e inconstitucionalidad del 145, y como a mí me tocó ser representante ese día me eligieron para hablar. Todos los representantes de Leyes ante el CNH –éramos cinco compañeros y yo– formábamos la Comisión encargada del estudio del artículo 145. Ilusamente creíamos que el gobierno nos iba a dar el diágolo, yo así le digo, porque así nos decían los granaderos cuando nos daban de culatazos y de macanazos: "¡Tengan su diágolo, tengan su diágolo!" Por eso pensamos que debíamos estar preparados para una discusión legal, pero oh, hete aquí que nos dieron una golpiza ilegal y antidemocrática y el diálogo se quedó en un monólogo de dieciséis años de cárcel a los que estoy condenada y 1 987 387 pesos que solamente que me paguen a 100 mil pesos por kilo de los que peso, y peso 110 kilos, solamente así, podré pagar porque si no, ¿con qué ojos mi divino tuerto, mi divino dientón?... ¡Ah bueno!, pero te estaba yo contando de la Silenciosa. El 13 de septiembre día de los Niños Héroes leí en el Zócalo un discurso dando los antecedentes del nacimiento del 145, su desarrollo, su reforma y el por qué debía ser derogado. Todos me felicitaron y al bajar del camión de donde había hablado, me cargaron con grandes trabajos; una señora me dio una torta y otra una moneda de las Olímpicas, de ésas de a 25 pesos.

• Roberta Avendaño Martínez, *Tita*, delegada de la Facultad de Leyes de la UNAM ante el CNH, presa en la Cárcel de Mujeres

Yo dejé mi carro en la Calzada de la Milla, junto al Museo de Antropología, y mi mamá se quedó adentro y nos fuimos a la manifestación y cuando regresé ya no había carro, ni mamá.

> • Regina Sánchez Osuna, estudiante de la Academia
> de Danza Mexicana

A mí me destrozaron el coche; llantas, parabrisas, vidrios, todo hecho cisco. Le pedí a un señor que le avisara a Manuel. Se vino de CU, yo creo que en helicóptero porque llegó en tres segundos. Estaba lívido. Él creía que yo estaba adentro del coche.

> • Marta Acevedo, madre de familia

Oye, Cabeza, ¿y por qué no te callas como en la Silenciosa? Llevas media hora hablando de lo mismo.

> • Un delegado, a Luis Tomás Cervantes Cabeza de Vaca,
> en el seno del CNH

El Movimiento Estudiantil no es obra de delincuentes ni tiene propósitos de subversión del orden institucional. Los líderes estudiantiles están dispuestos a entablar un diálogo con las más altas autoridades del país.

> • Ing. Heberto Castillo, *Anatomías*, mesa redonda
> organizada por Jorge Saldaña, 21 de agosto de 1968

"El silencio es más fuerte."

> • Cartón de Abel Quezada, *Excélsior*, 14 de septiembre
> de 1968

El temor quedaba atrás, la confusión, los rumores, los conflictos internos. Los mismos maestros exclamaban con gusto que olvidáramos la "retirada estratégica". Ese triunfo lo cambiaba todo. Nos enteramos por entonces de que el gobierno había calculado una asistencia de diez mil personas a la manifestación; el CNH pensó que, a causa de la campaña de atemorización desatada por el gobierno, asistirían ciento cincuenta mil. La asistencia fue de trescientas mil personas: rebasó los cálculos más optimistas.

Todas las mil pequeñas dificultades que cada miembro del CNH tenía en su propia escuela, desaparecieron. No había que pedir a los alumnos que asistieran en mayor número a las asambleas pues éstas volvieron a su nivel normal. Nuevamente se abrían perspectivas de triunfo. Se iniciaban debates interesantes, se trataban temas nuevos. Era lo que hacía falta para tener las escuelas llenas de estudiantes ocupados en diversas tareas, más volantes, más brigadas. Una medida, una sola medida había levantado y reestructurado el Movimiento porque no hacía falta sino una sola cosa: devolver la confianza en nuestras propias fuerzas y encontrar un sentido, un propósito, a las tareas concretas, al trabajo común. Todo esto se logró con la manifestación silenciosa.

> • Luis González de Alba, DA

No puede tratarse de una conspiración en contra de las autoridades. La capacidad organizadora de los jóvenes se ha demostrado; los estudiantes se han unificado y se han hecho merecedores de ser atendidos en todas aquellas demandas que sean justas.

> • Víctor Flores Olea, *Anatomías*, mesa redonda organizada por Jorge Saldaña, 21 de agosto de 1968

CARTA DE UNA MADRE A SU HIJO GRANADERO

Hijo mío:

Acabo de enterarme por medio de la prensa de tus últimas hazañas; es verdaderamente conmovedor el saber que tú, querido hijo, nacido de mis sagradas entrañas, hayas entregado tu vida para beneficio de la patria de una manera tan desinteresada.

No sabes el susto que me llevé al observar los diarios; pensé en los graves peligros en los que te viste inmiscuido, todo por tu amor a Díaz Ordaz. Los salvajes estudiantes pudieron haber maltratado con su cabezota tu bonito fusil. Tengo entendido que algunos son tan brutos que son capaces de estrellar su carota contra tu macanita, que con tanto cariño cuidas.

Si no fuera por tu padre, que fue devorado por los tiburones al tratar de escapar de las Islas Marías, en estos momentos correría a felicitarte. Sin embargo, creo que desde el cielo ha de estar observando tu excelente conducta y desde allá abogará ante todos los santos para que te cuiden en tu peligrosa profesión.

Esperando sigas matando con igual saña a estudiantes y maestros, se despide de ti tu querida madre.

- "La Poquianchis Mayor", Cárcel de Mujeres, Santa Marta Acatitla
- Volante recogido en la manifestación del 27 de agosto, y leído en la Sala Manuel M. Ponce, durante la serie "Los narradores ante el público", el 6 de septiembre de 1968, en el INBA

[En el primer mitin que hicimos en Tlatelolco, el sábado 7 de septiembre] Haciendo alusión a la parte del Informe donde dice Díaz Ordaz: "Tendré que enfrentarme a quienes tienen una gran capacidad de propaganda, de difusión, de falsía, de injuria, de perversidad", respondió la representante ante el Consejo por la Prepa 5, quien hablaba por primera vez en un mitin, que con todo gusto cambiaríamos esa gran capacidad que mencionaba Díaz Ordaz por la que el gobierno posee y utiliza. Sin dudar un momento cambiaríamos nuestros megáfonos portátiles por la radio y la televisión nacionales; nuestros mimeógrafos por las rotativas de los grandes diarios; nuestros botes de lata, que el pueblo llenaba de dinero para comprar papel y tinta –nuestras armas– por los recursos económicos del estado. ¿Cómo es posible que en un país donde ciento ochenta periodistas tuvieron que repartir en hojas mimeografiadas su protesta por la invasión a la Universidad y las injurias al rector porque sus propios diarios no la aceptaron –ni como inserción pagada–, el gobierno se atreva a hablar de la capacidad de propaganda y difusión ajenas? En el mitin, como muestra del poder de propaganda mencionado, fueron soltados gran cantidad de perros con mantas en el lomo: "Libertad a los presos", "Muera Cueto" y otras más fuertes.

Un nuevo medio, otro aparato de propaganda, además de los perros con mantas, venía a aumentar nuestra temible capacidad. Los alumnos de Aeronáutica, del Politécnico; y los de Ciencias Químicas, de la UNAM, fabricaban globos que al llegar a cierta altura dejaban caer volantes.

El mitin terminó tan pacíficamente como había empezado, a

pesar de que en todas las calles cercanas había camiones de granaderos y el ejército rondaba en los alrededores. Así sucedía siempre
que no intervenían las fuerzas policiacas. La manifestación era posible y se programó para dos días después: el trece de septiembre.

• Luis González de Alba, DA

Nuestra propaganda fueron las bardas con pintas estudiantiles (al
día siguiente amanecían con la pintura gris usada por la policía para cubrirlas), pero nosotros les encimábamos otra mano de pintura
y otra vez el letrero: "Muera Cueto" o "Libertad Presos Políticos"; los
letreros en los costados de los camiones urbanos, en los tranvías;
hasta en el techo de los camiones (allí era más difícil despintarlos
porque se tardaban más en darse cuenta que llevaban un letrero
encima), en el flanco de los trolebuses, en cualquier muro de cualquier esquina de la ciudad. Incluso cuando el Departamento del
D. F. borraba los letreros, quedaban manchones y éstos, en cierta
forma, también protestaban. Las pintas, los volantes mimeografia-
dos y nuestros pulmones fueron nuestra prensa.

• Ernesto Hernández Pichardo, de la Escuela de Economía
de la UNAM

Todos dicen un chorro de mentiras para lucirse. Son más largos
que la cuaresma.

• Carlos González Guerrero, estudiante de la
Universidad La Salle

Los estudiantes –tanto los de la UNAM como los del IPN, como los de
Chapingo, del Colegio de México, etcétera– no tienen más que una
consigna: "el apoyo al rector, la protección al rector, el apoyo al
rector". Su solidaridad es estremecedora. Pero a ellos ¿quiénes los
apoyaron a la hora de la verdad? ¿Acaso no los han dejado solos?

• Isabel Sperry de Barraza, maestra de primaria

CORRIDO DE LA POPULAR TITA

Popular entre la "grilla" era la Tita
la mujer que la UNAM idolatraba
además de ser valiente era gordita
y hasta el mismo director la respetaba
y se oía, que decían aquellos que tanto la querían:

Que si la Tita se fuera de Leyes
los leguleyos le irían a llorar
Ay mi Tita por Dios te lo pido
que de Leyes no te vayas a olvidar.

Y si acaso nos truenan a todos
que con tus chistes nos vayas a calmar
Ay mi Tita, por Dios te lo pido
de los abogados no te vayas a olvidar.

Y si acaso te amuela un granadero
y si Cueto te quiere macanear
no te olvides por Dios mi gordita
que Derecho no te puede abandonar.

Con mucho cariño y respeto para la voluminosa Tita.

Éste es un corrido que me hizo uno de los muchachos antes de que el ejército tomara CU. Se canta con música de *La Adelita...* ¿Por qué fui popular en el Movimiento? Porque decían: "¿Quién va a la conferencia de prensa?" "Tita, Tita, que vaya Tita." Se hacía por votación y yo salía porque a todos les caía bien. Acordábamos con anterioridad sobre qué base íbamos a hablar en la conferencia de prensa y cada uno contestaba a las preguntas que le parecían de su competencia. Yo nunca sentí a Marcelino Perelló como una vedette. Creo que su propia brillantez era lo que hacía que él causara impacto; su propia inteligencia hacía que él acaparara la atención de los que lo escuchaban. Yo siempre admiré su lucidez...

En el CNH privaba un ambiente de juventud, con su irresponsabilidad, sus juegos, sus bromas, sus chistes. Todas las noches unos compañeros de Economía me llevaban chocolates y dulces dizque para cohecharme; para que votara por las proposiciones de su facultad; ésta era una forma de guasear conmigo...

• Roberta Avendaño Martínez, *Tita*, delegada de la
Facultad de Leyes ante el CNH

Los estudiantes no pueden hacer nada si detrás de ellos no hay quien los mueva; quien los apoye económicamente. Por ejemplo, ¿quién les da el sonido para sus mítines? ¿Los magnavoces?... En 68: ¿de dónde salieron los volantes? De la Imprenta Universitaria. Todo lo organizaban en CU –CU era de ellos, el papel, las máquinas de escribir, las aulas, los esténciles, la tinta; la pintura, en fin, todo... ¡Todo salió de CU!

> • Ángel García Cevallos, padre de familia

¡Que no me vengan con cuentos! Si hay porquería en el gobierno también la hubo en el otro bando: el de los estudiantes y los adultos que los respaldaban, todos jugándole al héroe, y a la mera hora exponiendo sólo a los ilusos, echando por delante a los jovencitos... En México todavía priva una criminal inconsciencia. Yo soy madre de familia y siempre me asombró la actitud de los profesores universitarios... Al igual que a los jóvenes parecía encantarles el relajo...

> • María Fernanda Vértiz de Lafragua, madre de familia
> y maestra de primaria

Más que motivos en mi participación en el Movimiento Estudiantil Popular de 68, son fines y valores presentes los que me condujeron a unirme y que sintetizo en este breve coloquio de un maestro a un alumno en el inicio del Movimiento: "... He aprendido tanto de ti en esto de ser hombre, que mi mejor respuesta es apoyar tu lucha, que ahora es nuestra, y continuarla hasta el final".

> • Doctor Fausto Trejo, profesor de Psicología de la
> Facultad de Filosofía y Letras de la UNAM, miembro de
> la Coalición de Maestros, preso en Lecumberri

Criticar al César no es criticar a Roma. Criticar a un gobierno no es criticar a un país.

> • Carlos Fuentes, al reportero Guillermo Ochoa, *Excélsior*,
> 4 de marzo de 1969

El CNH era terriblemente aburrido, se discutían muchas cosas absurdas, pero tenía chispazos fantásticos. Por ejemplo, los doscientos diez o doscientos cuarenta delegados y la base se pasaban discutiendo horas y horas y horas si el Movimiento Estudiantil era revolucionario o no; discusiones promovidas por trotskos e izquierdizoides. Romeo propuso una vez, por ejemplo, un paro obrero de una hora, a nivel nacional, bueno, en el Distrito Federal, paro que se efectuara de 1 a 2, y cuando se le dijo que siempre había paros a esa hora en todas las fábricas, porque era la hora de comer, dijo que no importaba, que así se aseguraba el éxito... Eran tan largas las asambleas que de repente se aprobaban sesiones de chiflidos y ruidos para despertar a la raza. Había de doscientos diez a doscientos cuarenta delegados, para que no predominara ningún grupo político. El diez por ciento era de militancia política y el noventa por ciento era gente independiente, y este grupo de gente era el que le daba sus características populares al Consejo, su originalidad, su fuerza... El contenido político no se lo daban las palabras sino las actitudes. Yo ya no creo en las palabras. Los priístas usan un lenguaje revolucionario, emplean términos muy avanzados, y sin embargo un campesino, sin palabras, sin lenguaje, con su sola actitud, es más revolucionario que todos nosotros juntos.

• Raúl Álvarez Garín, del CNH

A pesar de que el CNH estaba compuesto por jóvenes nuevos, con poca experiencia política, a pesar de lo largo y lo repetitivo de las sesiones, el Consejo Nacional de Huelga logró ser el único canal de expresión de todos los estudiantes. Creo que esto es una experiencia muy grande para todos los estudiantes porque el CNH rompió con los moldes anteriores, con todas las formas de organización que existían hasta entonces –la FNET, por ejemplo– y otras, y rompió no sólo con las corruptas sino con las anquilosadas, las momias, las sociedades de alumnos, etcétera. Toda esta dirección vertical que pesaba sobre los estudiantes –la famosa pirámide de la que tanto se habla en Economía– se convirtió en una nueva forma de organización en que los estudiantes sí participaban.... Se hizo tábula rasa con la pirámide... Todos los estudiantes eran el CNH. Además lo decían: "¡Nosotros somos el CNH! ¡Nosotros somos el CNH!"

• Pablo Gómez, estudiante de la Escuela de Economía de la UNAM y de las Juventudes Comunistas

Los cuatro líderes del Movimiento eran Raúl Álvarez Garín de Físico-Matemáticas del IPN y Sócrates Campos Lemus, de Economía del IPN, Marcelino Perelló de Ciencias de la UNAM y Gilberto Guevara Niebla, también de Ciencias de la UNAM. De los cuatro, los más accesibles eran Sócrates y Marcelino. Los otros dos que traté un poco eran hoscos, broncos, autosuficientes. Guardaban las distancias, y Raúl, sobre todo era tajante. ¡Ésas eran las apariencias!... Pero, para caer en una perogrullada, las apariencias engañan. ¿Quiénes quedan a la larga? A la hora de la verdad ¿quiénes dieron la medida? Raúl y Gilberto... Los otros dos no valen. Marcelino fue una vedette y Sócrates, pues... todo el mundo sabe ya lo que es.

● Luis González de Alba, del CNH

En el CNH, cuando le llegaba a uno el turno para hablar –después de una espera de dos horas– y tomaba la palabra, ya hasta se le había olvidado a uno para qué la había pedido.

● Félix Lucio Hernández Gamundi, de la ESIME del IPN,
delegado ante el CNH

Nunca en el Movimiento Estudiantil hubo una organización más representativa y nunca una que todos los estudiantes sintieran como suya. Los muchachos no apoyaban a uno o dos figurones sino que se sentían partícipes, no eran objeto sino sujeto. Ellos eran los que decidían y así lo sintieron, porque las decisiones más importantes recayeron sobre ellos. Por ejemplo, cuando el ejército ocupó CU, los estudiantes de la UNAM estaban dispersos. Sin embargo las brigadas que funcionaban en CU siguieron trabajando afuera e hicieron volantes y manifiestos con una orientación determinada y la base siguió luchando.

● Pablo Gómez, de la Escuela de Economía de la UNAM
y de las Juventudes Comunistas

En todas las escuelas y facultades se recibió el aviso de que el ejército se dirigía a la Ciudad Universitaria y nadie se preocupó por avisar al CNH que acababa de iniciar su reunión con el propósito de hacer una severa crítica a los delegados ausentes. Cuando ya estaban a las puertas de la Universidad los primeros tanques llegó el primer aviso al CNH: un muchacho corrió hasta el auditorio de Medicina y, haciendo a un lado a quienes le exigían su pase de delegado, entró hasta la sala de sesiones e hizo el anuncio estrepitosamente. El Consejo entero se indignó: ¡Bastante molesto era empezar la noche con unos cuantos delegados para que no se pudiera trabajar en paz y sin interrupciones! El mensajero salió estupefacto. Al poco rato entró otro compañero, quien con toda calma informó: "Aquí abajo, en el estacionamiento de la Facultad, se están acomodando los tanques y los transportes de paracaidistas; si quieren salir, apúrense. Yo ya me voy".

• Luis González de Alba, DA

Durante los quince días de la ocupación de CU por el ejército se quedó encerrada en un baño de la Universidad una muchacha: Alcira. Se aterró. No pudo escapar o no quiso. Al ver a los soldados, lo primero que se le ocurrió fue encerrarse con llave. Fue horrible. Uno de los empleados que hacen la limpieza la encontró medio muerta, tirada en el mosaico del baño. ¡Quince días después! Ha de haber sido espantoso vivir así, hora tras hora, tomando sólo agua de la llave del lavabo. Se la pasó entre los lavabos y los excusados –allí dormía, tirada en ese pasillo, en el piso de mosaico– y se asomaba por una mirilla para ver a los soldados recargados en sus tanques, bostezando, o recostados adormilados en los yips... ¡Era tal su terror que nunca se movió del baño!

• Carolina Pérez Cicero, de Filosofía y Letras de la UNAM

Después de que los soldados me dieron el balazo en CU el 19 de septiembre de 1968 –me lo dieron en el fémur y por pocos milímetros me rompen la femoral–, estuve dos meses internado en el Hospital 20 de Noviembre y jamás traté abiertamente el tema de mi herida, ni siquiera con otros muchachos que me visitaban, porque se decía que había "orejas" y "chivatos" en todas partes y reinaba un ambiente de temor, de absoluta desconfianza.

• Víctor Villela, escritor, miembro del Pen Club

Aquella primera represión desató otras, completamente insensatas que partieron en dos la opinión nacional: acá los hombres del poder y la gran propiedad; allá los estudiantes, los profesores, los intelectuales y buena parte del pueblo.

• Ricardo Garibay, "Salir del agujero", "La hora cero",
Excélsior, 27 de septiembre de 1968

Abomino la pasividad e indiferencia, porque las identifico con la complicidad e irresponsabilidad. Formamos la Coalición de Maestros de Enseñanza Media y Superior Pro Libertades Democráticas, al ejemplo de los jóvenes en su Consejo Nacional de Huelga. Siempre tendré presente la pregunta que me hizo mi hijo momentos antes de una de las grandiosas manifestaciones del Movimiento Estudiantil: "¿Y qué no vas a estar con tus alumnos en esta manifestación?"

• Doctor Fausto Trejo, de la Coalición de Maestros,
preso en Lecumberri

A Armando y a mí nos cogieron el 18 de septiembre en CU cuando fuimos por nuestra hija. Un militar reconoció a mi marido, lo apartó, llamándolo por su nombre: "¡Armando Castillejos!" Y nos separaron. Bueno, separaron a todos los hombres de todas las mujeres y a Armando y a mí nos consignaron como dirigentes del Movimiento Estudiantil, con el cual no tuvimos nada que ver, salvo el desplegado que publicó el Sindicato El Ánfora en que declaraba públicamente su apoyo al pliego petitorio estudiantil. Mi marido es secretario del Sindicato. En realidad, con quien tenemos que ver es con el Movimiento Obrero ya que llevamos 26 años de trabajar directamente vinculados con los obreros, y hemos podido darnos cuenta hasta qué grado están mediatizados y cómo se les dificulta la lucha. Lo único que hemos hecho Armando y yo a lo largo de nuestra vida es explicar a los obreros cuáles son sus derechos –siempre dentro de la legalidad– porque, si no saben cuáles son, ¿cómo van a poder defenderlos? Por esto, cada uno tenemos trece delitos del fuero federal y seis delitos del común; nos pusieron dos procesos diferentes y tenemos más delitos que cualquiera de los presos políticos... El 24 de diciembre de 1968 salí yo en las listas que aparecieron en los periódicos entre los que iban a liberar ese mismo día y, a pesar de que es un día atareado para los funcionarios por ser víspera de Navidad, ese mismo día hubo una contraorden y yo fui la única que no salí. Cuentan las malas lenguas que Fidel Velázquez intervino personalmente para que yo no saliera... Yo trabajé en la Secretaría del Trabajo y, después de diecinueve años, me despidieron. Era auxiliar del grupo 13 de Petróleos en la Junta Federal de Conciliación y Arbitraje, puesto al que llegué por escalafón, y me despidieron por ser esposa de Castillejos. Esto me lo dijo personalmente Salomón González Blanco:

–Señora, yo admiro a su esposo pero consideramos que es enemigo del gobierno. Por lo tanto, si usted quiere seguir aquí, la vamos a trasladar a Guaymas.

Yo le dije que no tenía por qué irme a Guaymas. Luché y hasta en la Suprema Corte perdí la demanda de trabajo después de todas las instancias. ¡No les importaron diecinueve años de trabajo y de esfuerzo ya que en esos diecinueve años siempre ayudé a los trabajadores!

Cuando esto pasó, en 1962, me fui a trabajar al despacho de mi esposo pero la lucha era para nosotros cada vez más difícil porque aun sindicatos de sesenta y tantos trabajadores como el de la laminadora Xalostoc tampoco los pudo registrar Armando. La Secretaría del Trabajo y el Departamento del Distrito son los que dicen qué sindicatos se registran y con eso tienen el control de todas las organizaciones obreras. ¡Así puede usted pelear ante todas las instancias legales, no le dan a usted el registro! Es uno de los cuellos de botella que tiene el gobierno para controlar completamente el Movimiento Obrero.

Como mi marido jamás aceptó proposiciones ¡y vaya que se las hicieron! para vender una huelga, entonces lo consideraron una persona peligrosa. Armando inició además una campaña durísima contra Fidel Velázquez y contra los sindicatos blancos, y esto no se lo perdonan ni los líderes charros ni el gobierno que tiene en ellos sus principales apoyos. Ésta es la razón verdadera de nuestro encarcelamiento.

- Lic. Adela Salazar Carbajal de Castillejos, litigante en asuntos obreros, presa en la Cárcel de Mujeres

A mí me detuvieron tres veces, la primera el 18 de septiembre. Yo bailaba en el Ballet Folklórico de la UNAM y había ido a un ensayo y por cierto traía mis zapatillas de ballet. Yo era del Comité de Lucha de la Facultad de Derecho, tenía la Comisión de Finanzas, pero andaba con unas compañeras que nada tenían que ver con el Movimiento, ni siquiera con la Universidad, y nos detuvieron a todas juntas y nos tuvieron hasta las tres de la mañana en la explanada frente a la Rectoría. Junto a mí estaba una muchacha francesa embarazada que se sentía muy mal. Ella y su marido eran turistas;

habían ido a la Universidad a conocerla y a pesar de ello, la francesa embarazada duró tres días conmigo en Lecumberri. También había dos muchachas de Tamaulipas que fueron con sus novios a bailar al Altillo y al ver pasar los tanques y el ejército quisieron ir a ver qué sucedía. Las dejaron entrar con los novios pero ya no las dejaron salir y ellas decían hasta cómicamente: "Ahora sí nos van a casar nuestros papás porque van a creer que nos fuimos con los novios". Una bailarina de ballet clásico decía junto a nosotras: "Esto hay que tomarlo con calma, hay que relajarse, calma muchachas, calma" y comenzó a hacer sus ejercicios de yoga. En CU detuvieron a quien quisieron y no respetaron a nadie. Vi pasar al secretario particular del rector, licenciado Noguerón, seguido por un soldado con bayoneta y le dije: "Pero licenciado, ¿a usted?" Y él me respondió: "Esto es un error, Nachita, pronto se resolverá". De la explanada nos llevaron a Lecumberri a cuarenta y tres mujeres y nos tuvieron en el turno de mujeres porque las demás cárceles estaban llenas: el Campo Militar número 1, la jefatura, la Cárcel de Santa Marta, la Procuraduría General de la República, etcétera. Como no había camas para nosotras nos tuvieron en el comedor sentadas sobre las mesas de concreto hasta el otro día con un frío horroroso. Allí me di cuenta que con nosotras estaba una anciana que decía era hermana de un magistrado de la Corte, que ¿por qué la tenían allí? Nosotras teníamos un ánimo excelente porque era la primera vez que nos detenían; nuestra preocupación eran nuestros compañeros; que a ellos no les hicieran nada. Hicimos una colecta entre nosotras y les compramos latas de leche Nestlé y cigarros para mandárselos, y creyendo que nos escuchaban nos dedicamos a cantarles y a echarles porras para que tuvieran ánimos y supieran que no estaban solos, pero no pensamos un solo instante que no podían oírnos porque estaban en otras crujías muy lejos... Nos sentíamos valientísimas y en ese momento alguien gritó: "¡Un ratón!", y todas, las cuarenta y tres al mismo tiempo, nos trepamos a las mesas de cemento. ¡Cómo cupimos, no lo sé, pero lo que sí recuerdo es que no la pasamos mal y que esos días no fueron malos, lo malo vino después!

> • Ana Ignacia Rodríguez, *Nacha*, del Comité de Lucha de
> la Facultad de Leyes de la UNAM, presa en la
> Cárcel de Mujeres

Mas la situación presenta ahora una nueva fase; estoy siendo objeto de toda una campaña de ataques personales, de calumnias, de injurias y de difamación. Es bien cierto que hasta hoy proceden de gentes menores, sin autoridad moral; pero en México todos sabemos a qué dictados obedecen.

> • El rector Ing. Javier Barros Sierra, texto de su renuncia a la H. Junta de Gobierno de la UNAM, el 23 de septiembre de 1968

El viril documento cívico que constituye la renuncia del rector no deja lugar a dudas sobre la índole de las presiones ominosas y externas al ámbito universitario que la motivaron.

> • Declaración del CNH, 25 de septiembre de 1968

La renuncia del rector es un acto de civismo sólo comparable al de Octavio Paz renunciando a la Embajada de México en la India, semanas después, porque no podía representar a un gobierno que asesina a su pueblo.

> • Luis González de Alba, del CNH

Los problemas de los jóvenes sólo pueden resolverse por la vía de la educación, jamás por la fuerza, la violencia o la corrupción. Ésa ha sido mi norma constante de acción y el objeto de mi entrega total, en tiempo y energías, durante el desempeño de la rectoría.

> • El rector Ing. Javier Barros Sierra, texto de su renuncia a la H. Junta de Gobierno de la UNAM, el 23 de septiembre de 1968

Todas las escuelas estaban convencidas de que no había otro camino de solución que el diálogo público. Esto era indiscutible. La corrupción no había logrado penetrar al Consejo y las maniobras gubernamentales fueron previstas y eludidas a tiempo. El presidente jugó su última carta hablando desde la más alta tribuna del país para amenazar con la represión total, y no surtió el efecto esperado. Ahora sólo les quedaba a los funcionarios hacer a un lado las vías tradicionales tan conocidas por el gobierno mexicano; se enfrentaban a un movimiento que no se podía corromper ni desvirtuar. Tampoco entendían que no hubiera personajes de la política nacional patrocinando y dando directrices tras bambalinas. ¿Acaso no tenía trasfondo el pliego petitorio? ¿Sólo se pedía la solución de los seis puntos? El gobierno no lo podía creer y seguía buscando conjuras y fantasmas. Un régimen acostumbrado al doble juego de las insinuaciones, nunca a las exigencias rotundas y claras, no tenía la capacidad para comprender los hechos que sorpresivamente le estallaban en la cara, ni poseía los instrumentos adecuados y la flexibilidad política necesaria para responder de sus actos honestamente ante toda la población fuera de las salas de los ministros, donde tantas luchas justas se han apagado.

• Luis González de Alba, del CNH

¡VACUNE A SU GRANADERO!

• Pancarta en una manifestación de *Los agachados*,
de Rius, "Número especial de los cocolazos. De julio-
agosto-septiembre y octubre quién sabe si tambor"

¡VIVAN LAS CUBANAS!

• Pancarta en una manifestación de *Los agachados*,
de Rius

¡Cueto para presidente!
Mariles pa secretario de la Defensa (Personal)
¡Corona del Rosal pa embajador en Andorra del Norte!
¡Mendiolea Cerecero para el INBA!
O sea ¡la pura vida!

• Rius, *Los agachados*, "Número especial de los cocolazos"

El gobierno nunca quiso el diálogo público sino pláticas de recámara. Y nosotros no podíamos transigir: el diálogo tenía que ser público. Por eso al Movimiento Estudiantil de 1968 no pudo corromperlo el gobierno.

• Marcia del Río Capistrán, estudiante de Odontología
de la UNAM

Las cárceles se llenaban de nuevos presos cuando una de nuestras principales demandas era la libertad de los presos políticos.

• Eduardo Valle Espinoza, *Búho*, del CNH

En CU el grito lo dio Heberto... En la explanada había puestos de fritangas, de aguas frescas, confetti, serpentinas; parecía kermesse, se vendían flores, sombreritos de cartón, y se celebraban "matrimonios". ¡De pura chiripada yo no me casé!

• Gilberto Guevara Niebla, del CNH

A las once de la noche, cuando se terminaba en el Zócalo la ceremonia oficial, repetida en cada pueblo y en cada ranchería del país, se dio el "grito" de Independencia en la Ciudad Universitaria y el Politécnico en medio de un júbilo desbordante. [...] el festival continuó, ya sin maestro de ceremonias, sin programa, hasta que lentamente miles de personas iniciaron el regreso a su casa, por supuesto caminando, y todo Insurgentes quedó convertido en una romería. En la Procuraduría de la República guardaban las "actas de matrimonio", típicas de toda fiesta popular de México, para "probar" que nos habíamos constituido en autoridades con capacidad para celebrar matrimonios civiles. Meses después las usaron como pruebas de cargo.

• Luis González de Alba, DA

¡Eran casorios de a mentiritas! ¡Ojalá y hubieran sido de a de veras!

• Cuca Barrón de Narváez, estudiante de la Facultad de Medicina de la UNAM

Si constantemente llegaban refuerzos a los granaderos, no les faltaban a los estudiantes pues muy cerca de la Unidad se encuentran las numerosas escuelas politécnicas del Casco de Santo Tomás hasta las que llegaban las detonaciones de armas de fuego. Había centenares de intoxicados por los gases y muchos heridos de bala, pero los estudiantes y los vecinos de la Unidad no se daban por vencidos.

Ya de noche, las señoras seguían calentando agua en sus estufas y buscando botellas de refresco para llenarlas con cualquier líquido inflamable y arrojarlas junto con toda clase de proyectiles. Un capitán de la Dirección de Tránsito lanzó a los hombres que tenía a su cargo, todos ellos disfrazados de civiles, contra los curiosos que estuvieran en los alrededores.

Los alumnos de las escuelas del Casco rompían el cerco para auxiliar a sus compañeros de la Vocacional. Muchos de los numerosos vehículos usados por la policía para cercar la zona fueron incendiados con bombas "molotov". Por ambas partes seguía aumentando el número de los participantes.

• Luis González de Alba, DA

La población de la Vocacional 7 es fundamentalmente de gente de la Unidad Tlatelolco y de chicos del rumbo de Tepito y de la Lagunilla. Todos, o la gran mayoría, éramos gente que apoyábamos al Movimiento. Antes de salir a repartir volantes en los camiones, en los mercados, en las escuelas y en otros lugares, los muchachos pasaban diariamente a nuestras casas a dejar volantes y a informar cómo estaba la situación. Había además una organización de padres de familia y de vecinos que apoyaban decididamente a los muchachos. Esto les consta a los granaderos. Se dieron cuenta perfectamente que eran los vecinos de Tlatelolco o las madres de todos estos muchachos los que estaban dispuestos a defenderlos. En dos ocasiones anteriores los estudiantes y la gente de Tlatelolco hicieron salir destapados a los granaderos.

• Mercedes Olivera de Vázquez, antropóloga, habitante del edificio Chihuahua de la Unidad Nonoalco-Tlatelolco

Con los granaderos era una lucha azteca, a pedradas. No era un problema de armas de fuego porque no traían más que macanas y cosas de ésas. Por ejemplo, en Zacatenco, muchas veces quisieron entrar los granaderos solos y no pudieron... Tenía que venir el ejército. Por eso, a partir del 23 de septiembre, los empezaron a armar con fusiles M-1.

• Raúl Álvarez Garín, del CNH

Los camiones del Poli le sirvieron de mucho al Movimiento. En un camión del Poli te sentías en tu casa.

• Félix Lucio Hernández Gamundi, del CNH

En mis tiempos a una bola de vagos y malvivientes no solía llamárseles estudiantes.

• Pedro Lara Vértiz, sastre

Soy de provincia y soy de origen campesino. Tengo veinticinco años y he visto compañeros de mi edad morir como nacieron: fregadísimos. Mi familia vino por hambre al Distrito Federal. Al principio nos arrimamos con unas tías en una vecindad por Atzcapotzalco. Mi padre era albañil. Desde la primaria comencé a trabajar en una fábrica de oxígeno; después me animé a entrar a una secundaria; tenía muchos deseos de ingresar al Poli, pero sin palancas, sin centavos pues ¿cómo? No conocía a nadie. Cuando llega uno de fuera así es: casi no habla con nadie. Yo era un tipo a quien no le gustaba oír cosas de política. Lo que necesitaba era salir avante con mi familia, quitarla de padecer lo que yo había visto y se me quedó grabado: cómo trataban a mi madre cuando iba a lavar y todo eso. Había casas donde en vez de pagarle le decían: "Llévate esta comida"; yo veía claramente cómo le daban las sobras. Claro, con hambre tiene uno que aguantar lo que sea pero a mí me daba rabia. Por fin entré al Poli. Trabajaba en las noches, estudiaba por la tarde y así llegué a la Superior. En el Poli me alejé de cualquier organización; todo tipo que formaba una sociedad me parecía malo. Yo era un autómata del trabajo y de la escuela y fuera de ello nada me interesaba. Dejé de ir mucho tiempo a mi tierra y al regresar vi que las condiciones en que vivían y viven hasta la fecha mis familiares seguían siendo exactamente iguales y me entró mucha desesperación. Bueno, la desesperación me entró a los doce años cuando empecé a trabajar en la fábrica de oxígeno. El representante de los sindicatos blancos, de la CTM, llegaba nada más a cobrar y para todo decía: "Está bien, señores". Corría a todo el que pidiera cosas que le corresponden al obrero. Todo esto me hizo reflexionar y cuando vi que el Movimiento Estudiantil cobraba forma dije: "A esto sí me meto". Me sentía ya hecho y dije: "Ojalá y se logre algo". Yo no pensé que el Movimiento fuera político sino que iba más allá; en primer lugar todos eran jóvenes, todos tenían coraje y to-

dos estaban dispuestos a jugársela... En segundo lugar, los conceptos eran distintos; se pedían cosas concretas, y yo no sentí que se
estaba engañando a nadie... ¡Nunca sentí que me movía en un ambiente de mentira o de simulación como sucedía en la fábrica, en
las relaciones entre la CTM y los obreros!

• Daniel Esparza Lepe, estudiante de la Escuela Superior
de Ingeniería (ESIME) del IPN

Los camiones del IPN jugaron un papel muy importante en la lucha. Todos nos sentíamos más seguros, más confiados; eran al final
de cuentas nuestros camiones. A nada se trató con tanto cuidado
como a *nuestros* camiones. Además tenían un poder de atracción
increíble; bastaba llegar en un camión guinda-blanco a una colonia para que automáticamente se reunieran a su alrededor centenares de gentes. Nosotros íbamos en ellos a las colonias obreras:
San Bartolo Naucalpan, La Presa, Santa Clara, Netzahualcóyotl, etcétera; eran mítines muy bonitos. Cuando llegaba un camión del
Poli y otro de la UNAM y se juntaban en el centro o en cualquier lugar de la ciudad para hacer un mitin, las gentes se subían a los camiones improvisados en tribuna y hablaban, criticaban al Movimiento, se solidarizaban con él; lo consideraban su propio movimiento,
su propia lucha. Una vez llegamos en tres camiones del Poli para
hacer un mitin en la Plaza Garibaldi. Teníamos un megáfono muy
grande y lo llevábamos en la parte de arriba de uno de los camiones, en la parrilla o canastilla, creo que le llaman, y en cuanto entramos con los camiones y nos echamos un "güelum", *los mariachis
callaron*, subieron al camión-tribuna y hablaron de sus problemas,
de su apoyo al Movimiento. Fue un mitin numeroso que duró
más de una hora. En otro mitin, en la zona industrial Vallejo, cogieron una brigada de cerca de doscientos compañeros. Iban en
camiones del Poli. Unos pudieron escapar pero a ciento veinte de
ellos se los llevaron a la Procuraduría con todo y los camiones. Los
muchachos salieron a los dos o tres días; fueron de las primeras detenciones que la policía hacía después del 26 de julio, pero los chavos salieron. Los que sí no salieron, los que no nos devolvieron fueron los camiones y vaya que lo sentimos.

• Félix Lucio Hernández Gamundi, del CNH

El 23 de septiembre, antes de que tomaran la Vocacional los de la Montada, estaba un camión de granaderos frente a la Voca 7, y un compañero que acababa de salir de la cárcel se acercó con un bote recolector y con propaganda al camión. Como pensamos que le podían pegar, todos rodeamos el camión, pero se nos pusieron los ojos cuadrados cuando vimos que los granaderos estaban cooperando y recibían la propaganda. Nos acercamos a platicar con ellos y un compañero le hizo una entrevista a un cabo con un magnavoz de baterías para que todos oyeran y el granadero dijo que a ellos les daban treinta pesos por cada estudiante golpeado que llevaban a la cárcel. Dijo también que él tenía un hijo en la Prepa 5; que estaba en contra de las decisiones de Cueto, Mendiolea y GDO; que él hacia lo que le mandaban porque necesitaba mantenerse, así como a su familia, y que si nosotros le dábamos trabajo y le pagábamos el mismo sueldo que ganaba como granadero él lo dejaría. También dijo que esas regalías que les tocaban por cada estudiante se debían a que hubo un intento de renuncia en masa y que para evitarlo les ofrecieron más lana. Luego otros granaderos le entraron a la plática y unos a otros se quitaban la palabra. Nos contaron que la policía puso una cuota especial por cada miembro del CNH que capturaran. Éstos son los granaderos del cuartel de Victoria, allí donde está la Sexta, entre Victoria y Revillagigedo... El granadero que habló era un hombre más bien maduro y no tenía cara de palo, como suelen tenerla todos.

• Antonio Careaga, vendedor de ropa

En todos los países del mundo, la juventud es una etapa transitoria; un lapso que sólo abarca algunos años. Pero aquí se es joven y se es "estudiante" según el antojo y decreto personal de cada individuo. Los privilegios del estudiante no tienen fin. Por ejemplo Espiridión o Esperón o Espantón o Aspirina o como se llamara ese escolapio que se permitió encabezar el movimiento contra el doctor Chávez (que entre otras cosas es *mi* cardiólogo) llevaba quince años de estudiar en la UNAM y todavía no se recibía de fósil. ¿Es eso ser estudiante?

• Clemencia Zaldívar de Iglesias, madre de familia

Yo detesto a los estudiantes porque detesté ser estudiante... Me salí de la Universidad porque no aprendía nada. Los maestros no iban, en el salón no cabía un alfiler, junto a mí, un cuate que dizque tomaba apuntes hacía tantas faltas de ortografía que me dieron ganas de pegarle. "¡Lárgate a parvulitos!, ¿qué diablos haces aquí?"

• Antonio Mereles Zamorano, exestudiante de Medicina

Si la ocupación de la Ciudad Universitaria halló completamente desprevenidos a los universitarios, no sucedió lo mismo en el Casco de Santo Tomás donde, unos días antes de que ocurriera la invasión, ya se habían tomado algunas precauciones. La Escuela de Enfermería, cuya población es casi exclusivamente femenina, fue desalojada; también se ordenó que en las demás escuelas no hubiera compañeras de guardia después de las ocho de la noche. Se almacenaron bombas "molotov", resorteras, palos, piedras y un nuevo invento: cohetones que se dirigían con un tubo recto, como una pequeña bazuka. Aunque no producían ningún daño, el impacto y el fuerte estampido sirvió mucho rato para mantener a raya a los granaderos. Por lo menos hasta la llegada del ejército.

A las seis de la tarde se inició el enfrentamiento con los granaderos y se prolongó hasta el anochecer. Para entonces empezaron a llegar automóviles y otros vehículos oficiales que traían armas de fuego para los granaderos. Con las armas llegaban refuerzos de la policía montada. La refriega se prolongó por varias horas. Los granaderos y demás policías usaban como reducto las escuelas tomadas y desde ellas iniciaban un nuevo ataque contra las que resistían. Los estudiantes llevaban a sus heridos a la Escuela Superior de Medicina, pero poco después fue ocupada. Desde la Escuela de Medicina los agentes y policías ametrallaron al Hospital Rubén Leñero.

• Luis González de Alba, DA

Los estudiantes no sirven para nada. Cuando el gobierno los reprime contestan con gritos y piedras. Siempre gritan pero nada más. Se necesitan armas.

• Cleofas Magdaleno Pantoja Segura, campesino de Míxquic

Los estudiantes tienen razón, pero a nosotros nos perjudica que quemen camiones, porque luego tenemos que ir caminando al trabajo.

• Guillermo Puga Quiroz, obrero de la fábrica Ayotla Textil

Quemar camiones siempre ha sido una tradición en las luchas estudiantiles. Es una manera de enfrentarse al gobierno, fregarlo.

• Ernesto Ramírez Rubio, estudiante de la ESIME del IPN

Agarramos camiones porque es lo único que se tiene a mano... Además los camiones no son del pueblo, son de los permisionarios.

• Eduardo Razo Velázquez, de la Vocacional 9

El 25 de septiembre, en que ya tenían la Vocacional 7 los de la Montada, llegó un campesino con ropa muy humilde que llevaba cuatro hondas y las empezó a repartir allí en Manuel González. Allí mismo les enseñó a varios compañeros a hacer más hondas y los entrenó; todos se pusieron a entrenar con las hondas. El mismo 25, en la tarde, se programó una manifestación que iba a salir de la glorieta de Peralvillo rumbo al Zócalo. Después de organizarla comenzamos a caminar y a los cien metros nos atacaron los granaderos. Entonces los que traían hondas y estaban retirados las usaron por primera vez. El de mejor puntería era el campesino. Vimos que entre cuatro granaderos tenían a una muchacha encima del techo de un carro. El campesino se dedicó a tirarles con la honda y les dio a los cuatro. A un muchacho de la Prepa 3 le pegaron con una bomba lacrimógena en la quijada y se la quebraron. Cuando lo vimos, nos lanzamos a luchar cuerpo a cuerpo contra los granaderos, porque éramos más, cinco contra uno; pero cuando estábamos luchando nos dimos cuenta que traían marrazos, y entonces retrocedimos y de las ventanas de un edificio los vecinos de Tlatelolco empezaron a aventar agua, sillas, trapos encendidos, desperdicios, lo que fuera. Corrimos hasta la Vocacional 7 y, como allí estaban posesionados los de la Montada, tuvimos que refugiarnos en el puente que está a un lado de la Vocacional 7.

• Fernando Obregón Elizondo, estudiante de la
ESIQIE del IPN

Yo no recibí educación en ninguna escuela porque mis padres no pudieron dármela; pero si la educación que imparten ahora es la de los estudiantes, entonces prefiero no haber ido a la escuela.

Nunca he oído a gente más irrespetuosa, más grosera y más mal hablada.

> • José Álvarez Castañeda, pesero en el trayecto
> Diana-Zócalo

Ahora estudiar es sinónimo de echar relajo.

> • Trini, costurera

Yo siempre les doy en los "altos" cuando me piden. Me gusta ver sus caritas jóvenes en la ventanilla de mi coche. Les doy un peso, tres pesos, el suelto que tenga a mano... Por lo menos los estudiantes son más guapos, más expresivos que los colocadores.

> • Marta Zamudio, cultora de belleza

Una noche que estábamos de guardia en la Vocacional 7, oímos los enfrenones de unos carros y salimos a asomarnos. Eran cinco carros. Bajaron muchachos como de diecinueve o veinte años con ametralladoras que dispararon contra toda la fachada de la escuela, el auditorio, las ventanas de los salones... Se supone que estos cuates eran del MURO.

> • Mario Méndez López, estudiante de la ESIME del IPN

La buena vida, chavo...

> • Salvador Martínez della Rocca, *Pino*, del Comité de
> Lucha de la Facultad de Ciencias de la UNAM

En un mitin en Atzcapotzalco un policía subió a hablar; dijo que él era un hombre con dignidad, se quitó el uniforme y lo pisoteó. Luego nos pidió dinero para irse a su tierra. Estaba llorando de coraje.

> • Julián Acevedo Maldonado, estudiante de la Facultad
> de Derecho de la UNAM

El 23 de septiembre, en un carro sin placas llegaron en la noche tres personas; dos de ellas no hablaban español. Se identificaron como reporteros de la televisión francesa. Querían filmar la situación de la Vocacional 7, el estado en que había quedado. Platicamos con ellos y el Comité de Lucha acordó que sí, y los franceses filmaron los talleres saqueados, los tornos, los vidrios rotos, los destrozos, el impacto de las balas en los muros, las huellas de bala e incluso las de sangre. Filmaron todo y nos dieron mil pesos para el Movimiento.

> • Alejandro Macedo Ortiz, de la ESIME del IPN

Jamás paso por una Vocacional; prefiero dar un rodeo de cuatro cuadras. Tengo cincuenta años, soy archivista, hace treinta años que trabajo y una noche, nomás porque sí, unos muchachos se me echaron encima y me arrancaron la mitad del vestido. ¡Los estudiantes son unos salvajes! Creen que la ciudad es de ellos; piensan que tienen todos los derechos y se sienten impunes.

> • Margarita Mondada Lara, bibliotecaria

Sabíamos que la policía usaba grupos de pandilleros y malvivientes que, al grito de ¡Vivan los estudiantes!, cometían atropellos contra la población. En Coyoacán algunos vagos muy bien identificados, los "Conchos", maltrataban a choferes y pasajeros de los camiones que quemaban. Se asaltaban comercios y se vejaban transeúntes, todo en nombre del Movimiento; pero los engañados, entre la población, eran muy pocos pues las prácticas policiacas usadas no eran nuevas. De cualquier forma, aun quienes aceptaban que estos desmanes los pudieran cometer estudiantes, creían que eran excesos hasta cierto punto justificados: el lenguaje ruin y las intrigas que desde la Cámara de Diputados se utilizaban contra la Universidad en ese momento no podían tener una respuesta mesurada de parte de los jóvenes. Pero, en general, la población supo distinguir entre los actos de los estudiantes, por exaltados que fueran, y las francas provocaciones e intentos de desprestigiar urdidos por la policía y sus bandas.

> • Luis González de Alba, DA

PUEBLO, ABRE YA LOS OJOS

• Cartel en la Facultad de Ciencias

A mí me rompieron mi vitrina a pedazos, la lapidaron, pero ahora ya no estoy seguro si fueron los estudiantes o fueron agentes disfrazados de estudiantes.

• Marcelo Salcedo Peña, comerciante

JUÁREZ, ¿QUÉ HACEMOS?

• Cartel en el muro de la Facultad de Ciencias de la UNAM

HAY QUE ODIAR CON AMOR REVOLUCIONARIO

• Che Guevara, citado en un cartel en el muro de la
Facultad de Ciencias Políticas

LIVERTAD A LOS PRESOS POLÍTICOS

• Letrero en una barda de la avenida Copilco

Los universitarios son los futuros burgueses de la República Mexicana. Entonces, ¿qué se traen?

• Pedro Magaña Acuña, restaurantero

La violencia se extendió por toda la ciudad. Las medidas represivas se volvieron contra sus autores: la policía. El gobierno había prendido la chispa y el fuego se extendía.

• Luis González de Alba, del CNH

Estamos cerrando todos los días más temprano por culpa de los estudiantes.

• Everardo López Sánchez, abarrotero

¿Qué se han creído estos mozalbetes? Lo primero que yo les pediría son sus calificaciones.

• Yolanda Carreño Santillán, cajera de la farmacia El Fénix

Todo es culpa de la minifalda.

• Leopoldo García Trejo, empleado de Correos

A los estudiantes, y en especial a algunos grupos de preparatorianos y escuelas vocacionales, se les llamó la atención en diversas ocasiones, tanto por su mal comportamiento dentro de camiones de transporte público como por su injustificable conducta con los transeúntes en las aceras de sus escuelas. A una gran cantidad de público en el D. F. le consta la conducta atrabiliaria, irrespetuosa y en muchos casos ofensiva de ciertos grupos estudiantiles. También en diversas ocasiones se les advirtió directamente a través de los periódicos que la policía no podría en forma indefinida dejar pasar los pleitos callejeros y las agresiones al público y a las vías generales de transporte. Hay que recordar, por ejemplo, los sucesos entre las prepas de la zona de Tacubaya: las pedradas y los golpes. Si la policía no intervenía, había condena por parte del público, y si la policía intervenía, la condenaban los estudiantes. Independientemente de que se pueda o no condenar la participación policiaca en el pleito de las escuelas en la Ciudadela, era inevitable que, tarde o temprano, los pleitos estudiantiles tuvieran como consecuencia los desagradables sucesos de la segunda quincena de julio de 1968. Lo anterior no quiere decir que justifique lo sucedido el 2 de octubre en Tlatelolco... Es cierto que un niño o un joven que se porta indecorosamente merece represión y hasta castigo, pero tampoco puede usted romperle en la cabeza a su hijo de diez años una silla y golpear hasta matarlo simplemente porque en un momento de berrinche o de histeria el chamaco le dio a usted una patada en la espinilla.

• Marcos Valadez Capistrán, ingeniero constructor, maestro en la Escuela Preparatoria Maestro José Vasconcelos

Me acababa de regalar Marili un retrato bellísimo que tengo del Che Guevara, muy grande y muy bonito, ¿ves?, pero debe haber estado borracha cuando me lo dio porque dizque le habían ofrecido doscientos dólares por él. En serio, es la locura el retrato... Entonces lo puse allí en la cabecera de mi cama y que llega mi mamá, tú, y me dice:

–Oye Macarela, hazme favor de acompañarme al súper porque tengo que comprar quién sabe qué cosas y no sé cuanto, ¿ves?...

Y yo entonces le dije:

–No, mamá porque no le he rezado al Che...

–¿Qué cosa?, ¿qué cosa estás hablando tú?

Se lo dije yo nada más así de onda, ¿ves?, de broma, porque además estaba en piyama... Entonces entra a mi recámara y ve el cuadro del Che:

–¡Ay qué cosa tan horrible, ese hombre tan sucio, cómo tienes a ese hombre tan sucio en el lugar de los santos!... Hija, cámbialo, cámbialo...

–Mira mamá yo no me meto con tus santitos que tienes en tu cabecera, y ésos los que no tienen cara de mariguanos tienen cara de amujerados, así unas caras horribles tus santitos... Yo no me meto con ellos. Te suplico que tú respetes a mi santito...

–¡Ay no, qué horror! Lo que te va traer eso. Quítalo, es un asco, ay qué cosa tan fea... Y en las barbas ha de tener piojos.

Así, ¿ves?, bueno, pero mi mamá exaltadísima. Mi mamá no es ningún monstruo, mi mamá es el símbolo de la mayoría de las mamás de la clase media, desgraciadamente. Le tiene horror al comunismo. Cuando le hablé del Movimiento Estudiantil y del estudiantado, yo no sé qué imaginó, porque me decía: "¿Por qué no los mandan a Moscú para que adoren al diablo?" La clase humilde pues ni siquiera sabe qué es el comunismo, ni siquiera que existe Moscú, pero mi mamá es típica clase media. Fíjate, cuando mi mamá supo que yo había estado en Tlatelolco, me dijo: "Sí, yo sé que tú eres capaz hasta de dejarte matar con tal de enterrarme un colerón..." ¡Y además convencida!, ¿ves? Y luego mi hermana, comentando lo del Movimiento, me dice: "Óyeme, Margarita, ven, quiero hablar contigo, tú andas en esas cosas del Movimiento, dime una cosa, para mí que el Movimiento es de izquierda, ¿no?..." Pero así, sabiéndoselas todas y pescándome, ¿me entiendes?, con las manos en la masa... Así como piensan mi mamá y mi hermana piensa la mayoría de la gente.

• Margarita Isabel, actriz

En general al público, o por lo menos al sector que yo frecuento, le simpatizó el pliego petitorio conteniendo los seis puntos de los estudiantes. Pero tengo que confesar que nos ha extrañado que los estudiantes no hablen nunca de los problemas académicos, de la actitud de sus familias ante sus malos resultados escolares y de la carencia total de autocrítica por la falta de disciplina y de trabajo que, a mi juicio, caracteriza desde hace muchos años a la gran mayoría estudiantil.

• Manuel Lozano Heredia, profesor de la Preparatoria número 2

Varios estudiantes que pedían dinero para el Movimiento Estudiantil dieron una violenta golpiza al empleado Antonio de la Concha Valdez de 20 años de edad. Según explicó el agredido, lo golpearon porque sólo dio un peso, a pesar de que llevaba más dinero en su bolsillo. Lo recogió la Cruz Roja en las calles de San Ildefonso, frente al Hotel Coloso.

• Sábado 24 de agosto de 1968, *Revista de la Universidad*, "Relación de los hechos", julio, agosto, septiembre, octubre de 1968, vol. XXIII, n. 1

El MURO, grupo fascista con influencia de la CIA, se especializa en intervenciones a mano armada... Agrupa a varios miles de estudiantes que actúan impunemente y se escudan en la UNAM.

• Gilberto Guevara Niebla, del CNH

En un mitin relámpago, una de las estudiantes, María Elena Andrade, empezó a hablar de la agresión constante del gobierno, y de que los soldados mataban a los estudiantes, porque ya había pasado lo del Casco de Santo Tomás. Una mujer, con su mandado del brazo y un niño de la mano, que había estado oyendo con el rostro compungido, de pronto se enojó y le quitó la palabra:

–Por culpa de los estudiantes, los soldados están reclutados y yo no puedo ver a mi marido desde hace quince días... Por su culpa, los soldados están acuartelados. ¡Y yo eso sí le digo, señorita, mi marido no es de los que matan! Es soldado pero él no es de los que matan. ¡Líbrenos Dios! Él quiere mucho a sus hijos y, por ellos, no mataría a muchachos.

Esa señora estaba encinta y jaló fuertemente del brazo a María Elena:

–Usted dirá lo que sea, pero mi marido no le hace mal a nadie, porque eso sí, lo conozco desde hace mucho tiempo y es gente honrada... Eso sí, somos pobres pero honrados. ¡Y ahorita va usted a gritar aquí mismo en el mercado lo contrario de lo que dijo antes; va usted a decir que los soldados son gente honrada y que mi marido no ha matado a nadie porque yo soy su esposa y se lo puedo decir y si usted quiere decir que mi marido ha matado a alguien, ahorita mismo nos lo decimos, pero las dos, y a ver de a cómo nos toca!

–Espérese, señora, la invito a tomar un caldito...

–No, qué caldito; ahorita me detienen las vecinas a mi muchacho y vamos a ver de a cómo nos toca.

–Señora, por favor contrólese.

¡Olvídate! Allí la que tuvo que salir corriendo fue María Elena, estudiante de Psicología por cierto, porque las comadres la empezaron a insultar y María Elena se llevó un susto de la patada.

> • María Alicia Martínez Medrano, directora de
> Guarderías Infantiles

El PRI no dialoga, monologa.

> • Jan Poniatowski Amor, de la Preparatoria
> Maestro Antonio Caso

Toda la noche, tirado en el pasillo en CU donde dormía, oía yo el ruido del mimeógrafo imprimiendo volantes.

> • Luis González de Alba, del CNH

90

Muchos no sentían el Movimiento y lo usaban para echar por allí una bola de traumitas y eran revolucionarios de escuelita y la chingada... Creían ver en el Movimiento, la Revolución, pero en realidad, desde su principio, el Movimiento fue pequeñoburgués.

• Salvador Martínez della Rocca, *Pino*, del Comité de Lucha de la Facultad de Ciencias de la UNAM

En la Unidad Tlatelolco hubo un movimiento popular que surgió efectivamente de padres y de madres y hermanos y niños, chiquillos de seis, siete, ocho, nueve años, que como uno de sus juegos llegaban a marchar con un rifle de madera o un palo de escoba a guisa de rifle y pasar marchando delante de los granaderos y los soldados que ya desde antes del 2 de octubre estaban allí puestos para lo que sucediera. Desde los encuentros entre los estudiantes y la policía nos vigilaban constantemente. Los niños se subían a las azoteas de los edificios o gritaban desde las ventanas: "Pinches granaderos" y los adultos coreábamos: "Asesinos". Muchos de los niños participaron activamente en los mítines anteriores.

• Lorenza González Soto, habitante de la Unidad Tlatelolco

Hay ya ejemplos de chiquillos de diez, once, doce años que saben muy bien lo que significa luchar por la libertad del pueblo. Por ejemplo, recuerdo muy bien a la minibrigada Carlos Marx de la escuela Nacional de Economía, compuesta por una niña y cuatro muchachitas del Colegio Madrid, todas ellas extraordinarias, vivaces, valientes, decididas y de la gente más brava de su escuela...

Yo creo que el Movimiento repercutió en los niños en tal forma que si se puede confiar en este país es precisamente porque en él hay una inmensa cantidad de niños. En las generaciones que vivieron el Movimiento desde las aceras, viendo pasar a sus hermanos mayores, tomados de la mano de sus padres en las propias movilizaciones, los que oyeron relatos de los días de terror, o los sintieron en su carne, en ellos está la revolución. El gobierno de este país deberá tener mucho cuidado con aquellos que en 1968 tenían diez, doce o quince años. Por más demagogia que se les inocule, por más droga que se les aseste, ellos recordarán siempre en lo más íntimo de su mente, las golpizas y los asesinatos de que fueron víctimas sus hermanos... Recordarán –por más que el gobierno se empeñe en hacérselo olvidar– que de pequeños sufrieron la ignominia de los garrotazos, las bombas lacrimógenas y las balas.

• Eduardo Valle Espinoza, *Búho*, del CNH

El 23 de septiembre, como a las tres de la tarde, llegaron seis camiones de granaderos –trescientos granaderos– a tomar la Vocacional 7. Todas las brigadas que andaban trabajando en Tlatelolco regresaron a la Vocacional a defenderla. Las señoras de la Unidad nos llevaron medias para hacer hondas. Los granaderos lanzaron bombas lacrimógenas. Entonces mi brigada y otros cincuenta muchachos más nos salimos de la Vocacional y, rodeándola hasta quedar atrás de los granaderos, los atacamos, y corrieron para Manuel González, por donde venían cuatro camiones de estudiantes de la Vocacional 9 y el equipo de futbol americano de la misma. En ese tiempo los granaderos sólo traían macanas, navajas, escudos, cascos protectores, marrazos, rifles para lanzar gases lacrimógenos. Cuando los muchachos de los camiones vieron que veníamos correteando a los granaderos se bajaron a ayudarnos, y los del futbol que venían equipados se dedicaron a taclearlos. Les dimos en toda la madre a toditos. Cuando los golpeábamos nos pedían perdón: "Nosotros no tenemos la culpa. Tenemos que cumplir con nuestro trabajo". Los desarmamos, les quitamos todo lo que traían. Desnudamos a diez de ellos. Los dejamos en los puros calzones. Se veían bien cotorros. Nueve de los muchachos que participaron salieron con heridas de marrazo... Dejamos ir a los granaderos y nos regresamos a la Vocacional, porque no pudimos agarrar sus camiones, pues ya se los habían llevado. En la cocina de la Vocacional, muchas señoras de la Unidad nos hicieron comida a todos.

• Antonio Careaga, vendedor de ropa

Imagínate lo que hubiera sucedido si realmente la Unidad Tlatelolco llega a consolidarse como un núcleo de rebeldía, digamos un centro de guerrilla urbana. No estábamos en condiciones para que eso sucediera, pero quizá el gobierno lo pensó así y decidió acabar con ello. El gobierno estaba perfectamente enterado de la participación efectiva del pueblo, ya no de un grupo estudiantil con relaciones de trabajo o de estudio, como puede ser la Universidad o el Politécnico, sino de un grupo de población de México que estaba apoyando como tal a un movimiento de estudiantes. Por esto alego que el gobierno eligió perfectamente el lugar para descabezar al Movimiento. Nosotros caímos en la ratonera más perfecta de una manera irresponsable porque, desde el 2 de octubre, con la aprehensión de los muchachos, el terror y la represión, naturalmente se vino atrás el Movimiento y se desconectaron las bases completamente. La base de los estudiantes nunca ha vuelto a luchar como antes.

• Mercedes Olivera de Vázquez, antropóloga

Lo más vergonzoso que ha logrado Tlatelolco es amedrentar a los jóvenes.

• Elvira B. de Concheiro, madre de familia

Después de muchas experiencias positivas, después de que la gente empezaba a sentir que podía influir en la política, discutir decisiones, participar, darse cuenta que los acontecimientos podían depender de su acción y no simplemente caerles desde arriba –como del cielo–, vino el golpe brutal del 2 de octubre y hubo un sentimiento tremendo de impotencia, de fracaso. Pero el saldo del Movimiento, con todo y los muertos, la barbarie y el terror, es positivo porque la gente ha empezado a vivir sabiendo que todo es político, y, aunque las condiciones no permiten una actividad política abierta, hay muchos que trabajan.

• Carolina Pérez Cicero, de Filosofía y Letras de la UNAM

Las mujeres le dieron al Movimiento muchas de sus características de combatividad. Recuerdo a algunas compañeras: Mirta de la Wilfrido Massieu, *Tita* y *Nacha* de Derecho, Bertha de Medicina, Mari Carmen, Evelia, Betty de Ciencias, Consuelito, Marivilia y Adriana de Preparatoria, Marcia, por supuesto, miles más. En verdad, miles más y, como grupo, las maravillosas muchachas de Enfermería del Poli, las de Ciencias Biológicas, las de Medicina de la UNAM, etcétera.

En la toma del Casco, las compañeras de Enfermería se portaron como verdaderas valientes. Lo Adelita les salió espontáneamente, del corazón. Curaron a los compañeros heridos, los sacaron del Casco, los atendieron sin importarles el peligro.

Todas ellas se han ganado, a base de valor y compañerismo, un lugar preponderante en el Movimiento...

En una ocasión nos avisaron por teléfono que la porra había tomado una Prepa. Inmediatamente organizamos a un grupo grande de estudiantes de CU para que fueran a ver lo que sucedía. En el camión de Economía se sentaron cuatro muchachas de mi escuela. Les ordené:

–Bájense inmediatamente. Sólo vamos a ir hombres.

Indignadas, me contestaron que el Che admitía mujeres en la guerrilla y que me fuera inmediatamente al diablo. Yo les insistí y ellas, aparentemente, accedieron a bajarse del camión. Me metí a la escuela y, luego, subí nuevamente al camión y emprendimos la marcha. Llegamos a la Prepa como trescientos muchachos y... cuatro muchachas en el camión de Economía, sentadas en la parte de atrás, donde no se veían muy fácilmente. Por fortuna no pasó nada y regresamos en santa paz a CU.

En el último discurso de la manifestación silenciosa, cometí un error del que hoy me arrepiento. Incluí una frase por demás impropia: "No lloremos como mujeres lo que no supimos defender como hombres". Al día siguiente de la manifestación, al llegar a mi escuela estaban dos brigadas de muchachas esperándome. Me pasé horas explicándoles, entre gritos y justas reclamaciones, que era en sentido metafórico la tal cita. Después me disculparon amablemente y a los dos días me llevaron un riquísimo pastel que los de la brigada de guardia devoramos con algunos otros compañeros.

• Eduardo Valle Espinoza, *Búho*, del CNH

Una vez en una manifestación que rodearon los granaderos y los soldados, los muchachos se pusieron furiosos, ¿ves?, porque nos tocaba como a veinte granaderos por piocha, o casi, casi. Además no fueron en los acostumbrados camiones azules sino en camiones de línea. Me parece que la manifestación iba a ser en el Auditorio de la Unidad Cultural del Bosque. Cuando los muchachos vieron que no se podía hacer nada por el despliegue de fuerzas tan desmesurado dieron la consigna: "Vámonos a CU... Nos vamos ahorita a CU y hacemos asamblea... Pídanle aventón a la gente". Yo iba en mi coche sola con Marili y naturalmente nos pidieron aventón:

–¡Órale, a CU, allá nos dejan y regresan por otros compañeros!

–Órale...

Como a la cuarta vuelta, unos muchachos nos advirtieron:

–Rápido porque dicen que el ejército va a ir a CU.

—¿Otra vez?

—Es un rumor.

Dije: ¡En la torre! ¡Rápido, rápido, rápido! Yo venía voladaza por Insurgentes Sur, ya casi a la altura de San Ángel, y un camión de línea adelante me estorbaba; no me dejaba pasar y yo le pitaba y le pitaba y le pitaba, ¿ves?, y el camión que andaba como a setenta u ochenta, no se hacía a un lado. Entonces me dio tanto coraje que se me viniera cerrando que le toco: "Ta, ta, ta, ta, ta", y en eso que se asoman unos tipos por las ventanillas, y era un camión de granaderos, fíjate. Nos dio un susto tan horrible que dimos vuelta, así, en U, sobre la misma avenida, te lo juro, y ya no sabíamos si ir para la izquierda, para la derecha, todo el mundo me daba órdenes y total que me salí por una callecita cerca del Club France, a la Universidad, y ya fue el último aventón que dimos, porque casi me da taquicardia. Nos quedamos en CU, en una asamblea de Filosofía. ¡Ah!, cállate, creo que en la segunda vuelta del centro a CU, que se me va acabando la gasolina, tú, y me dicen los muchachos a quienes les estaba dando aventón: "No te preocupes compañera, ahorita resolvemos tu problema", y que se bajan y que se trepan a un carrazo que iba pasando, ¿ves?, y le dicen al señor, un señor muy elegante, así como de 50 años, ¿ves?, con canitas:

—Se detiene tantito, por favor compañero...

(Yo creo que era Agustín Legorreta.)

—Ay no, no, no, no hay que ser, yo no he hecho nada... Yo estoy con ustedes muchachos...

(O a lo mejor era Juan Sánchez Navarro.)

—No, no, no le vamos a hacer nada... Usted párese tantito, no-más párese tantito...

Quién sabe de dónde sacaron una tripita y le quitaron toda la gasolina al coche y se la pusieron al mío y al pobre señor lo dejaron allí botado... ¡Ay, sí, eran relindos los muchachos!

• Margarita Isabel, actriz

¿A dónde van los estudiantes cuando salen? ¿A dónde van los de la UNAM, los del Poli cuando terminan su carrera? A la iniciativa privada o al gobierno. O, ¿acaso van a algún otro lado? Entonces, ¿qué iban a demandar los que manifestaban? ¿Qué pedían? ¿Qué quieren, si de todos modos tarde o temprano pasarán a formar parte del *establishment* al que se oponen?

• Heriberto Alarcón Pimentel, industrial

Ninguna mujer de la clase media se atreve a retar a la institución mínima: la de su familia. Entonces, ¿cómo va a retar a las grandes instituciones?

> • Elías Padilla Ruvalcaba, sociólogo

Yo creo que pase lo que pase, tarde o temprano todos van a dar al PRI... Entonces, ¿para qué tanto brinco estando el suelo parejo?

> • Gonzalo Carranza Rojo, dueño de un garage

La mayoría de las niñas que van a Filosofía y Letras pertenecen a la pequeña burguesía... Es gente que nunca ha tenido problemas económicos y estudia una carrera así como podría tomar clases de pintura o de historia del arte. Para ellas la cultura es una monada. Pero durante el Movimiento muchas de las que viven en el Pedregal, en las Lomas, en Polanco, daban dinero, iban a las manifestaciones, "volantearon" en las calles, y había una gran cantidad de niñas popis y niños popis –porque la Facultad de Filosofía y Letras es una de las más popis de la Universidad– que pintaron paredes y jalaron muy parejo. A partir del mes de agosto, cuando los del CNH y otros decidieron quedarse permanentemente en CU, las muchachas les llevaban comida, ropa, y en sus coches transportaban gran cantidad de volantes y el papel para los mimeógrafos, que es muy pesado. Como había un ambiente de discusión política, adquirieron una visión distinta de la relación entre gobernantes y gobernados. El Movimiento politizó a mucha gente. La Ibero, que es la "fresiza" en su máxima expresión, también hizo pintas, repartió volantes y asistió a las manifestaciones, a pesar de los macanazos. Yo creo que el Movimiento Estudiantil nos hizo mucho bien a todos.

> • Carolina Pérez Cicero, de la Facultad de Filosofía y Letras de la UNAM

¿Cuántas de las que andaban desfilando han hecho una revolución interna? ¿Cuántas le han dicho a sus papás: "Papá, mamá, les presento a mi amante"? A ver, ¿cuántas? ¿Cuál es su sentido de libertad? A ver, ¿por qué no han hecho una manifestación en contra de sus propios prejuicios?

> • Parménides García Saldaña, escritor "de la nueva onda"

A nivel personal, el problema político repercutió directamente en cada uno de nosotros. Hubo hijas que se pelearon con sus padres; se desbarataron matrimonios, pero también surgieron otros; se puso en tela de juicio toda la vida anterior y cada quien adquirió una nueva perspectiva, una nueva manera de enfrentarse a la vida. Entonces yo estaba casada con Roberto Escudero, representante de la Facultad de Filosofía y Letras ante el CNH; esperábamos un hijo y el Movimiento influyó mucho en nosotros.

• Carolina Pérez Cicero, de Filosofía y Letras de la UNAM

El sector de los maestros constituyó la fracción más moderada del Movimiento, pero hombres como el ingeniero Heberto Castillo, considerado como uno de los buenos técnicos mexicanos, estimadísimo por los estudiantes; el doctor Eli de Gortari, autor de la *Lógica dialéctica*, libro de texto en todas las universidades de América Latina, muy respetado internacionalmente por sus trabajos, de gran prestigio entre los filósofos, autor de la colección Problemas Científicos y Filosóficos que edita la UNAM; el famoso escritor José Revueltas –uno de los hombres más puros de México, como dice Octavio Paz–; Manuel Marcué Pardiñas, editor de la revista *Problemas Agrícolas e Industriales* y fundador y editor de *Política*, una revista de consistente oposición al régimen a través de varios años; el doctor Fausto Trejo, doctor en Psicología y muy querido entre los estudiantes, le dieron al Movimiento prestigio y fuerza moral... Apoyaron a los estudiantes, pero trataron siempre de moderar sus impulsos, sus "aceleradas".

• Ana Márquez de Nava, maestra normalista

HO-HO-HO-CHI-MINH, DÍAZ ORDAZ, CHIN, CHIN, CHIN, HO-HO-HO

• Voces en la manifestación del 1o. de agosto

BOCÓN, SAL AL BALCÓN, ¿DÓNDE ESTÁ TU MANO TENDIDA?

• Grito estudiantil encabezado por un sector del Comité de Lucha de la Facultad de Leyes, de la UNAM

DÍAZ ORDAZ, BUEY; DÍAZ ORDAZ, BUEY; DÍAZ ORDAZ, BUEY; BUEY, BUEY.

• Coro en la manifestación del 27 de agosto

Cuando todo granadero
sepa leer y escribir
México será más grande,
más próspero y más feliz.

> • Canción estudiantil en la manifestación del 27 de agosto

¡ES CORONA DEL ROSAL... EMBOTELLADOOOOOO!

> • (Las canciones o los refranes se basaron siempre en
> anuncios comerciales de radio o televisión)

FIDEL SEGURO, A LOS YANQUIS DALES DURO-FIDEL SEGURO, A LOS

> • Coro frente a la Embajada Norteamericana

En las manifestaciones se contaba el número de los primeros
muertos que hubo; los de las Vocacionales, los de la Preparatoria 3,
y mientras caminábamos íbamos contando: uno, dos, tres, cuatro,
cinco, seis... así hasta llegar a veinticinco o treinta y al final gritába-
mos: "¿Quién los mató?"... "Díaz Ordaaaaaz."

> • Ana Ignacia Rodríguez, *Nacha,* del Comité de Lucha de
> la Facultad de Leyes de la UNAM

Una vez como a la una de la mañana tenía yo un hambre espantosa
y salí a tres cuadras de la casa a una tortería, ¿ves?, llegué con el
tortero y le dije de qué quería mis tortas, y en eso entró una señora
y dijo:

–Fíjese que ahorita acabo de ver que se llevaron unos policías a
unos estudiantes... ¡Ay, a ver si ya se acaba esto porque yo no puedo
dejar salir tranquila a mis hijas, nomás de pensar que los estudiantes andan desenfrenados!...

Pensé: "Desenfrenados, pero no detrás de sus hijas, pinche vieja,
que si están como usted...", y entonces me agarré con la señora,
¿ves?, pero la gorda me mandó rápidamente a volar, cogió sus tortas
y se fue. Pero fíjate que el tortero se picó y se quedó defendiendo a
la señora y la virtud de las señoritas. Yo me dije: "Chance y hasta
a los torteros paso a politizar..." ¿Te imaginas qué genial una brigada de torteros? Total que estaba yo discute y discute cuando vi que

98

dos señores que estaban en una mesa de junto me escuchaban muy atentamente, pero así con demasiada atención. Entonces dije, no, mejor pago y le jalo, pero cuando pagué se salieron ellos volados y al salir yo, lo primero que veo al atravesar la puerta es a los dos señores recargados en la pared como esperando.

Pensé: "A lo mejor creen que yo ando chacualoqueando" y empecé a caminar y ellos detrás de mí. No me hablaban: "Señorita, que la acompaño", no me decían nada, "Mamacita, que estás muy buena", nada, nomás iban tras de mí, tras de mí, y entonces que me echo a correr y se echan ellos a correr y que me paro en seco y se paran en seco, que camino despacio y ellos despacio, así discretona la cosa, ¿ves?, detrás de mí, entonces al llegar a la esquina de la calle pegué una carrera pero espantosa, llegué y me metí a mi edificio voladaza y cerré, ¡y derecho a mi departamento! Y como a los cinco segundos oí que se abría la puerta del edificio; pero estos pobres nunca se imaginaron que se iban a topar con tantos departamentos, porque por fuera parece que son tres departamentos, ¿ves?, pero entras y es un laberinto como de las películas de Antonioni, así como para volverse loco: son cuarenta departamentos. Tocaron en un departamento, no les abrieron; en otro, les aventaron una chancla, pues imagínate a las dos de la mañana; tocaron en otros, gritos y sombrerazos, total que se fastidiaron y se fueron, ¿ves?, pero fue un susto horrible, en la noche, imagínate qué onda, pues no aguantaba nada...

• Margarita Isabel, actriz

La segunda vez me detuvieron el 6 de octubre en un departamento en donde vivía –cerca de la SCOP– con un amigo doctor y su mujer. Allí me agarraron los agentes sin orden de aprehensión y me dijeron que su jefe Cueto quería hablar conmigo. Me llevaron a la Secreta y entonces sí me asusté mucho y en el trayecto lo único que preguntaba era: "¿Dónde están mis amigos?", y me dijeron: "¡Cállese!", y me dieron una bofetada. Entonces yo tenía veintidós años y había terminado leyes y estaba haciendo mi tesis. Participaba en un seminario de sociología. Allí en la Jefatura lo primero que vi fue a mis amigos, el doctor y su esposa. Apenas llegué, les preguntaron:

–¿La reconocen?

–Sí, es ella.

Entonces los soltaron. Allí conocí a Cueto y a Mendiolea. Cuando entré a su despacho me dijo Cueto:

–¿Usted es la famosa *Nacha*?

–Bueno, soy *Nacha* pero no soy famosa.

Duré siete días sola en una celda en los separos, para mí los días más horribles de todos los que he vivido porque estaba totalmente incomunicada. Una compañera me gritó desde una celda, pero no la vi jamás: "¡No dejes que te saquen, porque estos cabrones las sacan en la noche prometiéndoles que las van a dejar libres y las violan!" No dormí ante el temor de que me pudieran sacar. Me dejaron tres días incomunicada en los separos y al cuarto me comenzaron a interrogar.

> • Ana Ignacia Rodríguez, *Nacha*, del Comité de Lucha de la Facultad de Leyes de la UNAM

Ya eran las once. Llegamos al edificio donde vivimos. La puerta estaba abierta y le dije a Eli que teníamos que quejarnos con la dueña de ese descuido, porque ya una vez nos habían saqueado el departamento. Entró primero Ana –nuestra hija de dos años–, luego yo y después Eli. Subió Ana un par de escalones y ahí estaba un tipo sentado en la escalera y al acercarnos le dijo a Eli:

–Buenas noches, maestro.

Eli le respondió:

–Buenas noches.

Lo único que hizo fue tomar a Eli del brazo y decirle:

–Maestro, me lo llevo.

Yo le pregunté:

–¿Por qué? ¿A dónde?

No respondió, se limitó a torcerle el brazo a Eli y a empujarlo hasta la puerta. (Esta gente está muy entrenada y puede inmovilizarte sin que tú te des cuenta ni cómo ni a qué hora.) En tres minutos lo jaló hasta la puerta del edificio y allí, como si bajara de un árbol o no sé de dónde, salió otro tipo, y entre los dos lo pescaron del cinturón por atrás y lo mantuvieron prácticamente cargado sin que pudiera tocar el piso. Como no tenían identificación ni decían a dónde iban ni nada, comencé a gritar pidiendo auxilio. Yo llevaba una sombrilla en la mano y en medio de mi desesperación me lancé contra uno de los tipos y se la estrellé en la cabeza. Entonces soltó a Eli, me cogió y me aventó contra la pared del edificio. Cuando me vio en el suelo, la niña fue hacia su papá y el otro tipo la azotó contra el pavimento. Mi primera impresión fue: "¡Ya le partió la cabeza!" En ese momento grité como loca y se acercó un coche Galaxie –que yo no había visto–. Pensé que era alguien que venía a ayudarnos, pero otros hombres se bajaron. Recuerdo a tres, quizá eran cuatro. Dejaron las portezuelas abiertas y con gran rapidez, Dios mío, lo empujaron hacia el coche y lo aventaron adentro y él lo último que alcanzó a gritar fue: "Avisa a los amigos". Arrancaron rapidísimo y entraron por la avenida Ejército Nacional. Comencé a correr tras el coche y a tratar de alcanzarlo, ¡cómo lo iba a alcanzar!, y ya se veía que algunas gentes se habían asomado por las ventanas, pero nadie ayudó. Un señor salió de alguna puerta y me gritó: "¡Señora, su hija!" Entonces me acordé que la niña se había quedado tirada y me regresé... Ya iba muy lejos el coche... Unos vecinos me ayudaron a levantar a la niña y a recoger el portafolio de Eli, todos los papeles tirados, y la ropa limpia que yo llevaba. Una vecina me hizo pasar a su departamento y, como estaba llorando, me dio un calmante. Me acordé que debía llamar por teléfono y le hablé a un matrimonio amigo nuestro y recuerdo que lo único que pude decir fue: "¡Se lo llevaron!" Entonces el amigo me contestó:

–Quédate en tu casa, no salgas, vamos para allá.

La vecina me ayudó a cargar a la niña y las cosas y subimos al departamento. Prendí todas las luces y abrí las ventanas. Me acerqué al balcón y tuve el impulso de aventarme. Me sentí sola, sin saber bien qué había pasado, sin entender. Y Ana estaba cogida de mi falda llorando y creo que de una cierta manera eso me hizo reaccionar. Yo estaba embarazada de dos meses. Ahí me quedé en el balcón hasta que llegaron los amigos. No quería estar dentro del departamento. Cuando oí el timbre, dejé a la niña sola y bajé a abrir. Subimos. No podía hablar. No podía explicarles lo que había pasado. Sólo acertaba a repetir: "¡Se lo llevaron! ¡Se lo llevaron! ¡Se lo llevaron! ¡Se lo llevaron! ¡Se lo llevaron!" Me dieron un café. Después fueron a llamar a los niños mayores que estaban en el cine Chapultepec. Entraron todos los niños, se abrazaron a mí y sólo decían: "¿Qué vamos a hacer?"

Eli está preso desde el 18 de septiembre de 1968.

● Artemisa de Gortari

De los comités de lucha no hubo ningún aprehendido por ese tiempo, y de los doscientos delegados al CNH sólo dos fueron detenidos. La causa fue una delación. El 25 de septiembre Jorge Peña se encontraba en un departamento esperando a Áyax Segura, persona en la que ya desde antes nadie confiaba mucho. Áyax debía estar en la dirección de Peña a las seis de la tarde, pero, como se retrasaba, Peña decidió dejar el departamento a las siete aunque, por varias circunstancias no lo hizo. Ni él, ni los demás miembros del CNH habíamos vivido en circunstancias que requirieran clandestinidad y desconfianza absoluta. Por primera vez vivíamos la vida del perseguido, del buscado por la policía. La ingenuidad de las medidas tomadas por muchos de nosotros sólo se concibe pensando en que nunca habíamos creído seriamente que el gobierno las haría necesarias. La mayoría pensaba en las delaciones como una posibilidad cercana, pero al mismo tiempo ajena, algo que sucede a otros. En fin, que simplemente no estábamos acostumbrados.

A las nueve de la noche Peña aún estaba en el mismo domicilio, acompañado únicamente por un muchacho de quince años, hermano del dueño del departamento.

• Luis González de Alba, DA

Tocaron a la puerta y fue a entreabrirla, desconfiado. De un golpe entraron quince hombres armados con metralletas. Cuando se toparon con los muchachos, uno de quince años y el otro de veintiuno, preguntaron:

–¿Dónde está Jorge Peña?

No se les ocurrió que fuera uno de los dos muchachos que tenían enfrente. Buscaban a un peligroso agitador profesional y se encontraron con un niño y un joven de lentes que aparentaba menos de veinte años. Ninguno de ellos podía ser el que repartía armas y dinero al CNH. Empezaron a golpearlos y a vaciar cajas de libros; buscaban por todas partes sin importarles lo que destruían: había que encontrar las armas.

–¡Levanten las manos!

Al cachearlos y vaciar sus bolsillos, apareció la licencia de manejar de Peña. Por eso lo identificaron.

Entre los libros arrojados al suelo estaba uno del Che.

–Ah, ¿conque libros del Che? ¿Por qué lees esto?

–Me lo piden en la escuela. Estudio Ciencias Políticas.

Por lo visto, la policía no está enterada de que tanto los libros del Che como de Marx, Lenin y Trotsky o cualquier otro se venden en todas las librerías. Un tomo de pastas rojas atrajo la mirada de otro policía que exclamó triunfante mientras lo levantaba:

–Y esto, ¿qué es?

–Pues véale el título: *El sistema monetario de 1820 a 1920*.

Sólo las pastas habían resultado rojas. Lo dejó caer sin comentarios.

• Florencio López Osuna, Escuela Superior de Economía del IPN, delegado ante el CNH

102

A esa hora fue aprehendido. Después de desordenar el departamento en busca de armas y dinero, los agentes condujeron a Peña y al otro muchacho a los separos de la Dirección Federal de Seguridad. Ahí los interrogatorios ya estaban organizados con una intención definida. Fundamentalmente se trataba de saber qué secretarios de Estado financiaban el Movimiento y cómo se conseguían las supuestas armas. En particular preguntaban por la participación del secretario de la Presidencia, doctor Emilio Martínez Manautou. Los agentes querían una declaración involucrando a este secretario como el que aportaba el dinero necesario para sostener el Movimiento y conseguir armas.

• Luis González de Alba, DA

El viernes 20 fui a la Procuraduría y allí me dijeron que no me preocupara por su integridad física; que Eli estaba bien, pero no me dijeron dónde. Entonces, como leí en el periódico que los detenidos estaban en la Jefatura, fui para allá. La Plaza de Tlaxcuaque era un hervidero de granaderos. En la puerta nos detuvieron a Rebeca y a mí:

—¿Qué quieren? ¿A dónde van?

—¡Quítese! Tengo cita con el general Mendiolea.

Yo estaba desesperada y dispuesta a entrar a como diera lugar. Como el granadero no nos dejaba pasar lo amenacé:

—Si no me deja pasar, ya verá cómo le va con su general.

Pienso que el tipo me vio tan decidida que me creyó o recapacitó en los problemillas que pudiera tener. Subimos por el elevador hasta el cuarto piso, donde una bola de policías nos cerró el paso:

—¿A dónde van? ¿Qué quieren?

Volví a decir mi mentira:

—Déjenme pasar, que tengo una cita...

A la fuerza nos metimos en una puerta abierta que, para fortuna nuestra, resultó ser la antesala al despacho del general. Una vez dentro, nos dejaron de molestar porque yo seguía repitiendo con mucha seguridad que tenía una cita. Allí nos quedamos paradas esperando que nos recibieran. De pronto salió un señor de baja estatura, grueso y sin pelo que discutía muy enojado con un periodista: "¡Usted ha dicho en su periódico que yo soy un asesino! Ahora, ¡demuéstremelo!"

El periodista arguyó:

—No, si siempre hemos sido grandes amigos...

El general le respondió:

—¿Ah sí? ¿Desde cuándo?

Siguieron alegando hasta que el general se volvió a meter a su privado con todo y el periodista que lo seguía. Cuando salieron de nuevo, yo creo que se aprovechó para poner punto final a la discusión porque se acercó y me preguntó:

—¿Qué se le ofrece?

—Soy la esposa de Eli de Gortari. Ya con eso sabrá usted a lo que vengo...

—No señora, no tengo idea...

—Quiero ver a mi esposo, que está aquí.

—Señora, eso es imposible.

—General, usted aquí es Dios y si usted lo ordena se puede...

No dijo ni una palabra más. Dio media vuelta y desapareció en su privado. Le dije a Rebeca: "De aquí no nos movemos. Sólo que nos saquen cargando". Esperamos una media hora más y cuando volvió a salir vino hacia mí y dijo:

—Señora, va usted a ver a su marido, pero nada de mensajes.

Nos bajaron a los Servicios Especiales, que son como de película de gángsters, con toda la crema y nata de los agentes: puros hombres en mangas de camisa jugando con fichas, dominó o quién sabe qué sería y todos con caras horribles de malhechores, de matones. Había tanto humo que podía separarse con las manos. En las paredes vi fotos de asesinos buscados y un pizarrón cubierto de instrucciones para determinados agentes... Allí nos quedamos sentadas como tres horas esperando a que nos trajeran a Eli. Yo quise hablar por teléfono para avisar a la casa que no se preocuparan y uno de los tipos me dijo:

—De aquí no pueden salir porque están detenidas...

Francamente me asusté:

—Bueno y ahora ¿por qué?

Se limitó a responder:

—Por orden de mi general...

Regresé con Rebeca y le dije:

—Pues fíjate que estamos detenidas ¿qué te parece? Pobre Hira, ¿cómo avisarle lo que pasa?

(Hira es el hijo mayor de Eli y nos estaba esperando afuera.)

Más tarde tuve que ir al baño y ni modo. Un tipo me acompañó hasta el baño de mujeres donde me advirtió que no intentara escapar. Le dije:

—No sé por dónde, si no soy mosquito.

En seguida le pregunté:

—No me va a seguir hasta adentro, ¿o sí?

—No, aquí la espero... No se tarde o veo la manera de sacarla de allí.

Regresé a la sala de los Servicios Especiales donde Rebeca me esperaba muy asustada. Veinte minutos más tarde un tipo dijo en voz muy alta:

—¡Ahí viene mi general!

Rápido, como por arte de magia, los agentes guardaron las fichas, tiraron los cigarros, se pusieron los sacos acomodándose las pistolas, arreglaron las sillas y medio desapareció el humo. El general entró discutiendo algo con varios hombres y pasó de largo sin hacernos el menor caso. Yo pensé: "Bueno ¿qué no nos vio? ¿Habrá cambiado de opinión? Yo de aquí no me muevo hasta no ver a Eli".

Entró a un despachito donde discutió con un detenido, salió y entonces se dirigió a mí:

—Ahora se lo traen, señora, acuérdese, nada de mensajes o se quedan detenidas.

Le respondí:

—General, usted sabe lo que esto significa para mí... Muchas gracias.

La cara se le puso como jitomate y me dijo:

—No diga eso, señora.

Nos llevaron al despachito de donde minutos antes había salido y un capitán y varios agentes de la Secreta, que seguramente eran los mandamases de allí, nos invitaron a sentarnos. A los cinco minutos trajeron a Eli. ¡Dios mío!, me quedé paralizada. Tenía una barba de 72 horas, una expresión de angustia terrible, todo el traje arrugado. Lo que menos esperaba era vernos, porque cada vez que sacaban a alguien de los sótanos donde estaban detenidos era para golpearlo. Eli oía los gritos de los que torturaban y tal vez pensó que a él ya le tocaba. Cuando nos vio, nos abrazó como si no nos hubiera visto en años.

—¿Cómo entraron?

Todo esto delante de los tipos. Nos preguntó cómo estábamos todos, qué había pasado con Ana, de la que guardaba una imagen terrible. Procuré tranquilizarlo diciéndole que estábamos bien, que sólo él nos faltaba y que pronto terminaría esa pesadilla. Desde la casa llevé una camisa limpia para que se cambiara y le pregunté a uno de los agentes si se la podía poner. Quería ver también si lo habían golpeado. ¡Qué tonta! No sabía que cuando los golpean lo hacen en las partes blandas y generalmente no dejan huella. Nunca me imaginé que en todo ese tiempo no hubiera comido nada. Un teniente le ofreció un tehuacán y lo bebió con un ansia increíble. No había tomado agua desde el día 18... Nos dejaron hablar frente a ellos durante veinte minutos y los desperdiciamos hablando de puras tonterías por los nervios, el estupor. Después el teniente que lo había traído nos dijo que lo sentía mucho, pero que la visita había terminado. Nos despedimos con miles de recomendaciones por ambas partes y prometiéndole que regresaríamos al día siguiente (a ver si nos dejaban verlo de nuevo). Pero no lo vi sino hasta el domingo 22, un poquito antes de que lo trasladaran en una "julia" a Lecumberri.

• Artemisa de Gortari

Al día siguiente, 26 de septiembre, la casa donde se encontraba uno de los delegados por Chapingo –la Escuela de Agricultura–, Luis Tomás Cervantes Cabeza de Vaca, fue rodeada por agentes de la Dirección Federal de Seguridad. Luis Tomás no vivía en la casa, sino en un ala en construcción. Ni la dirección de la casa, ni mucho menos este detalle particular sobre su alojamiento, eran conocidos por nadie, salvo Áyax Segura. Los agentes se dirigieron al sitio exacto donde debiera estar Cabeza de Vaca, pero en ese momento se encontraba comiendo en el interior de la casa. Fue detenido junto con otros dos muchachos, familiares de las personas que lo hospedaban. Salían policías con metralleta hasta de los maizales que rodean la casa, la cual se encuentra en las afueras de la ciudad. Fue arrestado con todo este aparato de seguridad y una vez en los separos sufrió el mismo interrogatorio que Peña, con un solo cambio, el ministro que debía denunciar era el de Agricultura y Ganadería: profesor Juan Gil Preciado.

• Luis González de Alba, DA

El mayor se me acercó y me puso un capuchón de una tela gruesa como lona, pero su tejido dejaba pasar algunos rayos de luz de los focos. El capuchón me cubría toda la cabeza hasta el cuello, cerrándolo a la altura de la garganta. Me doblaron los brazos y me ataron las manos por la espalda.

Nuevamente escuché aquella voz ronca que me increpaba:

–¿Quién es tu sucesor en el Consejo Nacional de Huelga?

–No lo sé, no tengo idea.

–Ahorita te vamos a refrescar la memoria. Aquí hablas o te mueres.

–¡Traidor, hijo de puta! A ver ¿qué quieren cabrones? ¿Qué es lo que andan buscando?

–Queremos que se respete nuestra Constitución.

–Mira cabroncito, no se hagan ilusiones. La Constitución la manejamos nosotros. ¿Quién les daba las armas?

—No tenemos armas; nuestro movimiento no es armado, es un movimiento democrático y legal, nuestras armas son la Constitución y la razón.

—No te hagas pendejo, tú portabas armas. Ya lo dijeron Áyax, Sócrates y Osuna.

—Mienten, yo nunca he portado armas.

—Es mejor que digas la verdad y tal vez salves la vida.

Era tentadora la oferta, pero yo no decía otra cosa que no fuera la verdad. Sentía que mi vida estaba perdida y, dijera lo que dijera, si tenían orden de matarme, de todos modos lo harían.

El mayor llamó a uno que seguro era sargento porque le dijo:

—Sargento, refrésquele la memoria a este hijo de la chingada, traidor, que nos quiere hacer comunistas, mientras yo mando por el pelotón de fusilamiento.

Ya no me importaba, estaba dispuesto a morir; no podía traicionar a mis compañeros, no debía ni ensuciar ni traicionar la lucha, lucha justa, limpia, hermosa. No podía traicionarme a mí mismo, tenía que luchar hasta donde las fuerzas me alcanzaran. Saqué coraje de flaqueza y me preparé para lo peor.

Los pasos del soldado se acercaron y un golpe de su mano empuñada se estrelló en mi estómago al tiempo que preguntaba:

—¿Quién les da el dinero?

—El pueblo, en colectas populares.

—¡Mientes, desgraciado! ¿Cuánto les da Gil Preciado?

—Nada, absolutamente nada.

—Lo que pasa es que te tienen amenazada la vida. Si nos dices quién les da el dinero nosotros te protegeremos. ¿Cuánto les ha dado Madrazo?

—Ni Gil Preciado ni Madrazo ni ningún otro político nos da dinero. El dinero nos lo da el pueblo.

—Pero te llevas bien con Gil Preciado.

—Ni con él ni con ningún político. A todos los odio por igual.

Otro tremendo golpe en el estómago.

—¿Quiénes formaban las columnas de choque en Tlatelolco?

Esta pregunta me extrañó mucho porque era la primera vez que oía algo sobre el 2 de octubre. Respondí:

—No sé nada, estoy preso desde el 27 de septiembre.

Más golpes, ahora en los testículos. Un intenso dolor hizo que se me doblaran las piernas y caí al suelo. Ahora ya no eran golpes sino patadas en todo el cuerpo.

—¿Conoces a Heberto Castillo?

—No, nada más de vista.

—¿En dónde está?

–No sé.

Más golpes en los testículos, en el estómago, en los muslos. Yo gritaba de dolor, de impotencia, de coraje y las lágrimas brotaban de mis ojos. Las preguntas continuaban una tras otra, atropelladas.

–¿Conoces a Eli de Gortari? ¿A Marcué Pardiñas? ¿A Fausto Trejo? ¿Cuánto les daba Marcué? ¿Qué hacía De Gortari en el Consejo? ¿De qué línea es Trejo? ¿Te llevó Heberto a La Habana? ¿Cuál es la consigna?

–No, no los conozco. Marcué no da nada. No conozco Cuba. ¡No sé nada!

Los golpes se combinaron con toques eléctricos en los testículos, en el recto, en la boca. Y más preguntas.

–¿Qué relaciones tenías con Raúl Álvarez?

–Las mismas que con cualquier otro compañero del Consejo.

–¿Qué planes tenían Guevara y tú?

–Ninguno, lo trataba muy poco.

–¿Y con Sócrates?

–Tampoco. Lo traté más que a Guevara, pero nunca supe de ningún plan.

Más torturas, golpes, toques eléctricos. Seguían increpándome:

–A Tayde sí lo conoces ¿verdad? ¿No te has fijado que siempre anda muy arregladito, con muy buena ropa? ¿Sabes que los traicionó, que el dinero se lo da Gil Preciado?

Me dio coraje oír esas calumnias:

–Tayde es mi compañero de escuela y nunca le he conocido una transa. Además lo conozco hace más de cuatro años.

• Luis Tomás Cervantes Cabeza de Vaca, del CNH

Yo no tenía la menor simpatía por el Movimiento Estudiantil; su pliego petitorio siempre me pareció absurdo: "Destituir a Cueto". ¿Para qué?, si siempre lo reemplazarían con otro igual. Cada uno de los puntos era ingenuo... Pero la barbarie del castigo, la saña de las autoridades en contra de los jóvenes, la desproporción absoluta entre la culpa y la represión me hizo cambiar... El gobierno ha logrado ahora convertirlos en héroes.

• Héctor Mendieta Cervantes, doctor en neurología

Hacia la medianoche, al salir de una graduación junto con Jesús Bañuelos Romero, Fernando Palacios y otro muchacho, caminábamos por las calles de Gorostiza rumbo a nuestros domicilios cuando desde una camioneta unos sujetos nos gritaron, al tiempo que nos apuntaban con sus pistolas:

–Deténganse, hijos de su pinche madre; no corran, tenemos orden de tirar a matar.

Ante esas amenazas nos detuvimos; rápidamente bajaron de la camioneta sin dejar de apuntarnos y nos pidieron identificación. Al cerciorarse de que éramos estudiantes, uno de ellos, con aventones y golpes, nos subió a la camioneta diciéndonos que nos iban a matar "porque éramos estudiantes". Una vez en marcha, los tipos nos siguieron amenazando. Después supimos que eran agentes. Iban diciéndose entre ellos: "Ahorita los vamos a desaparecer, les vamos a dar en la madre, los vamos a echar al canal del desagüe". Cada vez que preguntábamos a dónde nos llevaban nos golpeaban y nos decían que nos iban a matar. Luego llegamos a la Jefatura de Policía del D. F., nos bajaron de la camioneta a empujones y golpes, tanto de los agentes como de soldados que se encontraban allí en gran número. Fuimos conducidos a los Servicios Especiales. Nos encerraron en un cuarto lleno de desperdicios en el cual pasamos toda la noche.

Al encontrarnos en esa situación lo único que nos preguntábamos unos a otros era: "¿Por qué nos habrán detenido si no hemos hecho nada?"

Al otro día, en la mañana del 4 de octubre, un agente entró al cuarto y, como le preguntáramos por qué nos habían detenido, nos dijo que era una "razzia" y que saldríamos apenas llegara su jefe. Con eso nos calmamos un rato, pero después de las nueve de la mañana los mismos agentes que nos detuvieron, con otro más, entraron al cuarto. Les volvimos a preguntar.

–¿Por qué nos detuvieron? ¿De qué se nos acusa?

A lo que contestaron:

–Por feos, hijos de su pinche madre, por eso están aquí, cabrones.

Y se volvieron a ir, dejándonos encerrados.

Como a las once o doce del mismo día regresaron. Al entrar, uno de ellos, al parecer el jefe, preguntó a los demás agentes cuál de nosotros era el cabecilla. Un agente me señaló, diciendo:

–Ése me gusta para cabecilla del grupo, por ser el más alto.

El jefe dijo:

–Tráiganmelo a la oficina.

Me llevaron golpeándome y jalándome de los cabellos. El jefe de los agentes me preguntó:

–¿Quién les paga por andar haciendo esto?

Le contesté que no sabía de qué me estaba hablando.

–¡Cómo que no, hijo de tu pinche madre!

Acto seguido volvió a preguntar lo mismo, pero ahora quería que yo aceptara los cargos.

–¿Quién les paga por andar quemando tranvías?

Dijo tener testigos de que yo había participado en la quema de un tranvía en la calle de Zaragoza. Yo ni conocía la calle de Zaragoza, todavía no la conozco, y así se lo dije.

Me regresaron al mismo cuarto y llamaron a Jesús Bañuelos. Cuando regresó me dijo que le habían preguntado lo mismo y que lo habían golpeado. Luego llegaron nuevamente los agentes al cuarto; nos exigieron que les entregáramos todas nuestras pertenencias –nunca las volvimos a ver– y se retiraron.

Ya entrada la tarde de ese mismo 4 de octubre, me volvieron a llamar a la oficina y el mismo jefe de agentes me dijo:

–¿Usted se llama José Luis Becerra Guerrero?

–Sí –le contesté.

–¿Vive en la calle de Gorostiza?

–Sí.

–¿De modo que usted no andaba en la quema de tranvías?

–No –le respondí.

–¿A usted le dicen *Pepito el Diablo*?

–No.

–¿Cómo se llama usted?

–José Luis Becerra Guerrero.

–¿Si se llama José Luis Becerra Guerrero cómo no le van a decir *Pepito el Diablo*?

Cada vez que no aceptaba lo que él decía, me golpeaban él y los cuatro agentes. Le pregunté que si sólo porque me llamaba José Luis me tendrían que apodar como él quería. Entonces me volvieron a golpear en la cabeza y en el estómago con unas macanas y me dieron de patadas en las espinillas. El jefe, viendo que me negaba a todas las acusaciones que me hacía, les ordenó que me dieran una "calentadita" para ver si así me seguía negando. Me regresaron al cuarto y me obligaron a desvestirme, me siguieron golpeando y sacaron un aparato de fierro en forma de macana con el cual me dieron choques eléctricos en varias partes del cuerpo, principalmente en los testículos, el estómago y la cara al mismo tiempo que me decían:

–¿Conque no quieren policías ni granaderos? Pues, chínguense, hijos de su puta madre.

No recuerdo cuánto tiempo me estuvieron golpeando; sólo me acuerdo que me decían que tenía que aceptar que andaba en la quema de tranvías y que, si no, me seguirían golpeando hasta hacerme aceptar, al fin que no importaba que me mataran, "pues uno más o menos ni quién lo note, si sólo sirven para andar de alborotadores quemando tranvías". Me dejaron tirado en el suelo casi inconsciente.

• José Luis Becerra Guerrero, estudiante, preso en Lecumberri

Usted no es como Morelos, siervo de la nación; usted es gato de GDO.

• Luis González de Alba, del CNH, al juez del Juzgado Sexto

Empezaron los toques eléctricos en los testículos, el "pocito" de agua sucia en el que lo sumergen a uno hasta estar a punto de perder el conocimiento; las torturas por cansancio muscular, por crisis nerviosa, los golpes en todo momento.

• Gilberto Guevara Niebla, del CNH

Pedro tenía un rostro tan doloroso que casi no lo reconocí por la intensidad que el sufrimiento había impreso en sus rasgos.

• Francisco Gutiérrez Zamora, padre de familia

A todos los detenidos se les preguntó si conocían al ingeniero Heberto Castillo y, obviamente, por tratarse de una persona prestigiada, la mayoría contestó que sí. Sobre esta base –cuando aprehendieron a Heberto–, la Procuraduría dio como prueba de culpabilidad el hecho de que se le mencionara en más de doscientas declaraciones. En todos los casos de personas más o menos conocidas, del CNH o de la Coalición, se empleó el mismo procedimiento de múltiples "referencias" a falta de pruebas concretas de los supuestos "delitos" que se les atribuye.

• Gilberto Guevara Niebla, del CNH

Ya entrada la tarde del mismo 4 de octubre, después de que me habían golpeado, regresaron los agentes al cuarto. Nos volvieron a torturar, hicieron que limpiáramos y laváramos el cuarto en que nos encontrábamos. En una esquina había un montón de basura, puros desperdicios, y estaba manchado por los vómitos que nos provocaron las torturas. Estaban ahí detenidos junto con nosotros otros jóvenes que también eran estudiantes y que no conocíamos. Nos dieron un bote con agua y un trapo a Jesús Bañuelos, Fernando Palacios y a mí para que limpiáramos el cuarto; después nos hicieron limpiar y trapear toda la oficina, no exactamente la oficina sino la parte de afuera –creo que era donde pasaban lista a todos los agentes–, allí nos hicieron limpiar todos los lockers. Mientras limpiábamos, cada agente que llegaba preguntaba: "¿Y ésos que están limpiando?" Y le decían: "Son estudiantes".

–¿Ah sí? ¿A ver si es cierto que son muy cabrones?

Y nos golpeaban en las costillas al tiempo que decían:

–¿No que muy cabrones? Sólo en bola se creen los amos, ¿verdad?, pero a ver ahorita que están solos, pónganse al brinco. Tengan, por pendejos, hijos de su pinche madre.

Y nos pegaban en el estómago y en las costillas. Esto se repetía con cada agente que llegaba. Preguntaba por qué estábamos allí, le decían que por ser estudiantes y nos golpeaban siempre, por lo regular en las costillas.

Como a las seis de la tarde me volvieron a llevar a la oficina y el jefe me dijo:

–Creo que después de la calentadita que te dieron ahora sí vas a hablar, ¿verdad, hijo de la chingada?

Le contesté que ya le había dicho que yo no participé en ninguna quema de tranvía. Añadí:

–Ustedes me quieren acusar de eso sólo por ser estudiante.

Me callaron y me golpearon con una macana en brazos y piernas y con las manos abiertas me pegaban en los oídos y en el estómago y me decían: "¿Conque muy cabroncito? A ver si es cierto". Me enseñaron una declaración ya redactada en la cual decía que yo había participado junto con Jesús Bañuelos R., Fernando Palacios V., Raymundo Padilla S. y Fernando Borja en la quema de un tranvía. Los dos últimos corresponden a dos amigos que jugaban en mi mismo equipo de futbol y los sacaron de mi agenda. La supuesta quema de un tranvía había ocurrido en la calle de Gorostiza esquina con Jesús Carranza, el día 2 de octubre como a las seis y media de la noche, según la declaración que me enseñaron, lo cual es completamente falso. Sin embargo a mí me detuvieron un día después como a las doce de la noche. Luego supe que ni el día 2 ni el 3 ni ningún otro día hubo tranvía alguno quemado en dicha esquina.

• José Luis Becerra Guerrero, estudiante

El 8 de octubre como a las seis de la tarde –más o menos calculo la hora– fueron a mi celda, la 18, unos tipos. Se abrió la ventanilla y me ordenaron: "Acércate". Oí una voz: "Celda 18, Gamundi del CNH". Era la voz de Sócrates. En la madrugada me sacaron para interrogarme:

–¿Conoces a Sócrates?

–No.

La respuesta del militar fue ésta:

–No te hagas pendejo. Sócrates dijo que te conocía y te reconoció en la 18.

¿Qué iba yo a contestar? Nada. Esto ocurrió con otros muchos compañeros. Los reconoció de celda en celda. El peor de los casos es el de una compañera de la Normal Superior. Sócrates la había visto una o dos veces al visitar la Normal. Lo llevaron a ver a las compañeras detenidas en el Campo. Cuando pasó la muchacha dijo:

–La conozco.

–¿De dónde?

–La vi una vez en el CNH.

–¿Sabes su nombre?

–No, no lo recuerdo; solamente la vi una o dos veces en el CNH.

Hasta el militar se indignó:

–Pendejo, si no estás seguro, ¿por qué hablas? No es cierto, no la conoces...

Y se siguió de largo. Gracias a ese militar, la muchacha salió libre ocho días después.

• Félix Lucio Hernández Gamundi, del CNH

En tanto se fabrican enormes y monstruosos expedientes a centenares de luchadores de izquierda, inocentes, y se les retiene en la cárcel, la clase dominante no ha tenido empacho en permitir que en los últimos cuarenta años de "estabilidad" ¡hayan quedado impunes, según Alfonso Quiroz Cuarón, más de 51 000 homicidios y casi 200 000 robos denunciados! Pero la "criminalidad" tiende a concentrarse en pocos, en la misma forma que la riqueza, en nuestros regímenes económicos.

• Comentario de Fernando Carmona, licenciado en Economía, a las declaraciones del criminalista, doctor Alfonso Quiroz Cuarón

Después de Tlatelolco/2 de octubre ha habido una rápida tecnificación de los cuerpos represivos; los granaderos usan escudos, garrotes, máscaras y sustancias químicas modernas; se modernizan también los cuarteles; los viejos mosquetones son sustituidos por rifles automáticos y en Ciudad Sahagún han comenzado a fabricarse los tanques "antimotín".

> • Fernando Carmona, licenciado en Economía

Todos cantábamos en el Campo Militar número 1, desde *La Internacional*, a pesar de que los del Partido Comunista la han convertido en su propiedad privada o casi, hasta canciones de crítica social. Había dos muy populares; una que decía:

El señor Cuauhtémoc estaba muy contento
le importaba madre todo su tormento,

y otra más; con música de *El Santo*.

En la calle de Insurgentes
que chinguen a su madre los agentes.

La Marsellesa también era popular. Inclusive en un momento llegamos a cantar en coro los versos de la calle de Insurgentes. Pero se presentó un teniente a decirnos que el Campo Militar no era un burdel y que si no entendíamos que ya nos habían dado en la madre, puesto que todavía seguíamos con nuestras groserías. Nos callamos como un día más o menos; después seguimos cantando, sólo que eliminamos la que había provocado tanto enojo. En realidad cantar nos levantaba la moral y nos distraía aliviándonos un poco los días difíciles por los que pasábamos.

En el otro sentido, podemos decir orgullosamente que sólo muy pocos "cantaron" como el gusano de Sócrates. Pero no dijeron la verdad, mentiras y más mentiras, sólo mentiras y delaciones, "columnas, armas, políticos resentidos". En suma, estúpidas apreciaciones personales, de muy baja calidad política, y que sólo sirvieron para justificar el asesinato de Tlatelolco y para apoyar la versión del gobierno.

> • Eduardo Valle Espinoza, *Búho*, del CNH

Se repitieron las torturas ahora con más encono, más prolongadas. Yo me revolcaba como víbora chirrionera, lloraba, me quejaba, gritaba, mentaba madres. Cesaron los tormentos y el soldado me dijo: "¡Ni se hagan ilusiones! ¡Cerdos comunistas! Si fallamos nosotros, aquí cerquita tenemos a los gringos". Tirado en el suelo, nada más oía y me quejaba, no soportaba el dolor en los testículos, en el estómago, en las piernas; respiraba muy fatigosamente, toda la carne me temblaba, el corazón se me quería salir del cuerpo y la boca la tenía seca, tremendamente seca. Escuché cuando alguien dijo:

–Mi jefe, está listo el pelotón.

Ya no reaccioné ante este estímulo.

Una voz con ironía dijo:

–Como eres una blanca palomita que no quiere decir nada, no nos queda más remedio que cumplir órdenes superiores. ¡Llévenselo!

Unas manos me tomaron por las axilas y me levantaron; apenas podía sostenerme en pie, y alguien me dijo:

–¿Quieres ver a tus compañeros por última vez? Aquí los tenemos a todos.

–Sí, los quiero ver, llévenme con ellos, nada más me quitan el capuchón para verles la cara.

–No. Aquí no vas a hacer lo que tú quieras sino lo que nosotros digamos.

Salí dando traspiés, caminando como ciego, unas manos me sostenían de los brazos para evitar que me cayese; me llevaban casi en vilo; finalmente me amarraron a un poste y me dijeron:

–Aquí tenemos a Sócrates.

Yo no lo veía, simplemente lo escuché decir:

–Contéstales, diles la verdad.

–¿Qué quieres que les diga? Si ya dije lo que tenía que decir.

Luego se oyó una voz que terciaba:

–Dile cómo te hemos tratado...

–Cabeza, no tengo de qué quejarme, me han tratado bien. Mira Cabeza, el dinero entraba por Ciencias Biológicas del Poli y por la Facultad de Ciencias de la UNAM. Allí pasaba el dinero Madrazo.

–Del único dinero que tengo conocimiento es del que nos daba el pueblo por medio de las colectas de las brigadas y del que cada delegado daba en representación de su escuela al CNH; cien pesos por escuela...

–No maestro, ese dinero no alcanzaba. Se gastaba mucho en pintas, en pancartas, en propaganda.

–Yo nunca tuve conocimiento de otra entrada de dinero.

–¿Sabes que la *Tita* es policía? ¿Que transó por cincuenta mil pesos y que por eso anda libre?

–No, no, Sócrates, no sé nada, y si tú lo sabías ¿por qué no lo denunciaste en el Consejo y lo dices aquí? ¿Qué te pasa? Mejor cállate.

De nuevo terció otra voz apenas perceptible y Sócrates me preguntó:

–¿Recuerdas el contacto que tenías con Genaro Vázquez?

Al oír esta pregunta frente al pelotón de fusilamiento se me fue la sangre hasta los talones. Nunca he sabido de dónde la sacó ni con qué fin me la hizo, pues jamás tuve contacto con Genaro Vázquez. Pero sí sabía que era un líder que el gobierno buscaba. Sorprendido le contesté:

–Mientes, yo no he tenido contacto con ningún Genaro.

–Sí, aquel chaparrito de bigote con tipo de veracruzano...

–No mientas, no nos quieras hundir, mejor cállate. No sé nada, entiéndelo, nada.

–Es que nos van a matar...

–Sí, nos van a matar.

De nuevo oí la voz que intervino:

–Llévense a Sócrates y fusílenme a éste.

> • Luis Tomás Cervantes Cabeza de Vaca, del CNH

En las colectas públicas que hacían las brigadas se juntaba dinero de a montones. Además las escuelas no tenían más gastos que comprar papel y tinta y dar de comer a las brigadas de guardia.

> • Estrella Sámano, de la Escuela de Ciencias Políticas
> de la UNAM

Cualquier muchacho que haya participado, aunque sea mínimamente, en el Movimiento, sabe que nuestro principal gasto era papel, papel por toneladas, y los desplegados que de vez en cuando sacaba el Consejo. Vamos a ver el asunto por partes: primero los gastos del CNH. ¿Cuáles podían ser? Los volantes los sacaban las escuelas, no el Consejo, así que el único gasto de éste era el pago de los desplegados. En *Excélsior* un cuarto de plana cuesta tres mil pesos. Pon que sacáramos dos desplegados a la semana, que ya es mucho, son seis mil pesos. ¿De dónde salían? Cada escuela tenía fijada una cuota diaria de cien pesos (que por cierto era una lata cobrar); cien pesos multiplicados por ochenta escuelas hacen ocho mil pesos diarios, y no necesitábamos más que seis a la semana. Por eso es que el cobro de las cuotas tenía poca importancia. ¿Y los cien pesos que cada escuela debía dar? Pero, por favor. Una Facultad de tamaño regular, como Filosofía, sacaba mucho más que eso entre sus puros alumnos, entre los asistentes a las asambleas diarias; etcétera. Dale todas las vueltas que quieras y no hay otros gastos; papel y tinta. Teníamos los mimeógrafos de las escuelas, la Imprenta Universitaria, la imprenta del Poli, las cafeterías. ¡Ah, por cierto!, otro gasto era la comida, pero ésta salía de las cafeterías, que siguieron funcionando todo el tiempo y que son muy buen negocio. Claro que entonces no lo era tan bueno, porque se le daba de comer a mucha gente, pero a la gran mayoría se le vendía la comida, a menos que se tratara de las guardias nocturnas de la Facultad o de algunas brigadas muy trabajadoras. Piénsale y no encontrarás los fabulosos gastos. Para serte sincero, podíamos haber sacado diez veces más, pero ¿para qué?

• Luis González de Alba, del CNH

Por otra parte, en el aspecto político, se pretendía desprestigiar al Movimiento con una vieja táctica de la policía: tergiversar objetivos haciéndolo aparecer como fomentado por agentes subversivos al servicio de "intereses oscuros". Simultáneamente se ocultan las causas reales del malestar social y se invocan causas ficticias o mágicas como la "habilidad" para engañar a la gente "incauta", principalmente a los estudiantes que les gusta alborotar y "echar relajo" con "cualquier" pretexto. En esta ocasión no les fue posible a las autoridades usar la tesis de "la conjura comunista" pues era totalmente increíble dada la magnitud del Movimiento, y en esas condiciones prefirieron fabricar sorpresivamente una versión "nueva": los dirigentes intelectuales del Movimiento se encontraban en un grupo de "políticos resentidos" que actuaban por despecho tratando de "crear problemas al régimen". Los nombres de Ernesto P. Uruchurtu, Carlos Madrazo, Humberto Romero, Braulio Maldonado y otros exfuncionarios cobraron actualidad al ser involucrados en las "declaraciones" de algunos de los detenidos. La dirección intelectual, la procedencia del dinero y los "fines inconfesables", consistentes en "integrar un partido para derrocar al régimen actual", fueron atribuidos a estos individuos.

• Raúl Álvarez Garín, del CNH

Una vez que me leyeron la declaración elaborada por ellos, el jefe de los Servicios Especiales me dijo que si no la firmaba le iba a pe-

117

sar a mi familia; que ya sabían dónde vivían, quiénes eran mis padres y dónde trabajaban. Como todavía me seguían golpeando y al oír esas nuevas amenazas, me vi obligado a firmar esa declaración. Después nos bajaron a los separos junto con otros noventa detenidos y fuimos encerrados en una galera para 15 detenidos. Brotaban aguas negras de las coladeras y excusados; no había ni luz ni ventilación y cada dos horas éramos empapados por los agentes que utilizaban una manguera especial. Debido a las condiciones en que nos encontrábamos, varios estudiantes sufrieron enfermedades y crisis nerviosas al grado de desmayarse. Así permanecimos durante una semana.

• José Luis Becerra Guerrero, estudiante

–Antes que tú morirán dos más.

Oí las dos descargas y los dos tiros de gracia y se me llevó a que palpara dos cuerpos inertes... Después me sujetaron de nuevo y pusieron la pistola junto a mi cabeza haciendo un disparo. Luego dijeron: "No vale la pena matarlo... Castrémoslo..." Después de haberme dado lo que ellos llaman "calentada", se me inyectó en los testículos una sustancia anestésica y se me hizo un simulacro de castración rompiéndome el escroto con una navaja o bisturí, cicatriz que aún conservo. Todo esto fue en la noche del 2 de octubre de 1968, hasta las seis de la mañana del día 3... Todo por no querer hacer declaraciones en contra del Movimiento Estudiantil Popular ni en mi contra; declaraciones que serían una serie de mentiras en contra de la lucha democrática de nuestro pueblo. El día 3 de octubre a las siete de la mañana, fui nuevamente traído a la cárcel de Lecumberri, en donde se me incomunicó en las peores condiciones, sin dejarme salir siquiera a hacer mis necesidades, las que tenía que hacer en un bote de veinte litros que jamás fue limpiado en los 28 días de incomunicación. No veía ni a los carceleros. No tenía ni cobija ni colchón. Se me tuvo con una alimentación precaria consistente en un vaso de atole en la mañana y otro en la tarde, que me depositaban en una pequeña abertura en la puerta de mi celda... Todo lo anterior, como usted sabe, es contrario a los derechos humanos y a nuestra propia Constitución.

• Luis Tomás Cervantes Cabeza de Vaca, del CNH

La primera vez que vi a Cabeza, cuando lo llevaron de la H a la M, me impresionó horriblemente. Hasta percibí –dentro de mí mis-

118

ma– su dolor físico, como cuando notas que alguien ha sufrido mucho, aunque no te lo diga. No es que se viera amolado, es que todo él era un dolor andando...

• Artemisa de Gortari

En el Campo Militar número 1, parado sobre la litera podía ver una franja de pasto, dos o tres metros de alfalfa y la muralla con puestos de vigilancia. A la derecha, la muralla formaba una esquina donde habían sembrado maíz; unos pájaros negros y grandes, tal vez cuervos, se posaban sobre las cañas secas. Me acosté con la cabeza hacia la puerta, vi el cielo recortado en la ventana y me acordé de Wilde: "Ese cuadrito azul que es el cielo de los presos". Por primera vez en mucho tiempo, lloré. Después me acosté siempre con los pies hacia la puerta.

• Luis González de Alba, del CNH

Un día, en el Campo Militar, me despertaron como a las diez de la mañana los sonidos –ya conocidos– que las rejillas de las celdas producen al abrirse. Alguien pasaba celda por celda examinando compañeros a través de los pequeños hoyos que tenían en cada una de las puertas. Creo que les llaman mirillas. Sucio, con el pelo largo, sin lentes, muy delgado, había logrado pasar por todas las identificaciones sin que me reconocieran. Yo había dado todos mis datos falsos y ni tan siquiera me habían molestado después de la primera noche. Sólo alguien que me conociera más o menos bien podría reconocerme. Llegó mi turno y la rejilla de la celda se abrió; me ordenaron ponerme de pie y así lo hice. Pasaron unos cuantos segundos y detrás de la puerta alguien me dijo que diera unos pasos hacia atrás; otro pequeño lapso y otra orden: junto a la pared. En un susurro alguien dijo afuera: "Celda 13, CNH" con una voz que creí reconocer y mirándome con unos ojos que me eran familiares, aunque la falta de mis anteojos me restaba una gran visibilidad. Sin embargo no pude recordar de quién era la voz ni los ojos intuidos a través de las rejillas.

Me senté nuevamente en la litera metálica. Allí estaba cuando escuché insistentemente mi apellido: "Valle, Valle, Valle, Valle". Era el compañero de la celda de enfrente; me levanté y a través de la hoja de lámina le pregunté: "¿Qué quieres?" Me dijo que con el dedo empujara la placa de lámina que tapaba la rejilla, ya que estaba sin seguro y la podría abrir. Empujé con el dedo la placa y, a través de mi rejilla, el espacio del pasillo y su rejilla le pregunté qué era lo que quería. Me preguntó:

—¿Sabes quién es el que te identificó?

—No.

Mi compañero respondió una sola palabra:

—Sócrates.

No era necesario que dijera más y los dos cerramos la rejilla. El primer día que llegué a Lecumberri, a la hora del rancho de la tarde, vi a Sócrates Campos Lemus. Con sólo verlo me encendí y me le fui encima. Guevara me detuvo y me convenció de que me calmara; no era el momento de darle mayores armas al gobierno con un escándalo entre los detenidos. Ya habría tiempo de aclarar todas las cosas. Comprendí que tenía razón. Pero sigo pensando que Sócrates tendrá que pagar sus crímenes algún día y quienes se los van a cobrar serán los estudiantes que traicionó desde el día 2 de octubre de 1968.

> • Eduardo Valle Espinoza, *Búho*, del CNH

Cuentan que a un muchachito apodado *El Pirata* —siempre muy chiveado él, muy corto— cuando los agentes le preguntaron por Sócrates, que qué hacía Sócrates, contestó todo cabizbajo:

—Yo no sé lo que hacía; ando muy mal en historia.

> • Salvador Martínez della Rocca, *Pino*, del Comité de Lucha de la Facultad de Ciencias de la UNAM

Yo soy de la sierra de Hidalgo, de Zacualtipán, y mi papá es maestro. Se llama Homero. Desde abuelos y tíos viene esa costumbre de los nombres griegos. Por eso a mí me pusieron Sócrates.

> • Sócrates Amado Campos Lemus, de la Escuela de Economía del IPN, delegado ante el CNH, preso en Lecumberri

A mí ya no me importa nada, a mí que me lleve el diablo.

> • Jesús Valle Baqueiro, de la Escuela de Odontología de la UNAM

Yo ¿Yago? Yo ¿Judas? Yo ¿de la CIA? Yo ¿agente del gobierno? Yo ¿delator? Yo ¿traidor? Lo que pasa es que como una serie de gentes no tienen la suficiente madurez para denunciar al verdadero culpable: *el gobierno, el sistema,* escogen a un chivo expiatorio entre los mismos estudiantes. Es mucho más fácil atacar a una persona, andar con que "yo no fui, tú fuiste... no, fue él... El de más allá cantó, lo sé de oídas, no lo vi pero me lo contaron, aquél propuso... Éste se rajó, no aguantó, no aguantó ni tres minutos, no que no fui yo, fue Teté", y demás actitudes infantiles, que analizar profundamente qué fue nuestro Movimiento, a dónde íbamos, en qué fallamos. En vez de esto, se fomentan divisiones estúpidas, grupitos que jamás van a llegar a nada, conflictos entre el PC, los maoístas, los trotskos, los espartacos: odios. ¿Sabía usted que en la misma crujía M cada uno tiene su cocina por separado y no se hablan sino que se detractan, se calumnian, se aíslan? Hasta en las vecindades el ambiente es más solidario... Estas gentes dicen que yo delaté, que yo "marqué" en el Campo Militar número 1, que yo estaba ligado al gobierno... Mire, cuando se vino el Movimiento Estudiantil yo ya tenía muchos años de militancia y de prestigio entre los estudiantes. Yo era una de las cabezas más visibles del CNH. Hablé en casi todas las manifestaciones. En Tlatelolco cuando empezó la balacera yo fui el que trató de detener a la gente; agarré el micrófono y grité: "¡No corran, cálmense!" De esto hay cientos de testigos... A mí me esposaron inmediatamente: "Tú eres Sócrates". A partir de ese momento se corrió la voz de que yo andaba reconociendo a mis compañeros en Tlatelolco, en el Campo Militar número 1. En efecto me pusieron enfrente a muchos compañeros. Los agentes me preguntaban:

—¿Quién es éste?

—No sé.

Se lo puede confirmar a usted Federico Emery. Cuando lo vi les dije a los agentes:

—No sé, no sé, no, no, éste no es, el otro tenía bigote y era más bajito...

No había manera de quedarse callado, el silencio también puede ser una denuncia; había que tantearlos, ganar tiempo. Yo trataba de torearlos, respondía: "Pues no sé, no me acuerdo... Usaba lentes... Tenía barba... Era güero..." En el Campo Militar estaban más de sesenta compañeros del CNH. Si yo los marco, se quedan los sesenta. No marqué a ninguno. Ahora ¿por qué me llevaban los agentes a hacer esto? Obviamente, porque como era uno de los líderes más visibles del CNH, conocía a todos los que andaban en el Movimiento. ¿Sabía usted que me agarraron en Tlatelolco antes que a ningún otro dirigente del CNH?

Yo tenía más de doscientas cincuenta direcciones de muchachos cuando tomaron CU porque nosotros pensamos que si tomaban el Poli, teníamos que seguir coordinados para poder trabajar. Si los hubiera delatado, estuvieran aquí todos los miembros del CNH y no gente inocente, y por gente inocente me refiero a la base; a muchos que eran simplemente activistas y se dedicaron a "volantear", y no gente que como nosotros actuamos y tuvimos responsabilidades en la dirección política del Movimiento.

> • Sócrates Amado Campos Lemus, delegado de la Escuela de
> Economía del IPN ante el CNH

Yo no me atrevería a juzgar a un muchacho a quien han torturado.

> • Roberta Avendaño, *Tita*, delegada de la Facultad
> de Leyes ante el CNH

Yo no sé lo que haría en su lugar... No puedo ni pensarlo. No aguanto el dolor físico.

> • Clementina Díaz Solórzano, de la Facultad de
> Filosofía y Letras de la UNAM

¡Basta ya de porquería!

> • Alfredo Valdés Macías, de la ESIME del IPN

Veamos eso de las delaciones. ¿Usted cree que no hubo muchos que "cantaron"? Usted cree que un muchacho que jamás ha pasado por una situación semejante, loco de terror por todo lo que ha visto, presa de un nerviosismo incontrolable, expuesto a una tensión constante, sujeto a torturas, a amenazas no sólo a él sino a su familia, ¿usted cree que no "canta"? ¿Lo considera usted un coyón, un asco, un delator? ¡Hombre! Es una víctima de las circunstancias. ¡Por favor que no jueguen a los héroes quienes no lo son!

> • Sócrates Amado Campos Lemus, delegado de la
> Escuela de Economía del IPN ante el CNH

Sólo anécdotas, esto es lo que relatan todos. "Yo estaba en casa de Antonio cuando..." "A mí me agarró en la torre de Ciencias..." "Salí destapado y vi al ejército..." Pero nadie es capaz de emitir una idea. ¿Por qué estaban luchando? ¿Qué querían? ¿Destruir? ¿Insultar? ¿Darse en la madre? ¿Fregarse?... Pues la regaron bien y bonito...

> • Beatriz Urbina Gómez, de la ESIQIE del IPN

¿Tlatelolco? Pero si siempre ha sido un moridero...

> • Francisca Ávila de Contreras, de ochenta años, habitante de la calle de Neptuno cerca del Puente de Nonoalco-Tlatelolco

Cuentan que los antepasados, los antiguos, hicieron allí una gran matanza, allí en el mero Tlatelolco, regaron harta sangre, por eso es un lugar maldito... Cuentan que fueron los aztecas pero vaya usted a saber cuál es la mera verdad... Durante muchos años nadie se quiso ir a vivir allá...

> • Elisa Pérez López, "pedestal" en el templo espiritualista del Mediodía

Me fui a Taxco, Guerrero, a pasar la Navidad con mi madre. Somos siete hermanos; yo soy la menor, mi papá murió cuando yo tenía catorce años. Mi mamá no me viene a ver porque tengo una hermana que está enferma y no la puede dejar sola. Desde que estoy presa, la he visto una vez, el 10 de mayo pasado que vino a México.

Regresé al D. F. el día 1o. de enero y el 2 me fui a la UNAM porque como me habían soltado pensé que ya no me detendrían. Fui a la Facultad, allí busqué a *Tita* y no la encontré y le dije a un amigo: Antonio Pérez Sánchez, *El Che*, que participó muy poco en el Movimiento y contra quien no había orden de aprehensión, que me diera un aventón al departamento de Coyoacán, no al de la SCOP, donde viví con mis amigos el doctor y su esposa... Estábamos viendo un ajedrez que mi mamá me regaló –porque mi mamá se dedica a la platería–, cuando oímos que alguien abría la puerta con llave. Yo pensé que eran o Mirna o *Tita*, una de mis dos amigas, las únicas dos que tenían llave, pero entraron ocho tipos armados apuntándonos: "¡Arriba las manos!" Inmediatamente uno de ellos les ordenó a los demás: "¡Cateen este departamento; que no quede un rincón sin revisar!" A mi amigo *El Che* lo estaban confundiendo con Escudero. Agarraron libros de Marx, Prensas Latinas, boletines de la URSS y todo lo que creyeron era propaganda subversiva. Nos subieron a un coche, nos vendaron los ojos. A mí me vendaron primero que a él y después él me contó que uno de los agentes me preguntaba: "¿Qué ves? ¿Cara o cruz?" y me apuntaban con la pistola. No sé por qué lo harían, creo que porque son sádicos estos tipos. "Ahora, a ver, pongan su V de la Victoria." "¿Qué pasó? ¿No se van a sus guerrillas?" Hicimos un recorrido de más o menos una hora tirados en el suelo del carro y nunca supimos a dónde estaba la casa, por encontrarnos vendados. Allí nos tuvieron en el suelo tirados y como a las tres de la mañana nos retrataron de frente, de perfil, de tres cuartos, etcétera. Estábamos totalmente deslumbrados por los flashes. Ya al otro día nos comenzaron a interrogar; que quién nos daba el dinero, las armas, etcétera.

—¿Que a usted le dio Madrazo cincuenta mil pesos?

Y me enseñaban un comprobante que según ellos yo había firmado. ¡Ah!, cuando me secuestraron en mi casa encontraron un casco de la Fuerza Aérea Mexicana que me había regalado un capitán paracaidista, porque en el año de 63, yo fui paracaidista del Socorro Alpino con un grupo de muchachas. Entonces me decían: "El casco que encontramos es de un capitán que ustedes mataron" y que como yo era de Guerrero tenía que tener nexos con Genaro Vázquez Rojas, y yo no tengo ni el honor de conocerlo ni como simple paisano. Al otro día, al *Che* y a mí nos llevaron a otra casa y allí nos encontramos a *Tita* que habían secuestrado también la noche anterior del 2 de enero de 1969. Allí permanecimos creo que seis días en un cuarto sin movernos, vigiladas por agentes que se turnaban constantemente y cuando nos sacaban al baño nos ponían unas capuchas para que no pudiéramos ver nada. Eso sí nos dieron muy bien de comer, y como al sexto día llegó otro detenido y nos enteramos más tarde que era Rodolfo Echeverría.

De esa casa nos trasladaron vendadas en una camioneta y en el trayecto nos decían: "¡Ya se van a ir libres, muchachas, no se preocupen; las vamos a dejar en un parquecito!", y yo les decía y les decía: "Lo único que me importa es que le avisen a mi mamá, por favor". Detuvieron la camioneta y nos dijeron a *Tita* y a mí: "¡Quítense la venda!" y al quitárnosla, efectivamente vimos un parquecito, el parquecito que está frente a Lecumberri. Allí en el Turno de Mujeres estuvimos cuatro días y al quinto nos trasladaron —el 15 de enero— a la Cárcel de Mujeres. Ya aquí se nos dictó el auto de formal prisión, que es otra violación a la Constitución porque el término constitucional es de setenta y dos horas, y nosotras ya estábamos en una cárcel donde sólo vienen las que están bien presas y así nos lo ponen en la boleta cuando llegamos: BIEN PRESAS.

• Ana Ignacia Rodríguez, *Nacha*, del Comité de Lucha de la Facultad de Leyes

¿Había línea dura en el CNH? Sí, dura contra la transa, la demagogia, la grilla, contra las pláticas de recámara, la politiquería del gobierno, los regaños paternales de Díaz Ordaz, contra la política represiva del régimen, contra todo esto: duro y seguido. Y también duro con la movilización, con el principio del diálogo público, con el pliego petitorio, y, más tarde, contra la claudicación y la traición de Marcelino y demás dirigentes. Duro contra quienes auspiciaron y apoyaron la política derrotista del Consejo después del 2 de octubre, contra quienes permitieron que las pláticas con Caso y De la Vega se siguieran celebrando cuando ya no tenían ningún sentido y sólo eran parte de la demagogia del régimen; duro contra los que fueron –los veintiuno del Consejo– a que el procurador los regañara y les explicara cómo habían estado las cosas (y todavía le dieran las gracias por su valiosa orientación), prestándose al chantaje.

También contra éstos, duro y de continuo. Si a esto le llaman línea dura, claro que había línea dura. Pero si lo que quieren es dar a entender un enfrentamiento armado, eso no. No había armas en el Consejo, nadie esperaba la insurrección armada ni la rebelión. Aquí ya no había línea dura. Cuando el provocador Áyax Segura Garrido propuso que el Consejo tomara algunos rasgos de militarización, fue repudiado y se hizo inmediatamente sospechoso a ojos de todo mundo, sin excepción. Éste es un pequeño detalle del ambiente que privaba en el CNH.

Nuestras armas eran la Constitución, nuestras ideas, nuestras movilizaciones legales y pacíficas, nuestros volantes y nuestros periódicos. ¿Que todas estas armas eran duras? Claro que lo eran. En este país todo lo que signifique movilización espontánea del pueblo y los estudiantes, organización popular independiente y crítica real al despótico gobierno que padecemos, es duro. Ésta era la línea dura del CNH y hoy, esencialmente, sigue siendo válida la línea dura.

• Eduardo Valle Espinoza, *Búho*, del CNH

Escucha
el rumor   escucha
las cadenas que lleva el torrente
        oye, mira
el terror cabalga en aras de bayoneta
        Acércate amor mío, no temas, ya pasará
Nos cubrieron con lazos de dolor
nos robaron el lenguaje de los astros
        No temas ya llegará la aurora
En la negritud se volcó la imagen
nos rompieron los cráneos
y mis cabellos bañan la simiente
        Estréchate ya pasará el frío
Se crecieron las negras raíces
Serpiente verdesmeralda
formada de cristal de gritos
Nos negaron el silencio
y nos acogotaron con sus voces
        Ya pasará amor mío no temas

> • Eduardo Santos, de la Facultad de Comercio de la UNAM,
> *Revista de la Universidad*, vol. XXIII, n. 1,
> septiembre de 1968

Con Áyax también tuvimos problemas. Como a los tres días de declarada la huelga en la ESIME llegó a una asamblea matutina, se presentó como instructor de talleres o de educación física de la Vocacional 7 –no recuerdo bien lo que dijo que hacía– y nos dijo que tenía mucha experiencia en esas cosas de huelgas, que como maestro del Instituto quería ayudarnos. Nos propuso que formáramos un grupo de choque; "sería como el departamento de defensa de su Comité de Huelga".

–Ustedes díganme quiénes quieren formar parte de este cuerpo de choque y yo los entreno. Seguramente dentro de poco tratarán de golpearlos, de agredirlos y deben estar preparados. La política de ustedes debe ser la ley del Talión: ojo por ojo diente por diente. Si te pegan, pega, si te matan, mata... –Ése fue su consejo. Lo corrimos del auditorio y la asamblea le prohibió volver por ahí. No volví a saber de él sino en el Campo Militar número 1 cuando me informaron que Áyax me acusaba de querer organizar grupos de choque.

> • Félix Lucio Hernández Gamundi, del CNH

Algunas noches, cuando me duermo, siento como que un muro de bayonetas se va estrechando alrededor de la litera.

• Florencio López Osuna, del CNH

Yo trabajo en el rastro; bueno, trabajaba; vendía vísceras, tripas y esas cosas en un mercado. Sé destazar y todo... Se me ocurrió ir a ver cómo se quemaba un tranvía y me paré a bobear... Por eso estoy aquí, de veras, por eso. Hoy me doy cuenta que es muy alto el precio de mi curiosidad por detenerme en las calles de Estaño e Inguarán a ver quemarse el tranvía, porque nunca imaginé que ese solo hecho fuese suficiente para que se me acusara de haber cometido tantos delitos. En la Jefatura de Policía a donde me llevaron me golpearon hasta que se les hizo bueno. Hasta me amenazaron de muerte para que aceptara haber participado en el Movimiento Estudiantil, para que aceptara haber agredido a los agentes de la autoridad. Nada de esto es cierto; en cambio sí es verdad que fui incomunicado durante ocho días, que no me dejaron ver a mis familiares y que ni siquiera sé qué cosa es un defensor. Sí, firmé una declaración, a base de golpes y amenazas. Era una declaración prefabricada en la que reconocía haber cometido hechos a los que soy ajeno. Cuando me llevaron a "ratificarla", no tuve cerca de mí abogado alguno... Hasta ahora sé cuáles son mis derechos porque me han quitado la venda de los ojos mis compañeros de la crujía, pero ni siquiera sabía lo que era un defensor de oficio, una diligencia, un interrogatorio. *Nunca entendí lo que me dijeron en la diligencia* por mi total desconocimiento de lo que se me decía, puesto que es un lenguaje técnico que desconozco. Yo soy un hombre ignorante. Ahora, en la crujía me han ayudado a escribirles a los señores magistrados del tribunal, pero solo jamás hubiera podido hacerlo. Lo único que puedo afirmar es que me hicieron ratificar una declaración falsa e ilegal obtenida a base de violencia. Así como el mío *hay quince casos de inocentes presos* por el Movimiento Estudiantil; quince aquí en la crujía C, y dos, o quizá más en la crujía M, donde están los churreros Félix Rodríguez y Alfredo Rodríguez Flores, obreros de la Churrería de México que agarraron el 23 de septiembre en Zacatenco, el día del Casco de Santo Tomás, nomás porque iban pasando... Así como yo, ya tienen dos años sin juicio, sin sentencia, y sin tener nada que ver con el Movimiento.

• Manuel Rodríguez Navarro, trabajador, preso en Lecumberri

Hechos que serían graves en una sociedad civilizada, nosotros los miramos con indiferencia y hasta como normales. No hay barras, sindicatos o colegios de abogados que discutan el asunto. Tal vez sus miembros sean empleados de bancos, burócratas o litigantes que temen sufrir represalias en su ejercicio profesional.

• Manuel Moreno Sánchez, "Complejo antijuvenil, novelas, crímenes y errores", *Excélsior*, 5 de mayo de 1969

El día 2 de octubre de 1968 salí de mi trabajo a las 5:30 horas pm junto con mi ayudante, pues ejerzo el oficio de tornero mecánico, y me dirigí a mi domicilio situado en Estaño 15 colonia Maza, zona postal 2, donde tomé mis alimentos como a las seis de la tarde. Estaba comiendo cuando escuché ruido como de cohetes (luego supe que se trataba de armas de fuego) y que provenía de la Unidad Tlatelolco.

Salí a la calle para saber lo que ocurría y desde la calzada de la Villa me di cuenta que el ejército tenía rodeada la Unidad y que los soldados iban armados con ametralladoras y fusiles y que había tanques. En mi trayecto crucé por la calle de Manuel González, donde los soldados detenían a todos los transeúntes, sin ningún motivo, solamente por su apariencia de jóvenes. Me preguntaron: "¿Qué cosa haces tú aquí?", y me pidieron mi documentación. Como yo no llevaba ninguna, con ese pretexto me detuvieron y presentaron con un oficial que me preguntó: "¿A qué te dedicas?" Yo le dije que era trabajador.

—La madre, éste es estudiante, fórmelo ahí.

Me colocaron contra un auto negro, recargado con las manos y los pies abiertos. Ahí me esculcaron y me golpearon sin ningún motivo. Como ve usted, fui detenido sin mediar más elemento en mi contra que haber pasado por las cercanías del lugar de Tlatelolco y porque les pareció a los militares que yo tenía aspecto de estudiante. Así fue como se inició toda la serie de hechos que me tienen todavía en prisión.

Terminado el registro, los soldados nos llevaron a los jóvenes detenidos al pie de un camión del ejército, donde nos hicieron quitarnos los zapatos. Una vez descalzos nos formaron recargados con las manos contra el camión y abiertos los pies y empezaron a golpearnos con el canto de la mano, a pisarnos los pies descalzos y a golpearnos en los testículos. Y nos cortaron el pelo.

Fuimos ultrajados por los militares, violando los derechos que nos asisten en este país. Yo creo que ni a los peores criminales se les trata de ese modo. Posteriormente llegó una camioneta pánel con granaderos y los soldados se formaron en dos hileras, de manera que nosotros los detenidos teníamos que pasar por en medio. Al ir pasando, los soldados nos daban. Yo recibí un culatazo en el costado izquierdo y un golpe con el cañón del fusil en el labio superior, que me abrió una herida. Fuimos metidos a la camioneta a empellones. En el trayecto fueron subidos más detenidos y nos hallábamos amontonados, casi asfixiados. Al llegar a la Jefatura de Policía nos llevaron al sótano y después nos condujeron al segundo o tercer piso. En el trayecto, un gran número de granaderos y agentes nos golpearon gritando: "¡Pinches estudiantes, hijos de su puta madre, por su culpa no hemos dormido durante una semana!", y nos golpearon a patadas, y también con sus cascos y sus macanas, mientras nos seguían insultando.

Rendimos nuestra declaración preparatoria ante el Ministerio Público. Yo firmé, pero quiero hacer constar que se dejó un espacio en blanco al final de la hoja, y cuando lo vi de nuevo, noté que se había falsificado mi documento. La falsificación consistió en poner un agregado en el que yo aceptaba haber estado en Tlatelolco, haber disparado una pistola Llama, calibre 38 y que vacié dos cargadores sobre las personas que asistieron al mitin de Tlatelolco y tiré la pistola a la Plaza.

—¡Señor magistrado, yo desearía saber qué castigo merecen las autoridades que falsifican unos documentos tan importantes como una declaración que compromete a una persona inocente y qué manera tengo de probar que todo eso es mentira!... Además, en la propia Jefatura de Policía, todos los detenidos fuimos fichados y sin más averiguaciones un agente dijo que me pusieran en la ficha: "Agitador comunista". También se nos hizo la prueba de la parafina... Llevo en Lecumberri dos años sin haber tenido la oportunidad de defenderme.

> • Antonio Morales Romero, tornero mecánico, preso
> en Lecumberri

Esto mismo sucedió con Servando Dávila Jiménez y con Alfonso Saúl Álvarez Mosqueda, también víctimas del poder judicial. Como lo dice muy bien Servando Dávila Jiménez: "Llenar las cárceles de jóvenes ciudadanos estudiantes y no estudiantes, dictándoles un auto de formal prisión sin base jurídica alguna, lanzándoles calumnias imaginadas por algún policía de segunda categoría, significa atentar gravemente contra el orden jurídico y social del país, independientemente de que no exime al régimen de la responsabilidad que tuvo en los hechos".

• Manuel Rodríguez Navarro, obrero, preso en la cárcel de Lecumberri

A cada instante, en la fría celda de la prisión militar donde me incomunicaron, volvía a mi memoria la imagen de aquel compañero muerto, a quien vi ser arrastrado escaleras abajo en el edificio Chihuahua. Su recuerdo, como el de otros muchos caídos en la lucha, lejos de atemorizarnos nos alienta a continuar luchando por la victoria. Ésta, como ya fue demostrado en las gloriosas jornadas del 68, pertenecerá en definitiva al pueblo, y como parte de él, a todos nosotros.

• Pablo Gómez, de la Escuela Nacional de Economía de la UNAM, de las Juventudes Comunistas

La cárcel política es una verdadera escuela de revolucionarios.

• Gilberto Guevara Niebla, del CNH

¿Qué pasa afuera? ¿Cómo están todos?

• Manuel Marcué Pardiñas, periodista, preso en Lecumberri

A mí me incomunicaron en la Prisión Militar. La celda de Sócrates quedaba frente a la mía. Nos sacaban de las celdas y nos interrogaban en un cuartito especial. Una noche escuché que regresaba Sócrates de un interrogatorio y lo traían dos oficiales. Uno caminaba al lado de Sócrates, y otro, por lo que pude oír, quedó un poco atrás. Le abrieron la puerta de su celda y en ese momento Sócrates le dijo al oficial que lo conducía:
—¡Ah, se me olvidaba, le di otra metralleta (no me acuerdo si dijo que a Cabeza de Vaca o a Peña)... Se me había olvidado decirlo...
El otro oficial desde el corredor donde se había quedado rezagado preguntó:
—¿Qué dice?

Encerraron a Sócrates en su celda y un oficial le dijo al otro:
—Bueno, pues vámonos.

- Pablo Gómez, de la Escuela Nacional de Economía de
la UNAM, de las Juventudes Comunistas

Hay un maestro, un gran economista, un *intelectual* que siempre se
la juega y se porta bien a la hora de la verdad: don Jesús Silva Her-
zog. El 9 de mayo de 1969, cuando le hicieron un homenaje por
sus cincuenta años de maestro, en un banquete en la hacienda de
Los Morales, lleno de discípulos y de maestros y de expertos en
economía, pero sobre todo lleno de personajes gubernamentales
(el ingeniero Norberto Aguirre Palancares asistió en representación del presidente de la República, Gustavo Díaz Ordaz), don Jesús se levantó de su asiento para agradecer el homenaje que se le
brindaba y en su breve discurso pidió la libertad de los maestros y
estudiantes presos.

- Manuel Marcué Pardiñas, periodista

Habíamos llegado a la crujía N unos dos meses antes, éramos unos
"fresas" como presos políticos; cantábamos mucho, no por nostal-
gia, tampoco por alegría, sólo por el gusto de hacerlo, creo que ésa
es una característica de un preso "fresa": cantar casi todas las noches
acompañado de una guitarra. Al parecer eso le da mucho "sabor
carcelario" a las noches en prisión. Nos encontrábamos permanentemente "acelerados" y es fácil entender el porqué: agosto y septiembre de 1968 fueron dos meses muy intensos para México; yo no
me sentía al margen de eso. Noticias y más noticias llegaban, volantes introducidos subrepticiamente a la cárcel en brassieres y zapatos
eran pasados de mano en mano produciendo exclamaciones de lo
más variado entre los presos políticos que ocupábamos en aquel entonces la crujía N. "Este pinche gobierno se va a chingar con nosotros..." "Vamos a mandarles una carta a estos cuates para que no se
mareen..." "Qué madriza le ponen aquí a Díaz Ordaz..."
No era para menos, la crujía N era un *tutti frutti* político: maoístas, trotskistas, guevaristas y la más reciente remesa: veintidós comunistas y cuatro sin partido. Cualquiera se da cuenta de que ésa
es una mezcla explosiva, pero sin embargo había un ambiente de
respeto y solidaridad entre nosotros. Fuimos recibidos con cariño
y amistad por Rico Galán, "los trotskos" y todos los presos políticos
anteriores a los del Movimiento, eso nunca lo podremos olvidar.

Una tarde encerraron en sus crujías a todos los presos comunes, toda la cárcel quedó en silencio y a la expectativa. Pronto supimos a qué se debía, se empezó a escuchar un rumor proveniente de la calle, poco a poco aumentaba de intensidad. "¡Vienen por nosotros!", gritó un compañero; sí, ahora lo escuchaba mejor; claramente oí: "Libertad presos políticos... *Libertad presos políticos...* ¡LIBERTAD PRESOS POLÍTICOS!" Sentí que se me ponía la cara como "carne de gallina", de pura desesperación apreté los puños y todos empezamos a gritar: "¡Goya... Goya... cachún cachún ra ra, cachún, cachún ra ra, Goooya... Universidad! ¡Goya... Goya... cachún cachún ra ra, cachún cachún ra ra... Goooya, Universidad!" Grité tan fuerte que me dolió la garganta, nos quedamos en silencio y a manera de respuesta claramente se escuchó desde la calle: "¡MUERA DÍAZ ORDAZ! ¡MUERA DÍAZ ORDAZ!" Sentí que necesitaba llorar de alegría y coraje, pero no lo hice por vergüenza ante mis compañeros. Me sentía parte de los que nos gritaban desde la libertad y toda la desesperación que me producían los muros y las rejas que me separaban de aquéllos a los que sentía profundamente míos salía por mi garganta en gritos de respuesta, era necesario que ellos también nos oyeran, que supieran que no por estar presos dejábamos de estar junto a ellos. Yo era –como ahora lo soy– parte de ellos, parte separada por las rejas, pero al fin y al cabo uno de ellos.

Los periódicos, los noticieros de radio y televisión y nuestros familiares, principalmente éstos, se convirtieron en nuestros canales de información. Recuerdo que había compañeros que eran verdaderos especialistas en noticieros, sabían en cualquier momento en qué estación se podía escuchar un boletín informativo. De esta manera, cuando aquel 13 de septiembre de 1968 todos queríamos estar al tanto de nuestra manifestación, no era necesario mantener durante una hora la radio en la "guapachosa y cosquilleante Radiooo AAAAAA... IIIIII... Canal Tropical": simplemente bastaba con presentarse a la celda de uno de estos diligentes camaradas para que con la sola presencia se activara un extraño mecanismo interno que hacía que nuestro hombre-agencia-noticiosa nos pusiese al tanto de todo lo relacionado con la manifestación. Creo que ni Díaz Ordaz estaba tan bien informado.

El 2 de octubre de 1968 no estaba de servicio en nuestra crujía el sargento Mares, un viejo buena gente que no nos encerraba a las diez de la noche como había ordenado el director del penal; consecuentemente nos "apandaron" (encerraron) cuando se dio el toque de silencio. Estábamos ya dormidos los cuatro presos que ocupábamos la celda número 3 cuando escuché: "De la Vega, señor De la Vega...", era una voz que trataba de pasar inadvertida para los demás, palabras dichas casi en secreto. Al sentarme en la litera oí que abrían la puerta y vi entrar a un celador:

—Oiga, señor De la Vega, ¿está despierto?

—Sí, dígame.

—Le vengo a avisar que están matando a muchos estudiantes en Tlatelolco.

—¿Qué?

—Que se armó la bronca en Tlatelolco y mataron a muchos estudiantes.

—¿Quién se lo dijo?

—Me enteré ahorita que venía a una suplencia; nomás no le vaya a decir a nadie que yo le vine a avisar, porque me corren.

—Muchas gracias, descuide.

Me quedé pensando que no valía la pena despertar a mis compañeros de celda para informarles de algo que a mí me parecía uno de tantos y tantos rumores que llegaban hasta nosotros; además, no podían matar a los muchachos en un mitin al cual todos iban pacíficamente, eso no podía ocurrir. Volví a dormirme.

A las siete de la mañana del 3 de octubre salí a formarme como todos los días; no bien salí de la celda cuando caí en un mar de confusión, eran todos los camaradas de la crujía que se comunicaban unos a otros lo que ya todos conocemos. Cuando me lo dijeron me sentí culpable por no haber creído a mi espontáneo informante, por no haber gritado en ese momento: ¡SALGAN, DESPIERTEN!

Y bien, así me enteré de lo que ocurrió en la Plaza de las Tres Culturas aquel 2 de octubre de 1968 a las seis de la tarde. Siento que después de esa fecha no soy el mismo de antes; no podría serlo.

• Eduardo de la Vega y de Ávila, miembro del Partido Comunista

Agarramos por el Periférico. Por las ventanillas de atrás vimos un poco del Bosque de Chapultepec. "Mira, estamos en Chapultepec", luego los focos de colores de la Montaña Rusa, el aviso en la primera cima para advertir que no saquen la cabeza, y abajo en la carretera los letreros indicativos que señalan la próxima desviación... Luego Palmas, Molino del Rey... "Mira bien la calle —me dijo Pablo en voz baja—, porque quién sabe cuando vuelvas a verla." Entramos al Viaducto congestionado por el tráfico de esa hora; las calles se hicieron más oscuras, más pobres. Pasamos un puente y nos detuvimos ante la puerta principal de Lecumberri.

• Luis González de Alba, del CNH

133

Las paredes de mi celda son planchas de fierro unidas con remaches.

• Eli de Gortari, filósofo, preso en Lecumberri

Al caer preso yo había sufrido un proceso terrible: ocho meses de huir, de esconderme, de vivir aislado, solo y mi alma, de no ver a mis amigos ni a mis seres queridos con la frecuencia necesaria para sentirme medianamente satisfecho en mi necesidad de dar y recibir afecto. No acepté salir del país porque entendía, entiendo, que mi lucha está aquí. Tenía prendas de dignidad en la prisión que no podía abandonar sin menoscabo de la mía. Así que decidí luchar por la liberación de todos mis compañeros presos y caí preso.

• Heberto Castillo, de la Coalición de Maestros, preso en Lecumberri

El día 3 de enero de 1969, a las 11 horas fui detenido en el interior de la Cárcel Preventiva, por un pelotón de la vigilancia sin que éste tuviese orden de aprehensión alguna. Me encontraba en ese penal en calidad de defensor del procesado Gerardo Unzueta Lorenzana. A las 13 horas del mismo día fui llevado al patio del penal, en donde me hicieron subir a un coche ocupado por unos desconocidos, los que resultaron ser agentes de la Dirección Federal de Seguridad. Me vendaron los ojos y me secuestraron llevándome a un hotel del cual desconozco ubicación y nombre.

En ese hotel fui amenazado, intimidado, insultado y golpeado por no aceptar declarar lo que dicha policía quería. Después de permanecer parte del día y la noche en ese hotel me trasladaron a una casa ubicada fuera de los límites de la ciudad de México. Me vendaron y tiraron en el piso del coche en que me transportaban. Ahí estuve cuatro días incomunicado y secuestrado con una vigilancia policiaca muy estrecha. A los cuatro días me llevaron a otra casa, en la misma forma que la vez anterior. Al día siguiente, es decir, el 8 de enero de 1969, me cambiaron de esta última casa a la Cárcel Preventiva del D. F. Está por demás decir que este último traslado lo hicieron en la misma forma que en las veces anteriores.

El 10 de enero fui declarado formalmente preso junto con otros compañeros, con Antonio Pérez Sánchez, Salvador Ruiz Villegas, Roberta Avendaño y Ana Ignacia Rodríguez, quienes sufrieron las mismas vejaciones cuando fueron detenidos y secuestrados. Se nos declaró formalmente presos y acusados de 10 delitos y sentenciados a 16 años de cárcel el pasado 12 de noviembre. Esto es en síntesis el episodio de una parte de mi vida como revolucionario.

• Rodolfo Echeverría Martínez, miembro del PC,
preso en Lecumberri

–¿Me pueden llevar al baño?

Me pusieron en la cabeza una como capucha (después vi que era una funda sucia) y a tientas y a tropezones me llevaron. En cuanto me sentí sola me quité la funda y la venda. Era un reducido, sucio y pobrete WC que no tenía ninguna ventana ni nada que me pudiera dar un indicio de dónde estaba. Me vi al espejo y me dije: "Ahora sí, ya te pescaron y te arruinaste *Titita*". Como el agente tocó en la puerta, me volví a colocar mi venda y mi funda y salí. El agente me llevó de nuevo a la primera habitación y otro agente me dijo:

–¿No quiere acostarse?

–No gracias.

–Ándile, hay un catre.

–Un catre –dije– ¡no me aguanta!

–Sí como no, mire tiéntelo.

Lo toqué y aunque no me pareció muy seguro me acosté. Empecé a oír que abrían paquetes y uno de ellos me dijo:

–¿No quiere una galletita?

–Bueno...

Y a tientas tomé una y me la comí debajo de la funda. Al poco rato otro me dijo:

–¿No quiere un café?

–No gracias.

–Ándele.

–Bueno, ya que insiste.

Me dijo:

–Párese y quítese la venda.

Me paré y me quité la venda, y así sin previo aviso y sin pose me tomaron fotos de perfil y de frente. Vi que mis cuidadores eran tres, uno joven como de 21 o 22 años, *El Güero*, hijo de un capitán de grupo, otro moreno, gordito y muy conocedor del ambiente universitario, en especial de Medicina, posiblemente antiguo jugador de "fut americano", y otro señor ya grande como de cincuenta años que guisaba rico, *El Capi*. Volví a tenderme en el catre, me dieron una cobija y a dormir se ha dicho hasta las nueve de la mañana que desperté.

• Roberta Avendaño Martínez, *Tita*, delegada de la
Facultad de Leyes ante el CNH

Uno empieza a saber lo que es un gobierno, se da cuenta de lo que es, cuando este gobierno lanza los tanques a la calle.

• Alfonso Salinas Moya, de la Escuela de Odontología de la UNAM

–¿Dices que el gobierno nos ayudará, profesor? ¿Tú conoces al gobierno?
–Les dije que sí.
–También nosotros lo conocemos. Da esa casualidad. De lo que no sabemos nada es de la madre del gobierno.
Yo les dije que era la Patria.

• Juan Rulfo, "Luvina", en *El llano en llamas*, Fondo de Cultura Económica

En la cárcel hemos conocido la solidaridad en su verdadera dimensión; estudiantes, maestros y distintas personas constantemente nos la manifiestan. Personalmente me siento orgulloso y agradecido de la actitud de mis compañeros de la Facultad de Ciencias. No han dejado un momento de manifestarnos su presencia en distintas formas. A lo largo de dos años creo que nunca me he sentido realmente "separado" de mis compañeros.

• Gilberto Guevara Niebla, del CNH

Leo mucho. Tomo apuntes. He leído, por ejemplo, el *México: riqueza y miseria*, de Alonso Aguilar y Fernando Carmona, y recogí unos datos pavorosos, que además se refieren al año de 1967... Si sólo fuera por esto, tendría sentido nuestra lucha, por estas cifras que ofrecen una imagen desgarradora de nuestro país. Mire: más de un millón de personas que sólo hablan dialectos indígenas; alrededor de 2 millones de campesinos sin tierra; más de 3 millones de niños de 6 a 14 años que no reciben ninguna educación; 4.6 millones de trabajadores que, entre 1948 y 1957, pretendieron internarse ilegalmente en los Estados Unidos; cerca de 5 millones de mexicanos que andan descalzos y aproximadamente 12.7 millones que en general no usan zapatos; más de 5 millones de familias cuyo ingreso mensual es inferior a mil pesos; alrededor de 4.3 millones de viviendas y 24 millones de personas que en ellas viven, que carecen del servicio de agua; más de 8 millones que no comen carne, pescado, leche o huevos; y más de 10 millones que no comen pan; casi 10 millones de trabajadores no agremiados; cerca de 11 millones de analfabetos. ¿Para qué más datos? Éstos bastan para darnos cuenta de qué pobres somos y cómo se necesita luchar.

- Ernesto Olvera, profesor de Matemáticas de la Preparatoria 1 de la UNAM

Estoy convencido de que el futuro de este país pertenece a los jóvenes de mi generación.

- Gilberto Guevara Niebla, del CNH

Culpar de manera contundente al gobierno mexicano es quizá nuestra tendencia más natural y fácil. Toda acción de mano dura que llega a los extremos resulta siempre condenable. Aun en el supuesto de que alguien sea culpable y merecedor de una reprimenda o de un severo castigo, nada justifica el convertirlo en mártir. El martirologio exculpa al más criminal. Convierte al acusado en acusador y al juez y al ejecutor en criminales.

- Fernando Madero Hernández, maestro de la Preparatoria 2 de la UNAM

¿En dónde están ahora los 21 del Consejo Universitario que resolvieron apoyar el pliego petitorio estudiantil, los que estimularon a los jóvenes, los respaldaron buscando más bien su popularidad personal, los que los obligaron en cierta forma a jugar al héroe? ¿No están acomodadísimos en el régimen, en ese mismo régimen que criticaban y que ayudaban a los muchachos a impugnar? ¿Acaso no salieron agradecidos del despacho del procurador del Distrito porque él los orientó y les ayudó a interpretar adecuadamente los sucesos de 1968? Según los 21, las sabias palabras del procurador coadyuvaban a encauzar a la juventud universitaria.

- Nicolás Hernández Toro, de la Facultad de Ingeniería de la UNAM

El licenciado Carlos Piñera renunció ayer al puesto de subdirector de la penitenciaría de Santa Marta Acatitla, que desempeñó durante año y medio.

El licenciado Piñera fue designado director general de la Oficina de Relaciones Públicas de la Universidad Nacional Autónoma de México.

> • *Excélsior*, "Nuevo director de Relaciones en la Universidad", sábado 9 de noviembre de 1968

¿Es culpable la clase intelectual de todo lo ocurrido? En el fondo sí es culpable, del mismo modo que fueron culpables los pensadores y los intelectuales de la Independencia, de la Reforma y de la Revolución de 1910. Ellos son los que piensan, los que se informan, los que enseñan, los que transmiten las ideas filosóficas, los conocimientos y las corrientes del pensamiento contemporáneo. La lucha de todos los intelectuales del mundo actual contra la desigualdad, la injusticia, la rigidez de los sistemas autoritarios, la enajenación del hombre.

> • Fernando Benítez, José Emilio Pacheco, Carlos Monsiváis, Vicente Rojo, editorial de "La Cultura en México", n. 350, para el 30 de octubre de 1968, *Siempre!*

He venido a ver a los presos políticos y seguiré viniendo cuantas veces me dejen entrar. ¿Me estoy enfrentando al gobierno, pregunta usted? Si alguien me dice y me comprueba que estoy cometiendo algún delito, seré el primero en reconocerlo pero nunca he sabido que sea delito visitar presos, hombres privados de su libertad y sometidos a humillaciones, vejaciones y sufrimientos... Dije una misa el 2 de octubre por los muertos de Tlatelolco, en Cuernavaca, y pedí que el 12 de diciembre, día de la Virgen de Guadalupe, se leyera una homilía que le envié a todos los párrocos hablando sobre el acontecimiento nacional de la injusticia y falta de comprensión que se comete para con los presos que estuvieron involucrados en los sucesos del conflicto estudiantil del año pasado.

No ha habido resolución del caso hasta ahora y desde antes de ayer noventa presos están en huelga de hambre.

Solidaricémonos, hermanos, como cristianos, ante el sufrimiento y desesperanza de nuestros hermanos: los presos mismos, sus padres, sus familiares y sus compañeros.

Tomemos conciencia de nuestra común responsabilidad en la

promoción o en la decadencia del bien común. Todos somos responsables, en efecto, y no podemos permanecer indiferentes y excusarnos ante el sinnúmero de abusos en la administración de la justicia, abusos que se hacen más notorios cuando se trata de los débiles y marginados económica, social o políticamente.

Tales abusos han engendrado y engendran muchas inconformidades, particularmente entre los jóvenes.

> • Conversación con el doctor Sergio Méndez Arceo, obispo de Cuernavaca, frente a la cárcel de Lecumberri, en diciembre de 1969, reproducida en *Siempre!*, n. 863, para enero 7 de 1970

Le escribí a José Revueltas pidiéndole los nombres de los presos políticos para que los párrocos rueguen por ellos. Por lo menos, esto sirve para crear conciencia, una conciencia nacional.

> • Doctor Sergio Méndez Arceo, obispo de Cuernavaca

Puedo declararles a ustedes que en toda mi actuación me ha movido el convencimiento de que no puedo abandonar a mis hermanos los hombres sin dar un signo válido de que el cristiano en cuanto tal debe condenar cualquier forma de injusticia, *particularmente cuando la injusticia se hace institución*, y se impone aun a los mismos hombres que la cometen. Llevamos años de tolerar muchas injusticias en nombre del mantenimiento del orden, de la paz interior, del prestigio exterior.

> • Doctor Sergio Méndez Arceo, "Mensaje de Navidad, 1969", trasmitido por radio desde Cuernavaca

Cuando me aprehendieron yo ya tenía dos meses de estar trabajando en la Escuela Felipe Rivera –que está sobre avenida Central casi esquina con Vértiz– y fue allí donde me agarraron el 2 de enero de 1969 a las dieciocho horas. Al llegar a la esquina en compañía de un alumno me sentí tomada con fuerza por un brazo e inmediatamente lanzada al interior de un carro azul plúmbago donde ya me esperaban otros cuatro tipos jóvenes y con apariencia regular (lástima de juventud sin ideales), uno me apuntaba con una pistola y el otro tenía preparada la cacha de la pistola. Me imagino que pensaban que iba a oponer resistencia; yo les dije que no pero que soltaran a mi alumno porque también a él trataban de subirlo al carro; lo soltaron y arrancamos luego luego. Me vendaron los ojos y aunque traté de imaginar por dónde íbamos, no pude saberlo. En un momento dado pararon el carro y se bajó el agente que llevaba yo a la izquierda y en su lugar subió otro tipo al que le dije: "¿Conque Guerlain, no?", porque me olió a ese perfume; él me contestó que no me hiciera la pendeja y que cooperara ya que así me iría mejor. Ya antes los otros agentes me habían dicho: "Ya ves, fue tu amiga Nacha, la que nos dijo dónde estabas".

–¿Ah sí? –contesté–, qué raro porque hace un mes que ella está en Taxco.

Este tipo volvió a insistir en que era ella la que me había denunciado y que dónde estaba.

–Puesto que ella me denunció, ustedes deben de saber.

–¿Y dónde está el carro del Rojo? (Otro delegado del CNH.)

–No sé.

–Como no, si aquí traes la llave...

En efecto era la llave pero yo ya no traía el carro, el Rojo tenía otra llave.

–¿Dónde vive el Rojo?

–Pues no sé, creo que cerca de la UNAM.

–¿Dónde está Barragán? (Otro representante al CNH de mi facultad.)

–No sé.

–¿Y Cecilia Soto?

–No sé.

–Coopera y te irá bien.

–Pues creo que se fue a Cuernavaca pero no estoy segura.

Así por el estilo, sin golpearme pero con algunas palabras altisonantes. Me siguió interrogando un rato hasta que se bajó y uno de los agentes que estaba adelante se empezó a burlar. "Pon tu V de la Victoria ahora, a ver." Yo le respondí: "¡Qué fácil es burlarse de la gente cuando no puede defenderse! ¿Verdad?" Se calló. Al poco rato subió otro agente y arrancó otra vez el carro. Por cierto que habíamos estado parados en la calle pues yo oía el ruido del tráfico y recuerdo que me conservé muy erguida en el asiento pensando que quizá alguien me vería y por lo tanto, me ayudaría. Al arrancar, rayaron con la salpicadera a otro carro que seguramente estaba estacionado, cosa que les pareció muy graciosa y se rieron a carcajadas.

Ya para entonces había yo tomado conciencia de mi situación y sentía un pequeño dolor o punzada o qué sé yo en la boca del estómago, pienso que era miedo; sin embargo, creo que mi comportamiento siguió siendo normal. Pedí un cigarro y fumé, despacio, repitiéndome mentalmente: "Calma, no pueden hacerte nada", y hasta les pregunté de broma si tiraba la ceniza en el cenicero grande o sea el suelo o alguno me la tiraba por la ventanilla.

> • Roberta Avendaño Martínez, *Tita*, delegada de la
> Facultad de Leyes ante el CNH

Di por qué, dime Gustavo
di por qué, eres cobarde,
di por qué no tienes madre.
Dime Gustavo por qué.

> • Canción estudiantil en la manifestación del 27 de agosto,
> basada en un comercial difundido por radio y televisión

No es cierto que quisiéramos volar los tableros del Estadio Olímpico o sabotear las Olimpiadas. En primer lugar, ¿con qué lo hubiéramos hecho? ¿Con bombas molotov?

> • Enrique Hernández Alatriste, de la Facultad de
> Odontología de la UNAM

¿Cuál es el sentido de Tlatelolco? ¿A dónde nos llevó nuestro Movimiento? ¿Estamos mejor o peor que antes? Estas interrogantes podré contestárselas dentro de cinco años.

> • Alejandro López Ochoa, de la Facultad de
> Ingeniería de la UNAM

Claro que había cuates que decían que había que aprovechar las Olimpiadas, la cantidad de público, para exponer nuestros problemas, y claro que nosotros teníamos conciencia de ser la nota disidente, la mancha que estropea la imagen, como cuando el presidente va a un pueblo y entre las mantas de "Bienvenido" y "Muchas Gracias" aparece una que dice: "No tenemos agua, no tenemos luz". Nosotros éramos la voz discordante dentro del coro de los elogios pero de allí a querer sabotearlo todo, ¡hay un largo trecho! ¡Y de allí a lograrlo hay otro más aún! Es más, dentro del montón de chavos –porque había unos cuantos entendidos pero los demás no eran sino montoneros–, la desunión y la inconsciencia llegó a tal grado que después del 2 de octubre hubo muchos cuates, mucha raza, que si no asistió a los Juegos cuando menos los vio por televisión. ¡Y esto a mí me revuelve el estómago! Pensar que podían ver los actos sobre el cadáver de los compañeros muertos y sobre los miles de desaparecidos que sabíamos encarcelados pero de los que no teníamos seguridad. ¡Y allí estaban los tarados aplaudiéndole al sargento Pedraza! ¡Qué aguante el de la raza!

• Vicente Saldaña Flores, de la ESIME del IPN

¿Cómo es posible que el gobierno considerara un "gravísimo peligro" a un puñado de muchachos y muchachas? Resulta ridículo sobre todo si se sabe que el gobierno cuenta con un aparato de represión poderosísimo y ejerce un control casi absoluto sobre los medios de información ¿Qué peligro, qué "gravísimo peligro" no puede controlar el gobierno actual? Yo creo que el único que no puede controlar es el de su propia conciencia, porque si los miembros del gobierno tuvieran la razón y gobernaran como se debe no le temerían a nada ni necesitarían escudarse en la fuerza ni en la injusticia para sostenerse... Además gran parte de la población es pasiva, entonces, ¿qué? ¿Qué se traen? Llevan todas las de ganar.

• Ernestina Rojo González, de la Facultad de Leyes de la UNAM

El que detenta el poder está siempre obligado a ser el más generoso.

• José Ignacio Barraza, de la Facultad de Leyes de la UNAM

Si el Movimiento Estudiantil logró desnudar a la Revolución, demostrar que era una vieja prostituta inmunda y corrupta, ya con eso se justifica...

• Esteban Sánchez Fernández, padre de familia

Nosotros no tuvimos nexos con el Movimiento Estudiantil más que la publicación de apoyo que hizo el sindicato de El Ánfora al Movimiento. Los dos: Armando y yo somos maestros pero de secundaria y fuimos del Movimiento de Liberación Nacional donde estuvieron desde Lázaro Cárdenas hasta González Pedrero –creo que todos los intelecuales de izquierda de México estaban allí–, pero siempre pertenecimos a la base, nunca a los puestos directivos, hasta que todos lo abandonaron cuando la OLAS y entonces nos quedamos y trabajamos porque consideramos que su orientación era nacionalista y sus postulados eran correctos. En ese momento no aprehendieron a nadie. Esperaron hasta 1968 para aprehendernos a nosotros...

• Lic. Adela Salazar Carbajal, litigante en asuntos obreros

Me han acusado de ser agente del gobierno... Mira, una vez se atacó duramente a uno de mis compañeros, representante también de la Facultad de Leyes ante el CNH y que pertenecía además al Partido Comunista, por haber votado dentro del CNH en un sentido distinto al sentir de la asamblea, pero como al exaltarse los ánimos en vez de hacer una referencia en particular se decía "los representantes", yo, muy ofendida, interrumpí la discusión diciéndoles que no pensaran que era muy bonito el ser representante, ni que creyeran que me sentía feliz viviendo como nómada y sin dinero, en fin, renuncié, pero la asamblea entera se volcó a gritos: "¡No es en contra de ti Tita! ¡No es en contra tuya, Tita, no queremos que renuncies! ¡Tita, Tita, Tita, Tita!" Y no me dejaron salir, así que continué muy satisfecha pero con algo de coraje... Ahora después de dos años en la cárcel, de una condena de dieciséis años, todavía se me pregunta si soy agente... Yo también podría preguntar si es posible tener la desfachatez de acusarme... Aquí donde estoy hay muchos testigos que pueden dar testimonio; mujeres con pechos llagados por quemadas de cigarro durante un interrogatorio o bien con cáncer en el bajo vientre a consecuencia de los golpes dados y alguna más violada con la promesa de una pronta libertad, amén de otras que sufren hemorragias, y pensar que estos ¡hijos de perra! querían hacerme pasar por uno de ellos... Porque sí, Elena, los propios agentes fomentaron este rumor, y los estudiantes lo creyeron o por lo menos, no lo desmintieron... Una de las razones es que permanecí libre hasta el 2 de enero. No me agarraron en CU el 18 de septiembre a pesar de mis ciento diez kilos que jamás pasan desapercibidos, y no me agarraron el 20 de septiembre, día en que les cayeron a unos muchachos, ahora presos en Lecumberri, en la casa que dejé veinte minutos antes de que a ellos los pepenaran. ¿Por eso soy agente del gobierno?

El sábado 11 de enero de 1969, me llamaron del "Turno de Mujeres" en Lecumberri a "Defensores" y me encontré con mi papá; ese día de veras me sentí mal, pues mi papá estaba muy... cómo diré... era una mezcla de miedo y coraje, no sabía si consolarme o regañarme, pero por primera vez vi sus ojos llenos de lágrimas y me sentí el ser más miserable. Al poco rato –porque no dejan entrar más que a un familiar– apareció mi mamá llorando. Yo hasta le había mandado con una de las celadoras del Turno de Mujeres una carta donde le decía que no se apurara, que yo estaba muy bien, pero ni modo, ya estaba ahí. Los consolé como pude a cada uno por separado y se fueron. Por la tarde me trasladaron a la Cárcel de Mujeres, donde estoy desde entonces. Mi mamá murió el 24 de noviembre, hace un año, nomás tengo a mi papá que viene miércoles y domingos a verme. Mis papás son apolíticos y nunca entendieron por qué vine a dar aquí. Mi mamá se murió sin entender y mi papá, pues trata de darse ánimo... Yo no creo justa la sentencia, ni siquiera el encarcelamiento, no somos, pese a lo que el gobierno diga, delincuentes; somos gente joven que luchó por un ideal, el de que las leyes no sean sólo admiradas y consideradas como unas de las más revolucionarias del mundo, sino que se cumplan sin distingos; el de que los funcionarios no sean tan corruptos y no abusen de su autoridad; el ideal de que un pueblo tenga derecho, como su ley lo establece, de enjuiciar a sus funcionarios, en fin, de que exista realmente la democracia y la justicia para todos. Creo que el presidente cuando toma posesión dice algo así como: "... que el pueblo me demande..." Me consta que en el Zócalo llegó a haber unas setecientas mil gentes demandándole y no contestó, perdón, sí contestó pero a través de sus granaderos que nos golpearon. ¡Quizá me sentencien a otros dieciséis años por esto que el gobierno considerará un insulto!, pero qué importa si ya seré tan vieja cuando cumpla la primera sentencia, que dieciséis años más, ¡ya qué! Además si los primeros me los echaron gratis, porque antes ni siquiera esto había dicho, siquiera que me los echen por algo, aunque tampoco esto que digo es delito alguno..."

> • Roberta Avendaño, *Tita*, delegada de la Facultad de Leyes ante el CNH

VALLEJO-VALLEJO-¡LIBERTAD!-VALLEJO-LIBERTAD-VALLEJO

> • Coro en la manifestación del 13 de agosto de 1968

Desde su detención en 1959 cuando encabezaba el movimiento ferrocarrilero que aspiró a crear un sindicalismo independiente, Vallejo ha venido padeciendo sucesiva y conjuntamente castigos judiciales y públicos reservados al oposicionista que no ha entendido la teoría de la componenda y el arreglo. El artículo 133 del Código Penal Federal, que intenta tipificar el delito de disolución social, le fue aplicado con helado rigor extremo, lo mismo que otras variadas configuraciones (pretendidamente legales) de la misma idea oficial: discrepar es traicionar; disentir, así sea de un modo legítimo, legal y público, es hacerse merecedor de todo el peso de la represión... Porque tan grave es la anticonstitucionalidad de las razones oficialmente dichas para justificar el prolongado encarcelamiento de Vallejo y Campa, como la indiferencia pública, la consumada indiferencia de la inmensa mayoría hacia el fenómeno de los presos políticos.

Una cosa se corresponde con la otra: la notoria despolitización del mexicano se identifica plenamente con su evidente amoralidad, con la irremediable desidia que le provoca la mera idea de indignarse ante cualquier forma de injusticia. Despolitizar no es sólo convencer a todos los ciudadanos de la inutilidad de preocuparse por los asuntos públicos, de la inexorabilidad de todas las decisiones al margen de cualquier posible intervención de la voluntad colectiva. Despolitizar no es únicamente volver la tarea de la administración de un país asunto mágico y sexenal, resuelto a través de una pura deliberación íntima: también despolitizar es privar de signos morales, de posibilidad de indignación a una sociedad. Es aniquilar la vida moral como asunto de todos y reducirla al nivel de problema de cada quien: es decir, la muerte de la moral social y el estimulo a la moralidad pequeñoburguesa, hecha de la necesidad de prohibir, nunca, como en el caso de la verdadera moral, de la capacidad de elegir.

• Carlos Monsiváis, "La Cultura en México", n. 322,
para abril 17 de 1968, *Siempre!*

... Encontré sobre la mesa de mi oficina una de tus cartas en la que me cuentas de tu visita a Vallejo y a Campa. ¡Qué vergüenza y qué gran pena! Tiende uno a olvidar mucho de lo que más lastima, rodeándose de una especie de gran silencio que de repente se llena de ruidos. Este magnífico y egoísta silencio con el que nos protegemos y nos olvidamos. Cómo es posible que podamos vivir tan "confortablemente" solos, tan bien protegidos, tan indiferentes. Me duele enormemente imaginar la pequeña figura de Vallejo en su limpia celda, tomando leche como un gato, esperando a que un día pueda salir y volver a... ¿a qué? A una calle y a un grupo de hombres que lo verán con cierta curiosidad pero con fundamental indiferencia. ¿Qué va a hacer cuando salga? ¿Cómo va a vivir? ¿A quién va a amar? ¿Cómo va a trabajar? Me espanta aún más esto que el imaginarlo en la cárcel bebiendo leche.

• Guillermo Haro, astrónomo, carta de Armenia, 22 de julio de 1970

Dos literas de concreto de una de las primeras celdas de la crujía C están atascadas de cáscaras de limón; dos literas de concreto con grandes cerros de limones muertos. El olor es fuertísimo; hostiga el olor de la huelga de hambre que desde hace cuarenta días realizan 87 presos políticos. De los 87 que empezaron sólo quedan 65 en las crujías M, N y C... 15 presos han sufrido convulsiones, muchos están en la enfermería; a los tres días de huelga encontraron a Eli de Gortari desmayado en su celda –el doctor le prohibió continuar: Eli es diabético–, pero lo peor no fue la huelga de hambre sino el atraco del que fueron objeto los 115 presos políticos en Lecumberri por parte de los reos de delito común el 1o. de enero de 1970. Los 68 presos de la crujía C (donde está el mayor número de estudiantes) padecieron dos horas de asalto por parte de los reos de delito común que armados con varillas, tubos, botellas y objetos punzocortantes los golpearon, además de dejarlos ya no digamos sin una cobija, sin un libro. Lo mismo sucedió con los 50 presos políticos de la M donde el atraco duró 45 minutos. Rafael Jacobo García, preso político, padre de ocho hijos, trató de cerrar las rejas de la crujía N y mientras lo lograba recibió navajazos, golpes, hasta puñaladas en el cuerpo, en la cara y sobre todo en las manos y en los brazos además de una fractura en el cráneo y otra en el maxilar. Rafael Jacobo es un hombre fuerte, un campesino, miembro de la CCI. A su lado, Isaías Rojas trató de defenderlo de la turba de presos comunes que se agolpaban contra los barrotes y también resultó herido, cortado de la cara y de las manos. Los presos políticos malheridos, golpeados, aterrados,

146

debilitados por la huelga de hambre que comenzó el día 10 de diciembre (es decir que llevaban 24 días a base de agua de limón y azúcar) se refugiaron en la crujía N. Los reos de delito común se llevaron los limones, no dejaron un gramo de azúcar, rompieron, azotándolos, los botellones de agua electropura. ¿A quién le va a interesar un limón? ¿A quién sino a hombres que han recibido la orden de romper la huelga de hambre? Además el saqueo ya se había completado: los manuscritos del doctor Eli de Gortari, los del eminente escritor José Revueltas, los libros de "los intelectuales de la M", las cobijas, las ropas, los radios, los relojes, las máquinas de escribir, la correspondencia, las fotos familiares, los documentos personales, las parrillas, los colchones, los catres, almohadas, trastes, pocillos, todo fue violentamente arrebatado: sillas, estantes comprados allí mismo en Lecumberri porque se fabrican en el departamento de carpintería, todo aquello juntado con tanto trabajo durante un año y meses de cárcel, todo lo que había "entrado" después de tanto solicitar permisos; el pobre patrimonio de cada preso fue reducido a la nada en un cuarto de hora. Allí dentro de las celdas mismas (la de De Gortari, por ejemplo) los reos hicieron una pira con los libros. Era como volver a entrar a la cárcel, volver a empezar con la cadena de obstáculos materiales, los objetos de la vida cotidiana que se han acumulado a través de meses: primero el catre, después la colchoneta, la cobija, los trastes, la parrilla... Pero incluso, *esto*, la pérdida de las posesiones de cada quien, no importa al lado de la pérdida de la vida, de la amenaza de muerte. ¿Quién les garantiza a nuestros presos por sus ideas políticas, a nuestros jóvenes estudiantes que están terminando su carrera allí mismo en Lecumberri, que el día de mañana no habrá otro acto de vandalismo provocado por las autoridades? En la noche del 1o. de enero de 1970, muchos de los presos por delitos del orden común estuvieron rondando hasta la madrugada por las crujías en grupos de 20 o 30 con sus varillas, sus palos de escoba, sus tubos; el "orden", la "seguridad" quedó en manos de los drogadictos de la F, de los hampones, de los asesinos que, dueños y señores de los pasillos y galeras, no se retiraron del redondel (pasillo que rodea al Polígono y a donde desembocan todas las crujías) sino hasta las nueve de la noche del día siguiente cuando los de "afuera", los familiares angustiados por la vida de esposos, padres e hijos presionaron para que la noticia se colara mal que bien en los periódicos.

Según testigos, el que abrió la crujía de los drogadictos, la F, y los azuzó para que fueran a asaltar a los "políticos", fue el subdirector del penal: Bernardo Palacios Reyes.

• E. P., *La Garrapata,* n. 40, 16 de febrero de 1970

La única oposición real al gobierno se encuentra perseguida o "aquí en la cárcel" [...] El país ha cambiado de la democracia liberal de hace treinta años a formas de gobierno cada vez más opresivas. El abogado del Tribunal de La Haya, F. Jacoby, declaró al llegar a Francia que las garantías individuales estaban seriamente amenazadas en México y calificó al gobierno de prefascista.

• Documento elaborado por los presos políticos y leído por Gilberto Guevara Niebla, el domingo 18 de enero de 1970, dos días antes de levantar la huelga de hambre, al cumplir 1 000 horas de huelga de hambre, del 10 de diciembre de 1969 al 20 de enero de 1970, a las cuatro de la tarde

... Y me lleno de furia y pienso cómo se puede vivir sin ser furioso. Cómo se le puede entrar a la política mexicana y retenerte y modularte y repartir sonrisitas y quedar bien con todo el mundo y lograr puestecitos o puestezotes. No estoy de acuerdo con las declaraciones periodísticas de mis amigos; que el hombre de ciencia debe intervenir en la política. Sé lo que quieren decir. Piensan que intervenir en la política es ocupar puestos, ser influyente, tener éxito. Eso no es política, eso es estiércol, es ser mercader en el más vil sentido. A que no le entran a la política de oposición, a la política que no da puestos seguros, a la que pone en peligro tu vida y tu libertad. Claro que no se le puede pedir a un hombre, a otro hombre, que se sacrifique. Pero tampoco que nos vengan a señalar como deber sacrosanto y necesario el participar en "nuestra" política priísta. No hay en ello nada noble, nada desinteresado, nada honesto. Y si uno le entra por pura conveniencia personal, por lo menos ser discreto, ser un honrado bandolero, no tratar de hacer comulgar a los demás con ruedas de molino. Nuestro deber como científicos es simplemente tratar de hacer buenos científicos, ayudar a los jóvenes, formar cuadros competentes, hacer verdadera política aunque esto implique –y lo implica– estar peleado a muerte con los "políticos" burócratas. Claro que el no cortejar a los "políticos", el no estar bien con ellos, dificulta la tarea. Pero en el fondo lo mismo da...

No es cierto que puedas ser un buen político cuando dejas de ser un buen médico. No es cierto que es preferible ser presidente de Chalchicomula que un mediocre ginecólogo. Si no puedes hacer bien una cosa que durante años has aparentado amar, no podrás hacer ninguna otra cosa mejor que la primera. Lo contrario es mentira, es la prueba más contundente de tu fracaso íntimo, de tu verdadera mediocridad. Pero, claro, existe el sagrado derecho de ser tan mediocre o tan pendejo como se quiera o como se pueda y esto independientemente de todos los éxitos o las glorias aparentes.

• Guillermo Haro, astrónomo, carta de Armenia, 28 de julio de 1970

Yo siento que vivo ya una vida de segunda mano.

• Paula Iturbe de Ciolek, madre de un estudiante muerto

Y ahora, ¿qué voy a hacer yo de todo este tiempo que será mi vida?

• Carlota Sánchez de González, madre del estudiante muerto por un policía por pintar una barda, el sábado 16 de noviembre de 1968

Todo esto en la noche, en la madrugada, Tlatelolco, madres queriendo saber, sin entender la pesadilla, sin querer aceptar nada, buscando como animales brutalmente heridos a la cría: "Señor, ¿dónde está mi hijo? ¿A dónde se los han llevado?" Y finalmente suplicando: "Por favor señor, se lo rogamos, dénos siquiera una seña, un indicio, díganos algo..."

• Isabel Sperry de Barraza, maestra de primaria

A un muchacho le ganaron los nervios. Ya estaba grande. Desde que lo subieron en la pánel venía llorando: "Mi mamá... quién le va a avisar" y quién sabe qué y quién sabe cuánto. Un soldado le hizo plática: "No te preocupes, tú sales"... "No, no voy a salir... Me van a matar y mi mamá se va a morir..." No, que quién sabe qué, que quién sabe cuánto. Hasta que se aburrió el soldado: "¡Ah! usted tan grandote y tan chillón. ¿Para qué anda metiéndose entonces en estos relajos si anda luego de chillón?"

• Ignacio Galván, estudiante de la Academia de San Carlos y del taller de cerámica de la Ciudadela

El ritmo de vida disminuye extraordinariamente. Son los días interminables de Macondo. Y nuestro espacio, nuestro mundo, nuestro cosmos, se vuelve microcosmos. Toda la escala de nuestra perspectiva empequeñece. La celda que me parecía minúscula, estrecha, crece y crece. El torreón, a escasos diez pasos de mi cama es un lugar de reunión, un observatorio; desde arriba se ven las casas y hasta los automóviles. Y los atardeceres. Vamos al torreón. Hay quienes incursionan por el jardín que ganamos hace un año, las pequeñas grandes conquistas. Todo a escala. Cuando llegué me contaron que uno de los triunfos fundamentales había consistido en no pasar lista a las siete de la mañana y a las ocho de la noche. Gran conquista en verdad, para nuestro pequeño mundo. Después los policías fueron desalojados del torreón y la crujía circular nos dio un horizonte de libertad de doce metros de diámetro.

La celda al principio aplasta. Yo desperté al segundo día de recluido con una sensación horrible de asfixia. Los muros sucios malolientes estaban tan cerca de mí que se metían en mi cerebro, me aplastaban la conciencia como para hacerme entender que la reclusión física implica necesariamente la reclusión mental. Entendí que mi único mundo, mi cosmos estaba dentro de mí.

• Heberto Castillo, de la Coalición de Maestros

Se espera a los padres, al amigo o a la novia, a la esposa o a los hijos, es parte de la lucha contra los muros que impiden una comunicación personal y la satisfacción de necesidades afectivas y materiales. Pero también se espera la revista, los periódicos y las noticias de nuestro medio social y político; es la lucha contra los muros que quisieran apartarnos del mundo que inspira nuestras inquietudes y por las que llegamos aquí; también se espera la audiencia, la sentencia; el absurdo que aguarda a cada quien como consecuencia natural de un sistema igualmente absurdo. Los padres son los que más resienten esta clase de espera y la llegada de una injusta sentencia como la coronación y respuesta a su solidaridad y esfuerzo, a su lucha por lograr la libertad del hijo, los hace envejecer terriblemente. En realidad, ellos también han estado presos.

Pero no todo es esperar o pensar aunque haya mucho de esto. Poco a poco cada uno va comprendiendo que es necesario seguir luchando; que lo que se pretende con el encierro es separarnos no sólo físicamente de una actividad política sino también de *aniquilarnos*. A veces esta conciencia es sólo instintiva; el instinto de conservación que opera en el cuerpo y en el espíritu, y desde la resistencia luchamos contra la no-vida; hacemos deporte para estar sanos, casi todos lo hacemos –es la lucha contra el atrofiamiento físico–, cantamos –hay quienes han compuesto canciones muy bonitas–, pintamos, escribimos, leemos; es la lucha contra los que pretenden negarnos la posibilidad de crear. Hay depresiones, crisis naturales y cambios... Todos hemos cambiado mucho; hemos tenido que madurar en circunstancias muy difíciles. Conozco casos realmente sorprendentes de personas que nada tenían que ver con el Movimiento Estudiantil y para quienes era muy difícil explicarse muchos fenómenos de la política, del gobierno y de la sociedad, y por ello han aprendido a leer y a escribir... Para los estudiantes que eran miembros de una representación además de la falta de una disciplina, han tenido que enfrentar otro problema: la mistificación, la deificación que llega de fuera. Se necesita mucha imparcialidad para vencer este obstáculo en el proceso de los cambios personales. En fin, puede decirse que se logra trabajar una vez que se han resuelto interrogantes que, aunque algunos con resistencia, tarde o temprano llegamos a plantearnos...

Yo era un joven muy activo fuera, dirigente de mi escuela, al ingresar al penal tenía 21 años y muchas ilusiones...

> • Romeo González Medrano, miembro del Comité de
> Lucha de la Facultad de Ciencias Políticas y Sociales,
> detenido el 18 de septiembre de 1968, preso en Lecumberri

La cárcel aísla en el sentido de que se pierde mucho a la gente de fuera. De mis amigos, ya muchos se casaron, se fueron a su tierra –ya todo pasó–; han hecho nuevas amistades, tienen nuevos intereses y a todos los siento más lejanos. Claro, cuando vienen a verme iniciamos la conversación basándonos en algún amigo común, pero ya no es lo mismo. "Hace mucho que no lo veo..." "Quién sabe qué se habrá hecho..." La gente se ha perdido de vista. ¿Y Enrique? ¿Cómo le fue a Pedro? ¿Y Clemente? ¿Y Lisandro? Ya nadie sabe... Ya no es lo mismo. Como que todo pasó hace muchísimos años...

> • Roberta Avendaño Martínez, *Tita*, delegada de la
> Facultad de Leyes ante el CNH

Hay días en que "se me revela" –como dice la gente–, se me revela mucho el *Cuec* (Leobardo López Arreche, pero le decían el *Cuec* porque son las iniciales del Centro Universitario de Estudios Cinematográficos, donde trabajaba). Lo veo parado junto a mí, recargado en uno de los muros de la iglesia de Santiago Tlatelolco... El *Cuec* era un tipo especial, distinto a los demás. Llevaba el pelo largo, la barba larga; tomó muchísimos rollos de película del Movimiento, pero muchísimos. Los ha de tener la Judicial, la Federal de Seguridad, la Procuraduría, qué sé yo... Con la rapidez con que se entusiasmaba, así mismo cala también en el pozo de la angustia. Recuerdo que una vez, en una asamblea, pidió la palabra, y dijo: "¿Saben compañeros, saben cómo vamos a volver a las calles? (Entre la manifestación del 27 de agosto y la del 13 de septiembre hubo muchas detenciones, muchas calumnias en los periódicos, una represión tremenda, una gran desorientación en el seno mismo del CNH; además el tono del Informe de Díaz Ordaz y sus amenazas –acompañadas por tanques y bayonetas– eran contundentes.) Miren compañeros, yo sé cómo vamos a volver a las calles... ¿Saben cómo vamos a contestar los golpes? Con flores, con amor y flores... El 13 de septiembre estaremos de nuevo en la Reforma, con flores, compañeros; si nos reprimen les aventaremos flores, flores a los tanques. El pueblo nos espera en las ventanas de los edificios, entre los capacetes de los automóviles, en el techo de los camiones y de las azoteas, y nosotros saldremos con algo nuevo. Si los soldados tienen fusiles nosotros tenemos amor y muchas flores"... Naturalmente, su moción no se aprobó, pero así era el *Cuec*, así era él, y a mí me hubiera gustado llevarle flores, amor y flores, el día de su muerte.

- Raúl Álvarez Garín, del CNH

Me gusta octubre; es el mes del año que más me gusta. El aire es tan transparente que la ciudad se arrellana como en una cuna de montañas, las calles desembocan en los volcanes morados, azul oscuro, afelpado de pronto –como si pudiera yo extender la mano, tocarlos y mi mano se hundiera en lomos aborregados, tibios, calientes bajo el sol de octubre; un sol que todavía calienta—... Desde aquí no se ve nada, sólo barrotes verdes con las púas que regresan hacia nosotros, sólo la lámina verde de las celdas cerradas. Pero huele a octubre, sabe a octubre –ahora en 1969–, y trato de pensar que este octubre nuevo se llevó al de 68, antes de que todos muriéramos –porque nosotros también morimos un poco– en la Plaza de las Tres Culturas.

- Ernesto Olvera, profesor de Matemáticas de la
Preparatoria 1 de la UNAM

En la madrugada, a veces, cuando empieza el día, me da por recordar Tlatelolco, recordar a los muertos. Los repaso mentalmente –al menos los que salieron en los periódicos– en el *Ovaciones*, porque ése leí; dieciocho cadáveres en la Tercera Delegación; Leonardo Pérez González, era maestro del Poli; Cornelio Caballero Garduño, de la Prepa 9; Ana María Regina, la edecán tan bonita; José Ignacio Caballero González, el niño de trece años sacado de un departamento, del 615 del Chihuahua; Gilberto Ortiz Reynoso de la ESIQIE... y tantos más, tantos cuerpos más tirados en la Plaza... ¿Quiénes eran? ¿Qué serían ahora? ¿Qué hubieran hecho de estar vivos?

• Ceferino Chávez, de las Juventudes Comunistas,
  preso en Lecumberri

Un régimen que se ensaña contra sus jóvenes, los mata, los encierra, les quita horas, días, años de su vida absolutamente irrecuperables, es un régimen débil y cobarde, que no puede subsistir.

• Isabel Sperry de Barraza, maestra de primaria

Sí, pensamos en Tlatelolco, pero nos cuesta mucho trabajo hablar de ello. Personalmente Tlatelolco me trastorna. Recuerdo cómo veíamos desde la tribuna a la gente que intentaba huir y no podía, los muros de bayonetas que yo no podía ver... Yo no entendía nada. Disparaban hacia la tribuna. Como que los que estaban abajo creían tirarnos a nosotros y les tiraban a los del guante blanco. ¡Fue un desmadre pavoroso! Sabes, la verdad, no me gusta hablar de Tlatelolco; es más, no puedo... Así es que dispénsame... no puedo... No puedo con Tlatelolco... Aquí en Lecumberri hablamos de ello lo menos posible, por salud mental.

• Gilberto Guevara Niebla, del CNH

Para mí, lo único que le dio sentido a la Olimpiada fue el comportamiento del Black Power, el puño negro en el aire, el puño negro en el aire de los atletas, Tommie Smith, John Carlos, Lee Evans, Harry Edwards. Los campeones negros al usar su triunfo en el deporte como arma política impresionaron profundamente a los expectadores mexicanos y esto, aunque en forma indirecta, le sirvió a nuestro Movimiento.

  • Samuel Bello Durán, estudiante de Odontología
  de la UNAM

El *Tibio* Muñoz, el que ganó la medalla de oro, pertenecía a la Prepa Isaac Ochoterena que peleó contra las Vocacionales 2 y 5. ¡Qué paradoja! El día 22 de julio, cuando los granaderos intervinieron con sus gases y sus macanas, habría de ser el principio del Movimiento Estudiantil de 68.

  • Pedro Bolaños, padre de familia

–Te traje fabada...
–¡Ay abuela, estoy malo del estómago!
(Entra Gilberto Guevara con una gorra de lana que según Luis y Raúl y Saúl el *Chale*, no se quita jamás. La abuela le tiende los brazos.)
–¡Mi Guevara!
Lo abraza un largo rato. Es la clásica abuelita de los cuentos para niños; gordita, dulce, el pelo blanco, una bolita de ternura.
–¿Decías que estás malo del estómago Raúl?
–¡Ay abuela, es que aquí todos los días comemos de día de fiesta; el molito negro de los domingos, el pipián, la paella, los chiles en nogada, la fabada, la cochinita pibil! ¡La familia nos va a matar! Tengo el estómago hecho puré.

  • Conversación de Raúl Álvarez Garín con su abuelita

El viernes 4 de octubre de 1968 al salir de *Excélsior*, donde había ido a poner un desplegado de protesta por la matanza de Tlatelolco, la policía agarró al escritor Juan García Ponce. Lo soltaron a las cuatro horas después de las acostumbradas vejaciones. Quizá lo confundieron con el líder del CNH Marcelino Perelló, porque Juan también anda en silla de ruedas. Quizás se proponían amedrentarlo. Juan García Ponce pertenece a la Asamblea de Intelectuales y Artistas que el viernes 16 de agosto de 1968 se solidarizó con el Movimiento Estudiantil; ha escrito, ha participado, ha firmado manifiestos, hizo pública su indignación. Dice: "Lo que importa es que

154

ahora salgan los muchachos –hay tantos golpeados brutalmente– no lo que a mí me pasó... No podemos tolerarlo..." Y más tarde añade: "¡Jamás volveremos a vivir días así!"

• Conversación con Juan García Ponce, para el n. 802, 6 de noviembre de 1968, de *Siempre!*

La cárcel es el lugar más ruidoso del mundo. Los patios siempre están llenos, salvo el domingo después de que sale la visita a las cuatro de la tarde. Entonces se vacía el patio y todos nos encerramos en nuestra celda: el carcelazo. Pero si no, a las seis y treinta de la mañana cuando toca la banda empieza un ajetreo de los mil demonios. La corneta toca "alevante", la corneta toca "a rancho", la corneta toca para romper filas, la corneta toca a las nueve para que sepamos que son las nueve: las nueve significa "defensores". ¡Luego otra vez a las once! ¡A la una para el rancho! A las cuatro pasa la banda de nuevo por el redondel –es ese círculo alrededor del Polígono– para el parte de las cuatro. Es como pasar lista; decir cuántos hay de población. Ese parte lo firma Raúl, que es el jefe de la crujía C. A las ocho otra vez la banda –cornetas y tambores–, puros instrumentos dados al queso que emiten unos sonidos que se te pone la carne de gallina –bueno, no es para tanto–, y a las diez tocan *silencio*... ¿Sabes? El silencio es lo que más cala, porque entonces empieza la guardia nocturna, los vigilantes que gritan en las murallas: "¡Alerta!" cada cuarto de hora... En la noche te zumban en los oídos todos los gritos del día: "*¡Población: 61, Bajas 0, Altas 0!*", ¡Población! ¡Población! ¡Población! ¡Población!... los cantidos de los vendedores que van de crujía en crujía, el redoble de los tambores en el redondel, el chirrido de cualquier fierro contra las rejas, el golpe de tu propia puerta de hierro y entonces se te viene la cárcel encima; toda su herrumbre, sus púas, el sonido oxidado de las ruedas de los carritos en que vienen los peroles del rancho: guisado, frijoles, atole, frijoles, guisado, frijoles, guisado, caldo con trozos de carne y huesos, algunas verduras, atole, peroles, peroles... Creo que yo quepo en uno de esos peroles...

• Luis González de Alba, del CNH

Aquí hay un preso que se llama Mario Hernández –le decimos *El Chamaco* porque es el más joven de toda la crujía C. Tiene 67 años y es uno de los tipos más queridos y respetados de la C... ¡Ése sí, es la anti-momia! Es un tipo fenomenal y además guisa muy bien.

> • Eduardo de la Vega Ávila, del PC

"Defensores" es un cuarto largo con bancas y mesas de cemento.

> • Arturo Martínez Nateras, secretario general de la
> CNED (Central Nacional de Estudiantes Democráticos),
> preso en Lecumberri

Un joven es siempre una incógnita. Matarlo es matar la posibilidad del misterio, todo lo que hubiera podido ser, su extraordinaria riqueza, su complejidad.

> • José Soriano Muñoz, maestro de la Escuela
> Wilfrido Massieu

Matar a un joven es matar la esperanza.

> • Cristina Correa de Salas, maestra de primaria

Casi nadie tiene reloj. De los compañeros que me tocan para la cocina "colectiva", ninguno. Excepto yo. Algunos me preguntan para qué quiero reloj en la cárcel. Aquí no hay horas. Sólo la mañana, la tarde y la noche. Y el tiempo se contrae. Dicen los presos: un día muy largo, de lunes a sábado; y uno chiquitito, pequeñito que es el domingo.

> • Heberto Castillo, de la Coalición de Maestros

En octubre todavía hay flor de calabaza, hongos, huitlacoche que dejan los meses de lluvia y que tanto le gustan a Eduardo. Empiezan las verdolagas, los chilacayotes, los quentoniles. Se los preparo en la casa, y siempre tengo la esperanza de que la "mona" no los cucharee demasiado al hacernos pasar por el registro.

> • María Elena Rodríguez de De la Vega

Todos estamos solos, es una perogrullada. Pero pocos saben de la inmensa soledad de un joven entre los quince y los veinte años.

• Georgina Rubio de Marcos, maestra de primaria

Por último, deseo decir lo siguiente: tal vez nosotros no pertenezcamos a esa calidad de hombres como Ricardo Flores Magón, Filomeno Mata y Valentín Campa, armados entre otras cosas de un maravilloso estoicismo, pero es indudable que su ejemplo nos alienta constantemente.

• Gilberto Guevara Niebla, del CNH

¡Claro que he ayudado a mis compañeros! Incluso creo que logré, por medio de una entrevista que me hizo Mercedes Padrés que es una gente muy linda, que regresaran al D. F. los que andaban prófugos, muriéndose casi, escondidos en el monte. El *Toto*, Sóstenes Torrecillas es uno de ellos. El *Toto* pesaba ciento doce kilos y regresó pesando setenta y tantos, muy mal, muy mal. Está deshecho. Era del CNH, de la Escuela de Medicina Homeopática y anduvo escondido, durante meses, en esteros, en el monte, comía raíces o no comía y tiene delirio de persecución. Creía que lo iban a matar. Me han contado otros compañeros que no puede ni atravesar la calle; lo tienen que agarrar entre dos. Si se revienta una llanta por poco y se desmaya. Cualquier ruido lo saca fuera de quicio. Él y otros muchachos leyeron este artículo en el que yo afirmaba que no pasaría nada si regresaban y por eso se reincorporaron nuevamente. Ahora el *Toto* está mejor; salió adelante, y lo mismo sucede con otros muchachos que sufrieron tremendamente.

• Sócrates Amado Campos Lemus, del CNH

Y otra cosa también de sumarísima importancia. Creo que antes no habría podido amar a mi novia como ahora la amo. Es muy bonito, no sé por qué, pero el caso es que así lo siento. Éstos son cambios muy bonitos que en mí se han operado. En mí y en todos, desde luego.

• Félix Lucio Hernández Gamundi, del CNH

Además, el vivir encerrado entre cuatro paredes, como ninguna otra cosa, le enseña a uno a amar intensamente, profundamente la libertad.

• Gilberto Guevara Niebla, del CNH

Después de veinticinco meses de prisión, somos más fuertes como seres humanos y estamos convencidos que en último término no hay hombres que merezcan, por muy criminales que sean, vivir enjaulados como animales.

• Artemisa de Gortari

Y es que en América
está ya en flor la gente nueva
que pide peso a la prosa
y condición al verso
y quiere trabajo y realidad
en la política
y en la literatura.

• José Martí

Primer curso de alfabetización para América Latina:

La libertad es el sujeto
El verbo es el fusil
La muerte es el complemento.

• Anónimo del siglo XX

Gusanos pululan por calles y plazas
y en las paredes están salpicados los sesos...
Rojas están las aguas, están como teñidas
y cuando las bebimos
es como si bebiéramos agua de salitre.

Golpeábamos, en tanto, los muros de adobe,
y era nuestra herencia una red de agujeros.
Con los escudos fue su resguardo,
pero ni con escudos puede ser sostenida su soledad.

Hemos comido palos de colorín,
hemos masticado grama salitrosa,
piedras de adobe, lagartijas,
ratones, tierra en polvo, gusanos...

Comimos la carne apenas,
sobre el fuego estaba puesta.
Cuando estaba cocida la carne,
de allí la arrebataban,
en el fuego mismo, la comían.

TODOS
¡Han aprehendido a Cuauhtémoc!
¡Se extiende una brazada de príncipes mexicanos!
¡Es cercado por la guerra el tenochca,
es cercado por la guerra el tlatelolca!

SOLISTA
El llanto se extiende, las lágrimas gotean allí en Tlatelolco
¿A dónde vamos?, ¡oh amigos! Luego, ¿fue verdad?
Ya abandonan la ciudad de México:
el humo se está levantando; la niebla se está extendiendo.
Motelhuihtzin
el Tailotlacall Tlacotzin
el Tlacatecuhtli Oquihtzin

Llorad, amigos míos,
tened entendido que con estos hechos,
hemos perdido la nación mexicana.
¡El agua se ha acedado, se acedó la comida!
Esto es lo que ha hecho el Dador de la vida en Tlatelolco.

Y todo esto pasó con nosotros.
Nosotros lo vimos,
nosotros lo admiramos.
Con esta lamentosa y triste suerte
nos vimos angustiados.

En los caminos yacen dardos rotos,
los cabellos están esparcidos.
Destechadas están las casas,
enrojecidos tienen sus muros.

TODOS
¡Es cercado por la guerra el tenochca,
es cercado por la guerra el tlatelolca!

• Textos escogidos, para su representación, por los
estudiantes presos de la crujía C de Lecumberri, de la
Visión de los vencidos. Relaciones indígenas de la conquista,
traducidos de textos nahuas por Ángel María Garibay K.,
UNAM, Biblioteca del Estudiante Universitario

Segunda parte
La noche de Tlatelolco

Es necesario dejar constancia de nuestro indignado asombro por esa noche de Tlatelolco que presidieron la barbarie, el primitivismo, el odio y los más siniestros impulsos.

Francisco Martínez de la Vega, "¿Hacia dónde va nuestro país?", *El Día*, 8 de octubre de 1968.

MEMORIAL DE TLATELOLCO

La oscuridad engendra la violencia
y la violencia pide oscuridad
para cuajar el crimen.
Por eso el dos de octubre aguardó hasta la noche
para que nadie viera la mano que empuñaba
el arma, sino sólo su efecto de relámpago.

¿Y a esa luz, breve y lívida, quién? ¿Quién es el que mata?
¿Quiénes los que agonizan, los que mueren?
¿Los que huyen sin zapatos?
¿Los que van a caer al pozo de una cárcel?
¿Los que se pudren en el hospital?
¿Los que se quedan mudos, para siempre, de espanto?

¿Quién? ¿Quiénes? Nadie. Al día siguiente, nadie.
La plaza amaneció barrida; los periódicos
dieron como noticia principal
el estado del tiempo.
Y en la televisión, en el radio, en el cine
no hubo ningún cambio de programa,
ningún anuncio intercalado ni un
minuto de silencio en el banquete.
(Pues prosiguió el banquete.)

No busques lo que no hay: huellas, cadáveres
que todo se le ha dado como ofrenda a una diosa,
a la Devoradora de Excrementos.

No hurgues en los archivos pues nada consta en actas.

Mas he aquí que toco una llaga: es mi memoria.
Duele, luego es verdad. Sangre con sangre
y si la llamo mía traiciono a todos.

Recuerdo, recordamos.
Ésta es nuestra manera de ayudar a que amanezca
sobre tantas conciencias mancilladas,
sobre un texto iracundo, sobre una reja abierta,
sobre el rostro amparado tras la máscara.
Recuerdo, recordemos
hasta que la justicia se siente entre nosotros.

Rosario Castellanos

En su mayoría estos testimonios fueron recogidos en octubre y en noviembre de 1968. Los estudiantes presos dieron los suyos en el curso de los dos años siguientes. Este relato les pertenece. Está hecho con sus palabras, sus luchas, sus errores, su dolor y su asombro. Aparecen también sus "aceleradas", su ingenuidad, su confianza. Sobre todo les agradezco a las madres, a los que perdieron al hijo, al hermano, el haber accedido a hablar. El dolor es un acto absolutamente solitario. Hablar de él resulta casi intolerable; indagar, horadar, tiene sabor de insolencia.

Este relato recuerda a una madre que durante días permaneció quieta, endurecida bajo el golpe y, de repente, como animal herido –un animal a quien le extraen las entrañas– dejó salir del centro de su vida, de la vida misma que ella había dado, un ronco, un desgarrado grito. Un grito que daba miedo, miedo por el mal absoluto que se le puede hacer a un ser humano; ese grito distorsionado que todo lo rompe, el ay de la herida definitiva, la que no podrá cicatrizar jamás, la de la muerte del hijo.

Aquí está el eco del grito de los que murieron y el grito de los que quedaron. Aquí está su indignación y su protesta. Es el grito mudo que se atoró en miles de gargantas, en miles de ojos desorbitados por el espanto el 2 de octubre de 1968, en la noche de Tlatelolco.

E. P.

ENCABEZADOS DE LOS PRINCIPALES DIARIOS DE LA
CAPITAL EL JUEVES 3 DE OCTUBRE DE 1968

EXCÉLSIOR: Recio Combate al Dispersar el Ejército un mitin de Huelguistas.
20 Muertos, 75 Heridos, 400 Presos.
Fernando M. Garza, director de Prensa de la Presidencia de la República.

NOVEDADES:	Balacera entre Francotiradores y el Ejército en Ciudad Tlatelolco. Datos Obtenidos: 25 Muertos y 87 Lesionados: El Gral. Hernández Toledo y 12 Militares más están heridos.
EL UNIVERSAL:	Tlatelolco, Campo de Batalla. Durante Varias Horas Terroristas y Soldados Sostuvieron Rudo Combate. 29 Muertos y más de 80 Heridos en Ambos Bandos; 1 000 Detenidos.
LA PRENSA:	Muchos Muertos y Heridos; habla García Barragán. Balacera del Ejército con Estudiantes.
EL DÍA:	Criminal Provocación en el Mitin de Tlatelolco causó Sangriento Zafarrancho. Muertos y Heridos en Grave Choque con el Ejército en Tlatelolco: Entre los heridos están el general Hernández Toledo y otros doce militares. Un soldado falleció. El número de civiles que perdieron la vida o resultaron lesionados es todavía impreciso.
EL HERALDO:	Sangriento encuentro en Tlatelolco. 26 Muertos y 71 Heridos. Francotiradores dispararon contra el Ejército: el General Toledo lesionado.
EL SOL DE MÉXICO: (Matutino)	Manos Extrañas se Empeñan en Desprestigiar a México. El Objetivo: Frustrar los XIX Juegos. Francotiradores Abrieron Fuego contra la Tropa en Tlatelolco. Heridos un General y 11 Militares; 2 Soldados y más de 20 civiles muertos en la peor refriega.
EL NACIONAL:	El Ejército tuvo que repeler a los Francotiradores: García Barragán.
OVACIONES:	Sangriento Tiroteo en la Plaza de las 3 Culturas. Decenas de Francotiradores se enfren-

taron a las Tropas. Perecieron 23 personas, 52 lesionados, mil detenidos y más vehículos quemados.

LA AFICIÓN: Nutrida Balacera provocó en Tlatelolco un Mitin Estudiantil.

Todos los testimonios coinciden en que la repentina aparición de luces de bengala en el cielo de la Plaza de las Tres Culturas de la Unidad Habitacional Nonoalco-Tlatelolco desencadenó la balacera que convirtió el mitin estudiantil del 2 de octubre en la tragedia de Tlatelolco.

A las cinco y media del miércoles 2 de octubre de 1968, aproximadamente diez mil personas se congregaron en la explanada de la Plaza de las Tres Culturas para escuchar a los oradores estudiantiles del Consejo Nacional de Huelga, los que desde el balcón del tercer piso del edificio Chihuahua se dirigían a la multitud compuesta en su gran mayoría por estudiantes, hombres y mujeres, niños y ancianos sentados en el suelo, vendedores ambulantes, amas de casa con niños en brazos, habitantes de la Unidad, transeúntes que se detuvieron a curiosear, los habituales mirones y muchas personas que vinieron a darse una "asomadita". El ambiente era tranquilo a pesar de que la policía, el ejército y los granaderos habían hecho un gran despliegue de fuerza. Muchachos y muchachas estudiantes repartían volantes, hacían colectas en botes con las siglas CNH, vendían periódicos y carteles, y, en el tercer piso del edificio, además de los periodistas que *cubren* las fuentes nacionales había corresponsales y fotógrafos extranjeros enviados para informar sobre los Juegos Olímpicos que habrían de iniciarse diez días más tarde.

Hablaron algunos estudiantes: un muchacho hacía las presentaciones, otro de la UNAM, dijo: "El Movimiento va a seguir a pesar de todo", otro del IPN: "... se ha despertado la conciencia cívica y se ha politizado a la familia mexicana"; una muchacha, que impresionó por su extrema juventud, habló del papel de las brigadas. Los oradores atacaron a los políticos, a algunos periódicos, y propusieron el boicot contra el diario *El Sol*. Desde la rampa del tercer piso vieron cómo hacía su entrada un grupo de trabajadores que portaba una manta: "Los ferrocarrileros apoyamos el Movimiento y desconocemos las pláticas Romero Flores-GDO". Este contingente obrero fue recibido con aplausos. El grupo de ferrocarrileros anunció paros escalonados desde "mañana 3 de octubre en apoyo del Movimiento Estudiantil".

Cuando un estudiante apellidado Vega anunciaba que la marcha programada al Casco de Santo Tomás del Instituto Politécnico Nacional no se iba a llevar a cabo, en vista del despliegue de fuerzas públicas y de la posible represión, surgieron en el cielo las luces de bengala que hicieron que los concurrentes dirigieran automáticamente su mirada hacia arriba. Se oyeron los primeros disparos. La gente se alarmó. A pesar de que los líderes del CNH, desde el tercer piso del edificio Chihuahua, gritaban por el magnavoz: "¡No corran compañeros, no corran, son salvas!... ¡No se vayan, no se vayan, calma!", la desbandada fue general. Todos huían despavoridos y muchos caían en la Plaza, en las ruinas prehispánicas frente a la iglesia de Santiago Tlatelolco. Se oía el fuego cerrado y el tableteo de ametralladoras. A partir de ese momento, la Plaza de las Tres Culturas se convirtió en un infierno.

En su versión del jueves 3 de octubre de 1968 nos dice *Excélsior*: "Nadie observó de dónde salieron los primeros disparos. Pero la gran mayoría de los manifestantes aseguró que los soldados, sin advertencia ni previo aviso, comenzaron a disparar... Los disparos surgían por todos lados, lo mismo de lo alto de un edificio de la Unidad Tlatelolco que de la calle donde las fuerzas militares en tanques ligeros y vehículos blindados lanzaban ráfagas de ametralladora casi ininterrumpidamente..." *Novedades, El Universal, El Día, El Nacional, El Sol de México, El Heraldo, La Prensa, La Afición, Ovaciones*, nos dicen que el ejército tuvo que repeler a tiros el fuego de francotiradores apostados en las azoteas de los edificios. Prueba de ello es que el general José Hernández Toledo que dirigió la operación recibió un balazo en el tórax y declaró a los periodistas al salir de la intervención quirúrgica que se le practicó: "Creo que si se quería derramamiento de sangre ya es más que suficiente con la que yo ya he derramado" (*El Día*, 3 de octubre de 1968).

Según *Excélsior* "se calcula que participaron unos 5 000 soldados y muchos agentes policiacos, la mayoría vestidos de civil. Tenían como contraseña un pañuelo envuelto en la mano derecha. Así se identificaban unos a otros, ya que casi ninguno llevaba credencial por protección frente a los estudiantes.

"El fuego intenso duró 29 minutos. Luego los disparos decrecieron pero no acabaron."

Los tiros salían de muchas direcciones y las ráfagas de las ametralladoras zumbaban en todas partes y, como afirman varios periodistas, no fue difícil que los soldados, además de los francotiradores, se mataran o hirieran entre sí. "Muchos soldados debieron lesionarse entre sí pues al cerrar el círculo los proyectiles salieron por todas direcciones", dice el reportero Félix Fuentes en su relato del 3 de octubre en *La Prensa*. El ejército tomó la Plaza de las Tres Culturas con un movimiento de pinzas, es decir llegó por los dos costados y 5 mil soldados avanzaron disparando armas automáticas contra los edificios, añade Félix Fuentes. "En el cuarto piso de un edificio, desde donde tres oradores habían arengado a la multitud contra el gobierno, se vieron fogonazos. Al parecer, allí abrieron fuego agentes de la Dirección Federal de Seguridad y de la Policía Judicial del Distrito.

"La gente trató de huir por el costado oriente de la Plaza de las Tres Culturas y mucha lo logró pero cientos de personas se encontraron a columnas de soldados que empuñaban sus armas a bayoneta calada y disparaban en todos sentidos. Ante esta alternativa las asustadas personas empezaron a refugiarse en los edificios pero las más corrieron por las callejuelas para salir a Paseo de la Reforma cerca del Monumento a Cuitláhuac.

"Quien esto escribe fue arrollado por la multitud cerca del edificio de la Secretaría de Relaciones Exteriores. No muy lejos se desplomó una mujer, no se sabe si lesionada por algún proyectil o a causa de un desmayo. Algunos jóvenes trataron de auxiliarla pero los soldados lo impidieron."

El general José Hernández Toledo declaró después que para impedir mayor derramamiento de sangre ordenó al ejército no utilizar las armas de alto calibre que llevaba (*El Día*, 3 de octubre de 1968). (Hernández Toledo ya ha dirigido acciones contra la Universidad de Michoacán, la de Sonora y la Autónoma de México, y tiene a su mando hombres del cuerpo de paracaidistas calificados como las tropas de asalto mejor entrenadas del país.) Sin embargo, Jorge Avilés, redactor de *El Universal* escribe el 3 de octubre: "Vimos al ejército en plena acción; utilizando toda clase de armamentos, las ametralladoras pesadas empotradas en una veintena de yips, disparaban hacia todos los sectores controlados por los francotiradores". *Excélsior* reitera: "Unos trescientos tanques, unidades de asalto, yips y transportes militares tenían rodeada toda la zona, desde Insurgentes a Reforma, hasta Nonoalco y Manuel González. No permitían salir ni entrar a nadie, salvo rigurosa identificación". ("Se Luchó a Balazos en Ciudad Tlatelolco, Hay un Número aún no Precisado de Muertos y Veintenas de Heridos", *Excélsior*, jueves 3 de octubre de 1968.) Miguel Ángel Martínez Agis reporta: "Un capitán del ejército usa el teléfono. Llama a la Secretaría de la Defensa. Informa de lo que está sucediendo: 'Estamos contestando con todo lo que tenemos...' Allí se veían ametralladoras, pistolas 45, calibre 38 y unas de 9 milímetros". ("Edificio Chihuahua, 18 hrs.", Miguel Ángel Martínez Agis, *Excélsior*, 3 de octubre de 1968.)

El general Marcelino García Barragán, secretario de la Defensa Nacional, declaró: "Al aproximarse el ejército a la Plaza de las Tres

Culturas fue recibido por francotiradores. Se generalizó un tiroteo que duró una hora aproximadamente...

"Hay muertos y heridos tanto del ejército como de los estudiantes: no puedo precisar en estos momentos el número de ellos.

"–¿Quién cree usted que sea la cabeza de este movimiento?

"–Ojalá y lo supiéramos.

[Indudablemente no tenía bases para inculpar a los estudiantes.]

"–¿Hay estudiantes heridos en el Hospital Central Militar?

"–Los hay en el Hospital Central Militar, en la Cruz Verde, en la Cruz Roja. Todos ellos están en calidad de detenidos y serán puestos a disposición del procurador general de la República. También hay detenidos en el Campo Militar número 1, los que mañana serán puestos a disposición del general Cueto, jefe de la Policía del D. F.

"–¿Quién es el comandante responsable de la actuación del ejército?

"–El comandante responsable soy yo" (Jesús M. Lozano, *Excélsior*, 3 de octubre de 1968, "La libertad seguirá imperando, El secretario de Defensa hace un análisis de la situación").

Por otra parte el jefe de la policía metropolitana negó que, como informó el secretario de la Defensa, hubiera pedido la intervención militar en Ciudad Tlatelolco. En conferencia de prensa esta madrugada el general Luis Cueto Ramírez dijo textualmente: "La policía informó a la Defensa Nacional en cuanto tuvo conocimiento de que se escuchaban disparos en los edificios aledaños a la Secretaría de Relaciones Exteriores y de la Vocacional 7 en donde tiene servicios permanentes. Explicó no tener conocimiento de la injerencia de agentes extranjeros en el conflicto estudiantil que aquí se desarrolla desde julio pasado. La mayoría de las armas confiscadas por la policía son de fabricación europea y corresponden a modelos de los usados en el bloque socialista. Cueto negó saber que políticos mexicanos promuevan en forma alguna esta situación y afirmó no tener conocimiento de que ciudadanos estadounidenses hayan sido aprehendidos. En cambio están prisioneros un guatemalteco, un alemán y otro que por el momento no recuerdo" (*El Universal, El Nacional*, 3 de octubre de 1968).

Los cuerpos de las víctimas que quedaron en la Plaza de las Tres Culturas no pudieron ser fotografiados debido a que los elementos del ejército lo impidieron ("Hubo muchos muertos y lesionados anoche", *La Prensa*, 3 de octubre de 1968). El día 6 de octubre en un manifiesto "Al Pueblo de México" publicado en *El Día*, el CNH declaró: "El saldo de la masacre de Tlatelolco aún no acaba. Hasta el momento han muerto cerca de 100 personas de las cuales sólo se sabe de las recogidas en el momento; los heridos cuentan por miles..." El mismo 6 de octubre el CNH, al anunciar que no realizaría nuevas manifestaciones o mítines, declaró que las fuerzas represivas "causaron la muerte con su acción a 150 civiles y 40 militares". En *Posdata*, Octavio Paz cita el número que el diario inglés *The Guardian*, tras una "investigación cuidadosa", considera como el más probable: 325 muertos.

Lo cierto es que en México no se ha logrado precisar hasta ahora el número de muertos. El 3 de octubre la cifra declarada en los titulares y reportajes de los periódicos oscila entre 20 y 28. El número de heridos es mucho mayor y el de detenidos es de dos mil. A las cero horas aproximadamente, dejaron de escucharse disparos en el área de Tlatelolco. Por otra parte, los edificios eran desalojados por la tropa y cerca de mil detenidos fueron conducidos al Campo Militar número 1. Cerca de mil detenidos fueron llevados a la cárcel de Santa Marta Acatitla, en esta ciudad. La zona de Tlatelolco siguió rodeada por efectivos del ejército. Muchas familias abandonaron sus departamentos con todas sus pertenencias después de ser sometidas a un riguroso examen y registro por parte de los soldados. Grupos de soldados de once hombres entraron a los edificios del conjunto urbano a registrar las viviendas. Al parecer, tenían instrucciones de catear casa por casa.

Hasta ahora el número de presos que continúan en la cárcel de Lecumberri por los acontecimientos de 1968 es de 165.

Posiblemente no sepamos nunca cuál fue el mecanismo interno que desencadenó la masacre de Tlatelolco. ¿El miedo? ¿La inseguridad? ¿La cólera? ¿El terror a perder la fachada? ¿El despecho ante el joven que se empeña en no guardar las apariencias delante de las visitas?... Posiblemente nos interroguemos siempre junto con Abel Quezada: ¿por qué? La noche triste de Tlatelolco –a pesar de todas sus voces y testimonios– sigue siendo incomprensible. ¿Por qué? Tlatelolco es incoherente, contradictorio. Pero la muerte no lo es. Ninguna crónica nos da una visión de conjunto. Todos –testigos y participantes– tuvieron que resguardarse de los balazos, muchos cayeron heridos. Nos lo dice el periodista José Luis Mejías ("Mitin trágico", *Diario de la Tarde*, México, 5 de octubre de 1968): "Los individuos enguantados sacaron sus pistolas y empezaron a disparar a boca de jarro e indiscriminadamente sobre mujeres, niños, estudiantes y granaderos... Simultáneamente, un helicóptero dio al ejército la orden de avanzar por medio de una luz de bengala... A los primeros disparos cayó el general Hernández Toledo, comandante de los paracaidistas, y de ahí en adelante, con la embravecida tropa disparando sus armas largas y cazando a los francotiradores en el interior de los edificios, ya a nadie le fue posible obtener una visión de conjunto de los sangrientos sucesos..." Pero la tragedia de

Tlatelolco dañó a México mucho más profundamente de lo que lo lamenta *El Heraldo*, al señalar los graves perjuicios al país en su crónica ("Sangriento encuentro en Tlatelolco", 3 de octubre de 1968): "Pocos minutos después de que se iniciaron los combates en la zona de Nonoalco, los corresponsales extranjeros y los periodistas que vinieron aquí para cubrir los Juegos Olímpicos comenzaron a enviar notas a todo el mundo para informar sobre los sucesos. Sus informaciones –algunas de ellas abultadas– contuvieron comentarios que ponen en grave riesgo el prestigio de México".

Todavía fresca la herida, todavía bajo la impresión del mazazo en la cabeza, los mexicanos se interrogan atónitos. La sangre pisoteada de cientos de estudiantes, hombres, mujeres, niños, soldados y ancianos se ha secado en la tierra de Tlatelolco. Por ahora la sangre ha vuelto al lugar de su quietud. Más tarde brotarán las flores entre las ruinas y entre los sepulcros.

E. P.

Recorrimos un piso tras otro y en la sección central del Chihuahua, no recuerdo en qué piso, sentí algo chicloso bajo mis pies. Volteo y veo sangre, mucha sangre y le digo a mi marido: "¡Mira Carlos, cuánta sangre, aquí hubo una matanza!" Entonces uno de los cabos me dice: "¡Ay, señora, se nota que usted no conoce la sangre, porque por una poquita que ve, hace usted tanto escándalo!" Pero había mucha, mucha sangre, a tal grado que yo sentía en las manos lo viscoso de la sangre. También había sangre en las paredes; creo que los muros de Tlatelolco tienen los poros llenos de sangre. Tlatelolco entero respira sangre. Más de uno se desangró allí, porque era mucha sangre para una sola persona.

• Margarita Nolasco, antropóloga

El 2 de octubre murió de un balazo en la Plaza de las Tres Culturas el profesor Leonardo Pérez González, maestro de Vocacional, miembro de la Coalición de Maestros de Enseñanza Media y Superior Pro Libertades Democráticas.

• Abelardo Hurtado, profesor de la Escuela Nacional de Biología del IPN

171

El día de ayer, 2 de octubre, fui comisionado, poniendo bajo mi mando a dos secciones de caballería compuestas de sesenta y cinco hombres cada una, pertenecientes a los 18 y 19 regimientos de Caballería, para trasladarme a la Unidad Tlatelolco, yendo todos vestidos de paisanos e identificados como militares por medio de un guante blanco, y proteger las dos puertas de acceso al edificio denominado Chihuahua de dicha Unidad, confundiéndose con los ahí presentes que se habían reunido sin saber para qué motivo. Posteriormente al lanzamiento de una luz de bengala, como señal previamente convenida, deberíamos de apostarnos en ambas puertas e impedir que entrara o saliera persona alguna.

> • Ernesto Morales Soto, capitán primero de Caballería
> del 19 Regimiento comisionado en el Batallón Olimpia, al
> mando del coronel Ernesto Gómez Tagle, acta n. 54832/68
> ante el Ministerio Público

Son cuerpos, señor...

> • Un soldado al periodista José Antonio del Campo,
> de *El Día*

Yacían los cadáveres en el piso de concreto esperando a que se los llevaran. Conté muchos desde la ventana, cerca de sesenta y ocho. Los iban amontonando bajo la lluvia... Yo recordaba que Carlitos, mi hijo, llevaba una chamarra de pana verde y en cada cadáver creía reconocerla... Nunca olvidaré a un infeliz chamaquito como de dieciséis años que llega arrastrándose por la esquina del edificio, saca su pálida cara y alza las dos manos con la V de la victoria. Estaba totalmente ido; no sé lo que creería, tal vez pensó que quienes disparaban eran también estudiantes. Entonces los del guante blanco le gritaron: "Lárgate de aquí, muchachito pendejo, lárgate, ¿qué no estás viendo? Lárgate". El muchacho se levantó y confiado se acercó a ellos. Le dispararon a los pies pero el chamaco siguió avanzando. Seguramente no entendía lo que pasaba y le dieron en una pierna, en el muslo. Todo lo que recuerdo es que en vez de brotar a chorros, la sangre empezó a salir mansamente. Meche y yo nos pusimos a gritarles como locas a los tipos: "¡No lo maten!... ¡No lo maten!... ¡No lo maten!" Cuando volteamos hacia el pasillo ya no estaba el chamaco. No sé si corrió a pesar de la herida, no sé si se cayó, no sé qué fue de él.

• Margarita Nolasco, antropóloga

El helicóptero disparaba y empecé a oír tiros en el cielo. Tiraban a lo bestia. Por eso se incendió el edificio Chihuahua, por los tiros que provenían del helicóptero.

• Estrella Sámano, estudiante

La Plaza de las Tres Culturas es una explanada situada en alto; se sube a ella por varias escalinatas y, por un costado, está cortada a pico para dejar al descubierto las ruinas prehispánicas recientemente restauradas. Sobre las ruinas fue construida en el siglo XVI una pequeña iglesia: Santiago de Tlatelolco...

• Luis González de Alba, del CNH

Desde la tribuna donde estábamos se veían las gorras azules de los ferrocarrileros.

• Graciela Román Olvera, estudiante de la Facultad de Medicina de la UNAM

Yo estaba repartiendo propaganda y juntando dinero para el CNH cuando las tres luces verdes salieron por detrás de la iglesia. Una señora que buscaba suelto en su bolsa para darme se arrinconó. Le dije: "No se espante, es una provocación, no se espante". Varias personas pasaron corriendo y también les grité: "No corran, son salvas, son salvas, no corran". De pronto pasó un compañero y le llamé la atención: "¿A dónde vas? Hay que calmar a la gente para que no corra", y que se devuelve como un autómata y que se va hacia el centro de la Plaza y me di cuenta que ya no regresó y dije: "Híjole, éste ya no regresó".

• José Ramiro Muñoz, estudiante de la ESIME del IPN, tercer año de la carrera de Ingeniería Mecánica

Cuando me di cuenta de que el helicóptero bajaba peligrosamente sobre la Plaza de las Tres Culturas y ametrallaba a la gente –se veían rayas grises en el cielo– me quedé tan asombrada que dije: "No, esto no es verdad, es una película; esto sólo lo he visto en el cine. ¡No son balas de verdad!" Seguí caminando, como ida, como loca hasta que la gente me detuvo.

• Elvira B. de Concheiro, madre de familia

Desde entonces no puedo ver un helicóptero sin que me tiemblen las manos. Muchos meses después de haber visto –y eso, desde mi coche– al helicóptero disparar sobre la multitud, no pude escribir a mano de tanto que me temblaba. . .

• Marta Zamora Vértiz, secretaria

Dos helicópteros que mantenían vigilancia desde el aire sobre el desarrollo del mitin estudiantil descendieron y sus tripulantes dispararon contra los tiradores que se encontraban en las azoteas de los edificios.

Se sabe que el copiloto de una de esas naves resultó con un balazo en el brazo, cuando un francotirador le hizo varios disparos desde el edificio Chihuahua. La nave se alejó rumbo al Aeropuerto Internacional rápidamente.

• "Hubo muchos muertos y lesionados, anoche", *La Prensa*, 3 de octubre de 1968

Podría reconocer al hombre que iba disparando desde el helicóptero, de lo cerca que pasó.

• Ema Bermejillo de Castellanos, madre de familia

Cuando comenzó el tiroteo la gente se abalanzó por las escaleras de la Plaza que están situadas precisamente enfrente del edificio Chihuahua gritando: "El Consejo, el Consejo". Se dirigían a las escaleras del edificio con el único propósito de defender a los compañeros dirigentes. Allí, los grupos de agentes secretos apostados en las columnas del edificio comenzaron a disparar contra la multitud, rechazándola a balazos.

• Raúl Álvarez Garín, del CNH

Yo no entendía por qué la gente regresaba hacia donde estaban disparando los tipos de guante blanco. Meche y yo –parapetadas detrás del pilar– veíamos cómo la masa de gente venía gritando, ululando hacia nosotros, les disparaban y se iban corriendo y de pronto regresaban, se caían, se iban, venían de nuevo y volvían a caer. Era imposible eso, ¿por qué? Era una masa de gente que corría para acá y caía y se iba para allá y volvía a correr hacia nosotros y volvía a caer. Pensé que la lógica más elemental era que se fueran hacia donde no había balazos; sin embargo regresaban. Ahora sé que les estaban disparando también de aquel lado.

• Margarita Nolasco, antropóloga

Las unidades del ejército se desplegaron en torno a la multitud como pinzas y en pocos minutos todas las salidas estuvieron cerradas. Desde el tercer piso del edificio Chihuahua, lugar donde se había instalado la tribuna, no podíamos ver estas maniobras y el pánico nos parecía inexplicable: los dos helicópteros que sobrevolaban la Plaza casi desde el inicio del mitin habían tomado una actitud hostil y provocadora volando a muy baja altura y en círculos cada vez más cerrados, luego habían lanzado las bengalas, una verde y otra roja; al caer la segunda se inició el pánico y los miembros del Consejo tratamos de detenerlo: ninguno de nosotros veía que el ejército avanzaba bajo la tribuna. La multitud frenó de golpe al encontrarse frente a las bayonetas y retrocedió de inmediato: parecía una ola avanzando hacia el extremo opuesto de la Plaza; pero también allí estaba el ejército; desde arriba vimos cómo la ola humana empujaba hacia otro costado. Fue lo último: el tercer piso ya estaba tomado por el Batallón Olimpia. Aún sin entender por qué corría y de golpe retrocedía aquella multitud incontrolable, los últimos que quedábamos junto al micrófono, al volver el rostro, encontramos los cañones de las ametralladoras. El barandal fue ocupado por el Batallón Olimpia y a nosotros, con las manos en alto y de cara a la pared, se nos prohibió estrictamente voltear hacia la Plaza;

al menor movimiento recibíamos un culatazo en la cabeza o en las costillas. Cerrada la trampa se inició el asesinato colectivo.

• Gilberto Guevara Niebla, del CNH

ACTA NÚM. 54832/68

DECLARA UN LESIONADO.–EN LA CIUDAD DE MÉXICO, DISTRITO FEDERAL, siendo las 21:30 veintiuna treinta del día Tres de Octubre de 1968, mil novecientos sesenta y ocho, el personal que actúa se trasladó y constituyó legalmente al Hospital Central Militar, Sala de Emergencia, Cama 28 veintiocho en donde se tuvo a la vista al que en su estado normal dijo llamarse ERNESTO MORALES SOTO, protestando y advertido en los términos de ley, por sus generales manifestó llamarse como queda escrito, ser de 35 treinta y cinco años de edad, Viudo, católico, con Instrucción, Capitán Primero de Caballería del Ejército Mexicano, originario de Xicotepec de Juárez, Estado de Puebla y con domicilio en esta Ciudad en el Campo Militar Número uno y sobre los hechos que se investigan, DECLARÓ: –Que el de la voz presta sus servicios como Capitán Primero de Caballería, del 19 Regimiento, destacamentado en la Ciudad de Múzquiz, Estado de Coahuila, comisionado actualmente en esta Ciudad en el Batallón Olimpia al mando del Coronel ERNESTO GÓMEZ TAGLE, con funciones específicas de preservar el orden público durante el desarrollo de los Juegos Olímpicos, que el día de ayer fue comisionado, poniendo bajo su mando dos secciones de Caballería, compuesto de 65 sesenta y cinco hombres, pertenecientes al 18 y al 19 Regimiento de Caballería, para que se trasladaran a la Unidad Tlatelolco, yendo todos vestidos de paisanos e identificados como militares por medio de un guante blanco y protegieran las dos puertas de acceso al edificio denominado Chihuahua de dicha Unidad, confundiéndose con los ahí presentes, que se habían reunido sin saber para qué motivo, que posteriormente al lanzamiento de una luz de bengala, como señal previamente convenida, debería de apostarse en ambas puertas e impedir que entrara o saliera persona alguna, que después de lanzada la señal mencionada, empezaron a oírse gran cantidad de disparos que provenían de la parte alta del edificio mencionado así como de los ventanales y dirigidos hacia las personas que se encontraban reunidas, las que trataban de protegerse junto a los muros del edificio y algunas de ellas intentaban introducirse, que en cumplimiento a las órdenes

176

recibidas, la gente al mando del declarante disparó al aire para dispersar a la gente, hechos que ocurrieron aproximadamente a las 16:40 dieciséis horas con cuarenta minutos, que uno de los disparos que provenían de la parte alta del edificio lesionó al dicente en el brazo derecho, por lo que uno de sus elementos dio aviso a su Superior, el cual ordenó que fuese trasladado el dicente al Hospital en que actualmente se encuentra, ya que perdió el conocimiento, no dándose cuenta qué haya ocurrido posteriormente, que debido a que el dicente desconoce el nombre de las calles no le es posible precisar por qué calles se encuentren las entradas al edificio Chihuahua e ignora quién haya disparado y cuántas personas hayan resultado lesionadas, que de momento es todo lo que tiene que decir y previa lectura de lo actuado lo ratifica y estampa la huella digital de su pulgar izquierdo para constancia, por encontrarse imposibilitado para firmar.–FE DE LESIONES.–El personal que actúa e instituido nuevamente en la cama 28 de la Sala de Emergencia del Hospital Central Militar en donde se tuvo a la vista al que dijo llamarse ERNESTO MORALES SOTO, al que se da fe: que presenta las siguientes lesiones; Herida por proyectil de arma de fuego en cara anterior de codo derecho de un centímetro de diámetro, irregular, orificio de salida con las mismas características de dos centímetros por dentro del borde externo y sobre cara posterior del codo, lo que produce probable fractura.–Lesiones que por su naturaleza no ponen en peligro la vida y tardan en sanar más de quince días. –Previstas y sancionadas en la parte segunda del artículo 289 del Código Penal Vigente.– No Hospital. Mismas lesiones que se corroboran y describen en el certificado expedido por el C. Médico ALFREDO NEME DAVID cuyo original se tiene a la vista y se anexa a las presentes actuaciones... DAMOS FE... CÚMPLASE... SE CIERRA Y AUTORIZA LO ACTUADO... DAMOS FE...

EL C. AGENTE DEL M. PÚBLICO
LIC. GERMÁN VALDEZ MARTÍNEZ
T. DE A.
ALBERTO LÓPEZ ISLAS
T. DE A.
LÁZARO RODRÍGUEZ MORALES

Se inicia una descarga más intensa que cualesquiera de las otras, que se prolonga más, más y más. Ésta es la representación del genocidio, en su justa, dolorosa dimensión. Sesenta y dos minutos de fuego nutrido hasta que los soldados no soportan el calor de los aceros enrojecidos.

• Leonardo Femat, "Cinta sonora que relata el drama".
La noche de Tlatelolco, *Siempre!*, n. 799, 16 de
octubre de 1968

Yo salí de la Universidad con un grupo de compañeros. Llegamos a la Plaza de las Tres Culturas y comenzó a lloviznar. Se formaron contingentes y yo iba con una pancarta de mi escuela que decía: "Facultad de Derecho, Presente". Había otras: "La sangre de nuestros hermanos no habrá sido derramada en vano". Yo estaba sentada en las gradas frente al Chihuahua cuando vi las luces de bengala y en unos cuantos segundos empecé a oír lo que más tarde supe era el tableteo de las ametralladoras. El compañero en la tribuna dijo: "¡No se muevan, calma, siéntense!" Y yo me senté con mi pancarta; no la solté. No creí o no me di cuenta de la gravedad de lo que estaba pasando y seguí allí agarrando mi pancarta hasta que un compañero me gritó: "¡Tira esa cosa!", porque con la pancarta era yo un blanco perfecto. La aventé y corrí junto con Tita. Corrimos hacia un costado de las banderas, las asta-banderas en la Plaza de las Tres Culturas, sobre un lado de la Vocacional 7, y allí nos agachamos Tita y yo tratando de protegernos. Oí entonces a una muchacha que pedía ayuda: "Mamacita, mamacita, ayúdenme..." También oí cosas como: "Mi bolsa, mi bolsa, ¿dónde está mi bolsa?" En un momento dado brincamos esos muritos prehispánicos y caímos en una especie de fosas. Yo me caí y sobre de mí cayeron otras gentes. Se oían gritos, ayes de dolor, lloridos, y entonces me di cuenta que la balacera continuaba cada vez con más intensidad. Tita y yo salimos corriendo hacia Manuel González y los soldados nos gritaban: "¡Jálenle, jálenle!" En el momento en que salimos pasó un volkswagen blanco que ya iba lleno de estudiantes y nos gritaron: "¡Súbanse!" No sé si nos llamaron por nuestros nombres: "¡Nacha! ¡Tita, súbanse!", y una de las cosas cómicas es que tampoco sé cómo logramos entrar en ese carro ya atestado de estudiantes. De allí fuimos todos por Paseo de la Reforma hacia República de Cuba y allí Tita se bajó porque era muy conocida y fácil de distinguir. Se lo decíamos. "Por tu volumen, te pueden reconocer a un kilómetro de distancia". Yo regresé en el mismo carro con dos compañeros de Físico-Matemáticas del Poli –pero no sé sus nombres–, para ver si podíamos encontrar a algunos compañeros que no sabíamos qué suerte habían corrido. Los muchachos se estacionaron en la avenida en que está Relaciones Exteriores, pero no sé su nombre porque yo no soy de aquí, soy de Taxco, Guerrero; se bajaron: "Tú quédate en el coche", y yo me quedé sola esperándolos. Pero a medida que pasaba el tiempo me iba poniendo muy nerviosa; los tiros no cesaban, al contrario, llegaban ambulancias con su horrible sirena, pasaban más y más soldados, tanques, soldados armados hasta los dientes. Frente a mí se estacionó una ambulancia y en ese momento subieron a un muchacho con toda la cabeza ensangrentada; una masa sanguinolenta. Yo lo vi a una distancia de tres o cuatro metros y sentí un vuelco en el estómago. Después pasó un tropel de gente que gritaba: "¡Se está quemando el edificio Chihuahua!" Levanté la vista y vi humo. Se cayó un cable de alta tensión; toda la gente que pasaba junto al volkswagen gritaba, entonces me dio miedo y salí del coche como desesperada y me fui corriendo. Debo haber corrido mucho tiempo sin notarlo porque cuando volteé ya estaba yo en el Sanborns de Lafragua. Allí me detuvo un conocido y me dijo "¿Qué te pasa?" Entonces me di cuenta que había yo estado llorando porque tenía toda la cara manchada por el rímmel; todo se me había corrido; bueno estaba yo mal, mal, mal. Allí me hicieron que tomara un café: "cálmate, cálmate, cálmate, por favor"; me lo trajeron a la puerta porque yo estaba temblando y a la puerta salieron varios muchachos más. Lo único que pude decirles es: "Están matando a los estudiantes". De allí, ellos mismos me fueron a dejar a un departamento en la avenida Coyoacán n. 1625, donde yo vivía con Tita y con otra amiga...

• Ana Ignacia Rodríguez, *Nacha*, del Comité
de Lucha de la Facultad de Leyes, UNAM

Nunca pensamos que el 2 de octubre hubiera agresión por parte del gobierno porque días antes hubo un mitin en Tlatelolco y en la mañana varios del CNH –los más inteligentes y los más preparados, yo nunca digo nombres ¿eh?– fueron a la Casa del Lago a hablar con Caso y De la Vega, y nosotros pensamos que ya existía una especie de tregua tácita puesto que ya había visos de que se llegaría a un acuerdo. Por lo tanto programamos el mitin y desistimos de la marcha al Casco de Santo Tomás, ocupado por el ejército, para que no se pensara en una provocación y esto se anunció casi inmediatamente en la tribuna... No, yo no estaba en la tribuna; me quedé en la explanada con Nacha... Pero pues nos resultó el tiro por la culata...

• Roberta Avendaño, *Tita*, delegada de la Facultad de Leyes
de la UNAM ante el CNH

Había mucha sangre pisoteada, mucha sangre untada a la pared.

• Francisco Correa, físico, profesor del IPN

Protegía mi nuca con las manos entrecruzadas; la mejilla y el estómago y las piernas estampadas en el suelo de la habitación. Yo era el último de entre las filas. Estaba casi pegado a la puerta de entrada al departamento. Los estallidos de armas de todas clases me hicieron reaccionar y les pedí a los compañeros de piso que se corrieran lo suficiente como para permitirme aprovechar la mínima protección que brindaba la pared lateral, que dividía la primera parte del departamento donde nos encontrábamos. Escuchaba por la puerta:

–¡Aquí Batallón Olimpia, no disparen, aquí Olimpia!

Mis compañeros de suelo hicieron lo que les pedía y logré colarme hacia la pared. Allí estuve no sé cuánto tiempo pensando, pensando, pensando:

"Hijos de puta, hijos de mala madre, perros asesinos."

No hablábamos, sólo una que otra frase del mismo tipo que mis pensamientos saltaba en el impresionante "silencio" lleno de balas que nos envolvía. Había perdido mis anteojos.

• Eduardo Valle Espinoza, *Búho*, del CNH

Alguien empezó a llorar con el rostro hundido entre los brazos, apenas se oía. Calma, no llores, dijo en voz baja un compañero, este momento no es para llorar; es para grabárselo a fuego y recordarlo cuando tenga que pagarlo quien deba pagarlo.

• Eduardo Valle Espinoza, *Búho*, del CNH, citado en DA

En algún momento la tormenta de balas amainó. A rastras nos recogimos en dos habitaciones que tenía el departamento en su parte posterior. En el trayecto vi a varios compañeros del CNH, tenían miradas extrañas. No era terror, ni tan siquiera miedo; era un brillo de odio reconcentrado, unido al suplicio de la impotencia. Nos introdujimos en el pequeño dormitorio.

Una vez dentro, se desató una nueva granizada de balas. Nuevamente nos tendimos en el suelo, pero ahora estaba mojado, con una capa de agua, y nos empapamos las ropas. Con el avance de la noche empezó a hacer frío. Dentro del múltiple estallido de balas, se escuchó un disparo anormalmente fuerte, en seguida empezó a llover. Nos preocupamos un poco más, con el fuerte disparo se había cimbrado el edificio. Dos palabras lo dijeron todo: "Una tanqueta".

> • Eduardo Valle Espinoza, *Búho*, del CNH

¿Me está saliendo mucha sangre?

> • Pablo Berlanga, a su madre Rafaela Cosme de Berlanga

No era posible dejar de correr. Las balas nos pasaban por todos lados. Corríamos dos o tres metros a cubierto y tres o cuatro al descubierto. Las balas suenan muy parecido al despegue de un jet. No había manera de dejar de correr. Oíamos cómo los vidrios de las tienditas de la planta baja del Chihuahua explotaban y corrimos justo a la escalera donde nunca debimos habernos parado nuevamente. Ya abajo, a pesar de que yo seguía diciendo majaderías, me acordé de la gran cantidad de amigos y compañeros que había en el mitin y tuve una contracción en el estómago. Recordé nombres, caras. Al llegar·a ese cubo de la escalera por donde antes subía y bajaba la gente del CNH que estaba en la tribuna me encontré a Margarita y a Meche, y me dijeron desesperadas: "María Alicia, nuestros hijos están en el cuarto piso". Por primera vez sentí que podría hacer algo que valiera la pena entre tanta confusión y tanto dolor, sentí una impotencia brutal y les dije: "Yo las acompaño". El muchacho que me salvó la vida, al aventarse sobre mí y tirarme al suelo de la tribuna cuando los primeros balazos, seguía como mi abrigo, como mi capa, como mi suéter. No sé quién es. Tengo una memoria fotográfica pero no registré la cara de este muchacho... Intentamos las tres subir la escalera y en el primer descanso apareció otro muchacho. Yo lo había visto en la tribuna del tercer piso del Chihuahua hablar familiarmente con varios compañeros. Me impresionó porque tenía la muñeca izquierda herida y un pañuelo blanco cubriéndole la mano y me dijo:

—Maestra, no se vaya, esto va a ser muy breve.

Yo iba a bajar porque vi a unas amigas en la explanada. Me tomó del antebrazo y muy correctamente me ayudó a subir. Yo emocionada ante otro estudiante héroe me dejé llevar. Entonces Mercedes gritó: "Señor, mis hijos están allá arriba". Margarita la secundó y yo me quedé viéndolo y pensando que el heroísmo de los muchachos es a veces así, increíble. Muchas horas después supe que era uno de los asesinos que habían copado la escalera para que no escaparan los del CNH. Me reconoció. No nos dejó subir. Nos regresó. Recuerdo que una oleada de gente nos empujó y nos arrastró hasta la mera punta del Chihuahua, mientras continuaban los disparos desde los edificios. Una muchacha gritaba: "¡Asesinos, asesinos!" La abracé, traté de calmarla pero ella gritaba cada vez más fuerte, hasta que el muchacho que iba detrás de mí la sacudió. En ese momento me di cuenta de que a ella le faltaba todo el pabellón de la oreja y sangraba. La gente seguía amontonándose para que le tocara un pedacito de techo, nos apretujábamos; yo sentía que estaba en medio de una gran multitud o en una lata de conservas. Me fijé en la punta del zapato café de una mujer. Una ráfaga de metralla pasó rociando el lugar en donde estábamos. Vi el impacto de una bala a unos cuantos centímetros del zapato. La mujer dijo nada más "¡ay!" y otra voz le respondió: "Tienes que hacer un esfuerzo. Camina porque es peor que te quedes herida aquí". Todos empezamos a caminar y vi un datsun rojo, manejado por una muchacha. A ella le dio una bala; la vi caer sobre el volante y escuché el claxon que se quedó pegado... El muchacho me repetía: "No veas, no veas". Seguimos corriendo hacia uno de los edificios atrás del Chihuahua...

• María Alicia Martínez Medrano, directora de guarderías

Entonces oí cosas como: "Guante blanco, guante blanco, no disparen". Después otros que gritaban: "Necesitamos aquí el radio, el radio, que no disparen para acá, avisen por radio". Eran gritos desesperados. Los gritos venían de abajo de nosotros o sea del tercer piso y de arriba, o sea del quinto o sexto piso: "¡Batallón Olimpia!" y empezaron a sonar los silbatos esos, tiu, tiu, tiu... "Batallón Olimpia, formados para acá." Y luego oí nada más: "El 8 y el 14"... "8 ¿están todos?"... "14 ¿quiénes faltan del 14?" Después gritaron: "¿Qué ya salieron todos los del elevador?" y de nuevo los silbatitos tiu, tiu, tiu, "Batallón Olimpia, Batallón Olimpia, aquí, Batallón Olimpia, contesten". Siguieron durante mucho tiempo los gritos angustiosos de policías: "¡No tiren, la mano blanca, son de la mano blanca!" Esto da una idea de que la cosa fue absolutamente caótica por un lado y que por otro adquirió una magnitud que rebasó totalmente el control de sus organizadores. Lo que sí puedo asegurar es que obviamente todo estaba preparado, el gobierno sabía lo que iba a hacer. Se trataba de impedir cualquier manifestación o brote estudiantil antes y durante las Olimpiadas. Las luces de bengala fueron la orden de tirar y se disparó de todas partes y los supuestos francotiradores –y te lo digo, porque los que estuvimos allí y lo vimos podemos decirlo con toda conciencia sin temor a equivocarnos–, los francotiradores eran parte de la organización gubernamental.

• Mercedes Olivera de Vázquez, antropóloga

El gobierno dijo: "Acaben con esto, pero ya". No contó con que los granaderos, los soldados, los agentes, tienen iniciativa propia, y mucha.

• Roberta Ruiz García, maestra de primaria

Hubo un agente a quien le entró el cuscús y disparó. Por eso se desató todo.

• Luis Argüelles Peralta, estudiante de la ESIME,
  cuarto año de Geología

Los dueños del departamento eran dos señoras de edad, muy religiosas, y un señor con aspecto de burócrata que nos trataron muy bien... Las dos ancianas invocaban a Dios para que todo terminara pacíficamente y "les dieran a los muchachos lo que pedían". También comenzaban a hablar de mudarse de casa porque en la Unidad las "iban a matar los sustos". Mientras tanto, afuera, el tiroteo no cesaba y las imprecaciones de los soldados se seguían oyendo. Dos muchachos y yo nos asomamos por la ventana del baño que daba al parquecillo de la Unidad Habitacional y vimos a varios soldados escondidos entre la hierba que disparaban a todo lo que se moviera. Algunos compañeros hablaban de salir y enfrentarse a la tropa. En ese momento, vimos entrar carros blindados a la Unidad. Se oían voces de mujeres que lloraban y se preguntaban por la suerte de familiares y conocidos. Un señor, afuera, corría gritando que los niños no salieran porque se estaba agrediendo a todo el mundo. Decía que los soldados disparaban y golpeaban a quien se les parara enfrente y que ya había gran cantidad de muertos y heridos. Un compañero del Politécnico, que había estado en el Casco de Santo Tomás cuando éste fue tomado por el ejército afirmaba una y otra vez que lo que estaba sucediendo era peor que lo de aquella vez. Algunas muchachas lloraban quedamente y se oían no pocas expresiones "condenatorias" a la acción militar. Por fin, a eso de las ocho de la noche, el tiroteo amainó y empezamos a pensar cómo salir de allí. Los dueños del departamento nos pedían (casi nos suplicaban) que permaneciéramos en su casa, de ser necesario, hasta el día siguiente. Se seguían oyendo descargas aisladas pero cada vez con menos frecuencia. Los compañeros empezaron a salir de dos en dos.

• David Huerta, de la Preparatoria 5 de la UNAM

Perdimos de vista a Reyes y oí un grito de mi hermano: "¡No me sueltes!" Nos agarramos de la mano fuertemente. Me fui hacia la derecha, tratando de llegar al jardín donde están las ruinas. Muchos estaban allí intentando esconderse de la terrible balacera que venía de todas direcciones. El impacto de los proyectiles se imponía sobre los otros sonidos y una lluvia de fragmentos producidos por las piedras de las ruinas bajo el impacto de las balas se batía sobre nuestras cabezas. Todavía tenía firmemente agarrada la mano de mi hermano a pesar de que había personas que se habían interpuesto entre nosotros y traté de jalarlo hacia mí. Algunos estudiantes entre nosotros habían caído, unos muertos, otros heridos. A mi lado estaba una muchacha que había sido tocada en la cara por una bala expansiva. ¡Qué horror! Todo el lado izquierdo de su cara había sido volado.

Los gritos, los aullidos de dolor, los lloros, las plegarias y el continuo y ensordecedor ruido de las armas hacían de la Plaza de las Tres Culturas un infierno de Dante.

• Diana Salmerón de Contreras

¡Un médico, por favor, por piedad, por lo que usted más quiera! ¡Un médico, por Dios!

• Olga Sánchez Cuevas, madre de familia

¡No dejan entrar a las cruces! Llegaron aullando como locas. Las detuvieron; les pidieron que apagaran su sirena, su luz.

> • Berta Cárdenas de Macías, habitante de la Unidad Nonoalco-Tlatelolco

¡Les dije a todos que la Plaza era una trampa, se los dije! ¡No hay salida! ¡Más claro lo querían ver! Les dije que no había ni por donde escapar, que nos quedaríamos todos encajonados allí, cercados como en un corral. ¡Se los dije tantas veces, pero no!

> • Mercedes Olivera de Vázquez, antropóloga

Amo el amor.

> • Botón hippie encontrado en la Plaza de las Tres Culturas

Jalé el brazo de mi hermano: "Julio, ¿qué te pasa?" Lo volví a jalar, sus ojos estaban muy tristes y entreabiertos y pude oír sus palabras: "... Es que..."

No pude pensar en nada. El tremendo apretujamiento de la gente hacía difícil oír. Después pensé que si hubiera sabido, si me hubiera dado cuenta de que Julio ya estaba muriéndose, hubiera hecho algo descabellado en ese mismo momento y lugar.

Más tarde algunos de los soldados que habían disparado a los edificios que rodean la Plaza se nos acercaron. El olor a pólvora era insoportable. Poco a poco la gente nos hizo un lugar para que me pudiera acercar a Julio: "Hermano, contéstame".

–Debe estar herido –me dijo una mujer–. Afloje su cinturón.

Cuando aflojé su cinturón, mi mano se hundió en una herida. Después en el hospital supe que había sido tocado tres veces; una en el estómago, otra en el cuello y otra en la pierna. Estaba muriéndose.

> • Diana Salmerón de Contreras

¡Ya basta! ¿A qué horas se va a acabar esto?

- Pedro Díaz Juárez, estudiante

Hermanito, ¿qué tienes? Hermanito, contéstame...

- Diana Salmerón de Contreras

El fuego sobre el edificio Chihuahua alcanzó tal magnitud que, cerca de las 19 horas, comenzó a incendiarse gran parte del edificio.

Durante largo tiempo se prolongó el siniestro. Las llamas alcanzaron del piso diez al trece y muchas familias tuvieron que salir de la zona, en medio del intenso tiroteo, cargando a sus pequeños y arriesgándose a ser heridos. Así, vimos a muchos otros caer heridos por las balas.

- Jorge Avilés R., reportero, "Durante Varias Horas
  Terroristas y Soldados Sostuvieron Rudo Combate",
  El Universal, 3 de octubre de 1968

Hermanito, háblame... ¡Una camilla, por favor! Hermanito, aquí estoy... ¡Una camilla!... ¡Soldado, una camilla para una persona herida!... Hermanito, ¿qué te pasa?... Hermano, contéstame... ¡Una camilla!

- Diana Salmerón de Contreras

Varios cadáveres en la Plaza de las Tres Culturas. Decenas de heridos. Mujeres histéricas con sus niños en los brazos. Vidrios rotos. Departamentos quemados. Las puertas de los edificios, destruidas. Las cañerías de algunos, rotas. De varios edificios salía agua. Y las ráfagas aún continuaban.

- "Se Luchó a Balazos en Ciudad Tlatelolco, Hay un
  Número aún no Precisado de Muertos y Veintenas de
  Heridos", *Excélsior,* 3 de octubre de 1968

Ahora que Julio y yo estábamos juntos pude levantar la cabeza y mirar alrededor. Mi primera impresión fue la de las personas que estaban tiradas en la Plaza; los vivos y los muertos se entremezclaban. Mi segunda impresión fue que mi hermano estaba acribillado a balazos.

• Diana Salmerón de Contreras

Quien esto escribe fue arrollado por la multitud, cerca del edificio de Relaciones Exteriores. No muy lejos se desplomó una mujer, no se sabe si lesionada por algún proyectil o a causa de un desmayo. Algunos jóvenes trataron de auxiliarla, pero los soldados lo impidieron.

• Félix Fuentes, reportero, "Todo empezó a las 18:30 horas",
La Prensa, 3 de octubre de 1968

—¡Soldado, una camilla, soldado!
—¡Cállate y échate si no quieres dos! —contestó el "heroico Juan", como los llama el presidente. Insistí e insistí. De pronto se acercó un estudiante de medicina:
—¡Este muchacho necesita ser llevado a un hospital, rápido! —le dijo al soldado.
—Cállate, hijo de la chingada.
Todos los que miraban se unieron y empezaron a gritar: "Una camilla".
Se improvisó una camilla con algunos tubos y un abrigo, pero el estudiante de medicina que nos ayudó fue detenido.

• Diana Salmerón de Contreras

En unos minutos aquello era un infierno. El rugido de las armas era ensordecedor. Los cristales de los departamentos volaban hechos añicos y en el interior las familias, locas de terror, trataban de proteger a sus hijos más pequeños.

• Jorge Avilés R., redactor. "Durante Varias Horas
Terroristas y Soldados Sostuvieron Rudo Combate",
El Universal, 3 de octubre de 1968

¡Lucianito está allá adentro!

• Elvira B. de Concheiro, madre de familia

—¡Déjenme ir con él, soy su hermana!
Entonces me dieron permiso de seguir a la camilla. Subí con mi hermano a la ambulancia militar.

• Diana Salmerón de Contreras

ÚNETE-PUEBLO - ÚNETE-PUEBLO - ÚNETE-PUEBLO - ÚNETE-PUEBLO -

• Coro en manifestaciones

Hermanito, ¿por qué no me contestas?

• Diana Salmerón de Contreras

Empecé a ver todo nublado, no sé si por las lágrimas o por el agua que caía. Presenciaba la matanza a través de esa cortina de lluvia, pero todo lo veía borroso, ondulante, como mis fotografías en la emulsión, cuando empiezan a revelarse... No veo bien, no veo. Moqueaba, sorbía mis mocos, sacaba fotos sin ver, el lente salpicado de agua, salpicado de lágrimas...

• Mary McCallen, fotógrafa de prensa

Allí me encontré (en la pared de la iglesia) con los compañeros de *Excélsior*, un redactor y un fotógrafo. A Jaime González le habían quitado su cámara por la fuerza. El redactor decía: "Soy periodista", pero un soldado le contestó: "Mucho gusto... pero me importa poco, siga contra la pared". A Jaime González le hirieron una mano de un bayonetazo para quitarle la cámara.

• "Cómo vivieron la refriega los fotógrafos", versión de Raúl Hernández, fotógrafo de *La Prensa*, *La Prensa*, 3 de octubre de 1968

Antes de entrar a la ambulancia militar, un "estudiante" que había visto en la UNAM se me acercó:
–Tu bolsa, por favor...
–¿Para qué?
El soldado que me acompañaba también se sorprendió:
–¿Quién eres tú?
Un signo en la mano del seudoestudiante lo convenció:
–Ah, ¿eres de ellos?
Era un agente-estudiante. Le di mi bolsa. La registró y me la devolvió. Todavía no sé por qué me la pidió.

En el hospital lo llevaron adentro y esperé horas para conocer el resultado de la operación. En una de sus apariciones un enfermero preguntó a las mujeres que, como yo, esperaban:
–Un muchacho de traje azul, ¿con quién vino?
–Conmigo... Aquí, aquí, conmigo, sí, sí.
Me llevó a identificar el cadáver de Julio y a firmar los papeles necesarios.

Cuando estábamos velando a Julio, la solidaridad de sus compañeros me llegó muy profundamente. Todos los muchachos de la Vocacional número 1 vinieron a la casa tan pronto como supieron de la tragedia. Habían recolectado unos quinientos pesos. Mi hermana les dijo que no necesitábamos el dinero, que era mejor usarlo para el Movimiento. "No", dijeron todos, "tu hermano es el Movimiento. Toma los quinientos pesos."

Julio tenía 15 años, estudiaba en la Vocacional número 1 que está cerca de la Unidad Tlatelolco. Era la segunda vez que asistía a un mitin político. Él me invitó a ir ese día. La primera vez, fuimos los dos juntos a la gran manifestación silenciosa. Julio era mi único hermano.

• Diana Salmerón de Contreras

189

Me voy a morir. Me duele. Estoy seguro de que me voy a morir. Lo supe desde el momento en que los policías me pusieron la pistola en el pecho y nos hicieron levantar las manos. Pensé: "Aquí se acabó todo... A lo mejor ya me tocaba". Los disparos se escuchaban abajo y era una agitación de los mil demonios. Cuando nos pidieron que nos pusiéramos boca abajo y nos seguían apuntando, me arrepentí de no haber hecho algo más serio en la vida. Hice un balance breve de lo vivido hasta ahora y de pronto sentí el balazo. Aquí estoy en Tlatelolco, hoy 2 de octubre, tengo veinticuatro años. Me está saliendo mucha sangre. Aquél también se está desangrando. Hace un rato se movía, ahora ya no. ¿Por qué no se mueve? ¡Hijos, me duele! Sin embargo, no sentí nada, pero nada, cuando me dieron. Hasta me moví y aquí vine a caer. ¡Cómo corren todos! Y yo que no puedo ni jalar esta pierna hacia mí. No veo ni un maldito camillero, no se oye nada con estas ametralladoras. Si me muero, me dedicará la mitad de su columna, a lo mejor toda la columna. Yo le pasé los datos para la "O" que le hizo a Luis H. de la Fuente. Me gustó. Le salió muy bonita, China. ¿Quién le pasará mis datos?

• Rodolfo Rojas Zea, reportero de *El Día*

Vi la sangre embarrada en la pared.

• Luz Vértiz de López, madre de familia

A mí no me agarraron en Tlatelolco, quizá sea suerte o podamos llamarle el destino, la ciencia de vivir o no sé qué; pero ahí se vio cómo en unos cuantos minutos o en unas cuantas horas podía extinguirse toda una vida que uno ha llevado bien o mal; una vida que se acaba en esa acción brutal ejercida contra el pueblo de México: Tlatelolco. A mí me agarraron y me metieron preso, pero después, no cuando Tlatelolco. Nosotros todavía jalábamos a la gente, la calmábamos: "Es una provocación, no corran, no se asusten, es peor, no corran, nos van a ir sacando despacio"; pero la gente, como ya había tenido varias experiencias, no respondía al llamado de los compañeros ni de nadie. Fue una estampida general, porque, al mismo tiempo que se oyó el primer disparo, ¡jijos!, que salen todas las descargas. Vi caer a varios compañeros y yo con el ansia de ayudarlos hasta que se puso más fuerte la balacera y no quedó más remedio que tratar de salvarse. Hubo varios chiquillos que, si no murieron de bala, murieron aplastados en el tumulto. Los soldados ya

190

estaban rodeando la parte trasera de la Vocacional número 7, y vi
que la gente se aventaba de los cubos prehispánicos para abajo; era
una locura, se atropellaban unos a otros; gritos, llantos, señoras con
niños en brazos, trabajadores, estudiantes, ferrocarrileros, chama-
quitos. Los soldados avanzaban, como en las películas, con la bayoneta calada; agachados, caminaban unos cuantos metros y luego se
parapetaban detrás de los coches; desde ahí disparaban hacia el
edificio Chihuahua. Me asombró oír el tableteo de una ametralladora. Me di cuenta, y esto es un punto muy importante, de que
cuando comenzó a disparar la ametralladora, dos compañeros, un
muchacho y una muchacha, de plano alzaron las manos para entre-
garse y no sé si los soldados estaban drogados o qué, pero hubo una
descarga brutal contra ellos. Otros compañeros que presenciaron
esto dieron gritos de terror, no podían hacer otra cosa más que gritar, porque no tenían con qué defenderse. Cerca de ellos estaba la
ametralladora disparando directamente contra el edificio; continuamente botaban los casquillos de las balas y la desesperación era
absoluta porque nadie, ninguno de nosotros, podía hacer nada...
   Yo pude guarecerme casi inmediatamente porque una señora
abrió o cometió el error de entreabrir su puerta, y todos nos arro-
jamos sobre esa puerta y nos metimos; éramos como sesenta y cinco en ese cuarto del edificio San Luis Potosí. Oíamos el obstinado
tableteo de la ametralladora y empezó una auténtica guerra de
nervios: una señora se desmayó, la dueña de la casa descontrolada,
la desesperación de los compañeros de no poder defenderse, de
no tener algo con qué contestar, y muchos cuates, que yo creí bastante recios, comenzaron a llorar; varias compañeras los calmaban.
Por coincidencia, unos momentos antes encontré a mi hermana
en la bola; dejé todo, la jalé de los pelos y no la volví a soltar. Mi
hermana es más luchadora que yo, más atrabancada, en eso me rebasó, y estaba tan indignada que no podía dejar de decir groserías... Del departamento no podíamos salir, al menos hasta que se
calmara el fuego. La señora de la casa estaba preocupada porque
sus hijos no llegaban, nosotros estábamos ocupando el lugar de sus
hijos. A las dos o tres horas llegaron y se tranquilizó. "Muchachos,
ahora el problema es cómo van a salir." Pensamos: Bueno, aquí hay
varias señoras, que salgan ellas con los muchachos. Entonces dejamos allí todo lo que pudiera identificarnos como estudiantes, porque en aquellos momentos era mayor delito ser estudiante que asesino. Mi hermana y yo salimos acompañando a una señora como a
las tres de la mañana. La dueña de la casa se portó a todo dar. Toda la gente que vive en Tlatelolco jaló parejo. También en el mitin
del 21 de septiembre apoyaron a los estudiantes. Los habitantes de
muchos edificios de la Unidad les arrojaban agua hirviendo des-

de las ventanas a los granaderos; en fin todos defendían Tlatelolco. Por eso, ellos sintieron en carne propia lo del 2 de octubre.

• Daniel Esparza Lepe, de la ESIME del IPN

Todos nos sentíamos impotentes. En la otra acera del Paseo de la Reforma me tocó ver compañeros –muchachitos de doce, trece, catorce años– que trataban de lanzar piedras hacia el otro lado de la avenida; tal vez eran de prevocacional y lloraban por lo que estaba pasando; querían hacerle frente a la situación; lloraban de rabia. Entonces me acerqué a uno de ellos y le dije: "Oye, así no vas a conseguir nada. Una bala es más rápida que una piedra. Cálmate mejor porque aquí de un balazo te acaban. Y tú con una piedra ni siquiera les llegas hasta allá". El compañero reaccionó y me dijo: "Tienes razón". Se bajó de la barda y se fue. Un señor iba gritando: "¡Asesinos, cobardes, asesinos...!" No iba herido sino que lo llevaban arrastrando porque quería regresarse a la Plaza. Una familia –creo que eran chinos– se encaminaba, todos en bola, hacia la Plaza de las Tres Culturas. Nadie los entendía pero la gente se apartaba para dejarlos pasar porque estaban llorando. Cuando llegué a mi casa, una compañera también de allí de donde vivo quería irse a Tlatelolco a buscar a su mamá que había ido al mitin con su hermano más chiquito...

• José Ramiro Muñoz, de la ESIME del IPN, tercer año de Ingeniería Mecánica

¡Y Lucianito está allá adentro!

• Elvira B. de Concheiro, madre de familia

Junto al párpado, le empezó a salir un hilito de sangre...

• Blanca Vargas de Ibáñez, madre de familia

Llegué cuando ya había empezado la balacera. Mucha gente pasó corriendo a mi lado y oí decir a una muchacha: "Hay muchos muertos, hay muchos muertos..." Entonces enloquecí. Empecé a gritar. Todo estaba sitiado. ¿Y si yo me arrastro no podré entrar a la Plaza de las Tres Culturas? Unas mujeres me detenían; se hizo una bolita de mirones...

–Déjenla pasar, déjenla pasar, está buscando a su hijo. Su hijo está allá.

Apenas gritando horrores podía mantenerme en pie... Junto a mí discutían:

–Ella tiene razón, si su hijo está allá...

–Pero si no es nada más mi hijo: son los hijos de todos ustedes...

Llegaban más soldados. De pronto una de las mujeres que me había estado oyendo sacó de bajo su abrigo una botella de leche vacía –ahí la tengo en la alacena todavía– y me dijo: "Tome usted, de algo le ha de servir".

• Elvira B. de Concheiro, madre de familia

Las escenas de dramatismo son inenarrables. El pavor reflejado en los rostros, los lamentos de los heridos que eran sacados del lugar y el fuego graneado se repetían una y otra vez. La gente, que a varias cuadras de distancia presenciaba los hechos, estaba enardecida. No sabían si responsabilizar a las autoridades de lo que estaba pasando, pero gritaban denuestos a todo mundo. Los ciudadanos, víctimas del natural shock nervioso por los hechos, perdieron la compostura y trataron de avanzar hacia la zona del tiroteo; hubo que dispersarlos con gas lacrimógeno, a las 21:15 en la esquina de Allende y Nonoalco.

• Jorge Avilés R., redactor, "Durante Varias Horas
Terroristas y Soldados Sostuvieron Rudo Combate",
El Universal, 3 de octubre de 1968

Mi padre murió poco tiempo después de que muriera Julio. Como resultado del choque, tuvo un ataque al corazón. Era su hijo único, el menor. Repetía muchas veces: "Pero ¿por qué mi hijo?..." Mi madre sigue viviendo, quién sabe cómo.

• Diana Salmerón de Contreras

En la ceja tenía una cortada tremenda que le bañaba de sangre todo el rostro. Le dije de chiste: "¿Qué te subiste a un ring de box?"

Y se soltó llorando, creo que por la conmoción, porque siempre ha sido un muchacho sereno, aguantador.

• José Merino Gasca, ingeniero, padre de familia

¿Quién? ¿Quién ordenó esto?

• Pablo Castillo, estudiante de la Universidad Iberoamericana

¡Esta balacera es la que más ha durado! ¡La de Santo Tomás fue un juego!

• Juan Medina Castro, estudiante de la ESIQIE del IPN

Yo estaba en el edificio Aguascalientes (de lujo) que se encuentra junto a la Vocacional número 7, en la Unidad Nonoalco, y desde que se oyeron los primeros disparos, y como si se hubiera dado una orden, todos los habitantes de este edificio optaron por permanecer en la sala de sus departamentos, acostados en el suelo. Apenas se inició el tiroteo –eran, creo, las 6 y 15–, el portero del edificio se fue a esconder al sótano y no salió de ahí sino hasta cuatro horas después. En el séptimo piso, un ingeniero como de cincuenta años recibió un tiro en el hombro derecho, y lo traía totalmente destrozado. Al parecer la herida fue producida por una bala expansiva. Se hizo un llamado telefónico a la Cruz Roja pero en su lugar acudieron dos soldados armados con ametralladoras. Ya no volvimos a saber del ingeniero. La angustia y la desesperación se reflejaban en los rostros de los habitantes de todo el edificio. Apenas amainaba el fuego, trataban de comunicarse con el esposo, la esposa, los hijos o parientes ausentes para informarles del estado en que se encontraban y para advertirles que no debían intentar venir a la Unidad porque todo individuo que pretendía entrar o salir era detenido.

Comentaban los hechos pasados y con palabras amargas se referían a la prensa nacional "que nunca informó de los hechos reales de los sucesos". En concreto, hablaron del caso del teniente Uriza Barrón que mató a dos policías o granaderos "antimotines". Decían: "Todos los periódicos dijeron que el teniente había disparado contra los policías porque habían golpeado a su madre, pero los habitantes de Tlatelolco sabemos que actuó así porque le faltaron al respeto a su hermana. Los periódicos nunca dijeron eso"...

Yo no sé si será cierto –corren tantas versiones–, pero algo muy grave debieron hacerle al teniente Uriza Barrón para que desenfundara la pistola y matara.

El agua se acabó y las reservas de alimentos escasean por momentos. Como una muestra de solidaridad, los habitantes se repartieron las reservas en sus despensas. Los que tienen el mayor número de hijos y nada en la despensa fueron abastecidos por sus solidarios vecinos. Los pequeños lloraban y los más grandecitos miraban con asombro a sus padres.

• Alfredo Corvera Yáñez, estudiante de la Facultad de Comercio y Administración de la UNAM

A nosotros nos han acusado de ser los ricos del Movimiento; lo que pasa es que con esas brigadas tan grandes (algunas de doscientos estudiantes, subidos en nuestros camiones para poder visitar diferentes puntos de la ciudad) cada grupo de diez muchachos llevaba siempre una urna para colectas económicas y, como la gente siempre cooperaba, cada una traía por lo menos cincuenta pesos.

• Félix Lucio Hernández Gamundi, del CNH

Llegó un oficial y empezó a preguntar nombres y escuelas. Al poco tiempo regresó con varios hombres armados, conducían a un joven delgado, de regular estatura, muy golpeado. Nos pusieron en fila, con un cerillo iluminándonos la cara fuimos presentados uno a uno frente a él. ¿Es éste?, el muchacho negaba y así recorrió toda la fila acompañado por los oficiales. ¿Es éste? No reconoció a ninguno. Le habían encontrado una urna de las usadas por los Comités de Lucha para colectar fondos y los oficiales buscaban a la persona que se la había entregado. ¡Así que tú dabas clases de guerrillas, pendejo! Preguntó uno de los oficiales golpeando al compañero. No, respondió con orgullo, daba clases de álgebra y de matemáticas, tienen poco que ver con guerrillas. Sentí que no todo andaba mal, que todavía faltaba mucho para que nos derrotaran. Al rato, cuando ya pasaba de las once, se inició otra vez la balacera.

• Eduardo Valle Espinoza, *Búho*, del CNH, citado en DA

195

Los francotiradores no se conformaron con rociar de proyectiles a mujeres, niños y gente del pueblo que había asistido al acto, y comenzaron a disparar contra elementos del ejército y la policía que rodeaban ya la Plaza para impedir que se efectuara una manifestación rumbo al Casco de Santo Tomás.

Al caer heridos los primeros elementos del ejército y policías, se dio la orden de contestar el fuego y se entabló una de las más espantosas balaceras que haya padecido la metrópoli. A pesar de la enérgica acción de los soldados y policías, los francotiradores continuaban haciendo blanco entre aterradas mujeres, niños y gente del pueblo que corría por todos lados.

- "Hubo muchos muertos y lesionados, anoche", *La Prensa*, 3 de octubre de 1968

La sangre de mi hija se fue en los zapatos de todos los muchachos que corrían por la Plaza.

- Dolores Verdugo de Solís, madre de familia

Volteé el cadáver boca arriba. Tenía los ojos abiertos. Estaba empapado. Le cerré los ojos. Pero antes, en el blanco de los ojos le vi unas minúsculas flores de agua...

- Luisa Herrera Martín del Campo, maestra de primaria

Vi a un niño de once o doce años que de pronto se incorporó un poquitito –niño al fin– y una bala le atravesó toda la mejilla. Él venía acompañando a su hermana. Estábamos todos tirados en el suelo de la explanada, como nos lo habían ordenado los soldados, pero este niño levantó la cabeza. Su hermana de dieciséis años se puso a gritar histérica: "¡Mi hermano está herido!", pero los soldados y los compañeros le dijeron que si se paraba le podía pasar lo mismo. No lo atendieron sino hasta que terminó todo. ¡Con una herida de este tamaño y esperar dos o tres horas! Me imagino que murió, porque serían las once cuando nos sacaron y nos llevaron hasta detrás de la iglesia.

- Esther Fernández, de la Facultad de Ciencias de la UNAM

196

¡Muy bajo, están tirando muy bajo! ¡Muy bajo! ¡Agáchense!

> • Un oficial del ejército

¡Alto! ¡Alto el fuego! ¡Alto el fuego! ¡Alto!

> • Voces en la multitud

¡No puedo! ¡No soporto más!

> • Voz de mujer

¡No salgas! ¡No te muevas!

> • Voz de hombre

¡Cérquenlos! ¡Ahí! ¡Ahí! ¡Cérquenlos, cérquenlos les digo!

> • Una voz

¡Estoy herido! Llamen a un médico. ¡Estoy...!

> • Una voz

Parece que ya se va a calmar...

> • Una voz

La Plaza de las Tres Culturas era un infierno. A cada rato se oían descargas y las ráfagas de las ametralladoras y de los fusiles de alto poder zumbaban en todas las direcciones.

> • Miguel Salinas López, estudiante de la Facultad de Comercio y Administración de la UNAM

También se reportó que muchas personas habían resultado heridas al penetrar las balas por las ventanas.

Mientras esto ocurría, Roberto Legorreta reportó a nuestra redacción que se había iniciado un incendio y que alcanzaba a varios departamentos del edificio Chihuahua, principal centro de la acción.

Reyes Razo a su vez informó que en el piso 12 del edificio Tamaulipas un hombre había muerto en uno de los pasillos. También otro estaba sin vida en el edificio San Luis Potosí.

A las 19:35 horas, los bomberos se presentaron a sofocar los incendios dentro del edificio Chihuahua, que alcanzaban a departamentos localizados en tres pisos. Constantemente reportaban también numerosos heridos tanto militares como civiles, entre los que se encontraban numerosas mujeres.

> • "26 Muertos y 71 Heridos. Francotiradores Dispararon
> contra el Ejército; el General Toledo, Lesionado",
> *El Heraldo*, 3 de octubre de 1968

Tenía yo sangre en la orilla de los zapatos, en la bastilla del vestido.

> • Eugenia Leal Lima, estudiante de la Facultad de Medicina
> de la UNAM

La mayoría de los cadáveres estaban de espaldas, hinchándose bajo la lluvia, pero había rostros boca arriba. Parecían flores pisoteadas, iguales a las flores enlodadas, machucadas, de los jardines del edificio Chihuahua.

> • Pilar Marín de Zepeda, maestra de primaria

Son cuerpos, señor..

> • Un soldado al periodista José Antonio del Campo, de *El Día*

¡Agáchate, te digo! ¡Nos van a matar!

> • Voz de hombre

Vi a un soldado pecho a tierra con su rifle, blanco de miedo. No se atrevía a disparar y nos pedía que no nos moviéramos porque si veían algún movimiento disparaban hacia nuestra dirección y le disparaban a él también.

• Esther Fernández, estudiante de la Facultad de Ciencias de la UNAM

Los dedos están pegados en los gatillos. Algunas balas dan en el blanco. Le disparan a todo lo que se mueve.

• Santiago Ruiz Saíz, estudiante de la Facultad de Ciencias de la UNAM

¡Sanidad! ¡Oficial! ¡Tenemos un herido!

• Una voz en la multitud

¡Agarra a ese hombre! ¡Hazlo que suelte esa chingadera!

• Voz de hombre

Un niño de cinco o seis años que corría llorando rodó por el suelo. Otros niños que corrían junto a él huyeron despavoridos, pero un chiquito como de seis años se regresó a sacudirlo: "Juanito, Juanito, levántate". Lo empezó a jalonear como si con eso fuera a reanimarlo: "Juanito ¿qué te pasó?" Seguramente no sabía lo que es la muerte, y no lo iba a saber nunca, porque sus preguntas ya no se oyeron, sólo un quejido, y los dos pequeños cuerpos quedaron tirados sobre el asfalto, el uno encima del otro. Yo lo vi todo. Quería arrastrar al pequeño hasta la zanja donde me encontraba. Le grité varias veces pero como las balas silbaban por todas partes no me atreví a ir por él. Me limité a gritarle: "¡Niño, niño, ven acá, niño!", pero estaba demasiado ocupado en revivir a su amigo. ¡Hasta que le dio la bala! Sé que soy un cobarde, pero sé también que el instinto de conservación es terriblemente egoísta.

• Jesús Tovar García, estudiante de Ciencias Políticas de la UNAM

¡Con cuidado, con cuidado, la herida está en el pecho!

> • Un camillero

¡Si te mueves, yo sí que te voy a dar...!

> • Un militar

Y el olor de la sangre mojaba el aire
Y el olor de la sangre manchaba el aire.

> • José Emilio Pacheco, sobre los textos nahuas traducidos
> por el padre A. M. Garibay

–¡Le dije que no se fuera hasta allá! ¡Métase abajo del camión!

> • Un soldado al estudiante Alberto Solís Enríquez de la
> Vocacional número 1

Uno de los soldados se tropezó y cayó junto a nosotras. Nos quedamos tiradas en el suelo porque algún compañero gritó: "¡Al suelo! ¡Al suelo!" Estábamos en la explanada frente al Chihuahua. Los soldados venían corriendo como en una práctica militar y uno de ellos se acercó al que se tropezó:

–No tires, tírales al aire, hombre. No son criminales; si son muchachos, no les tires, al aire hombre, al aire, tira al aire...

Gracias a esos dos soldados sentimos confianza y nos levantamos. Corrimos delante de ellos y nos metimos al edificio 2 de Abril en donde nos quedamos dos horas y media que a mí se me hicieron como sesenta...

> • María Ángeles Ramírez, estudiante de la Escuela de
> Antropología dependiente de la SEP

Corrimos todos y brincamos una barda de dos metros de alto más o menos. Todas las chamacas y señoras que brincaban se caían y nosotros procurábamos no atropellarlas a la hora de pasar, pero ni quién las levantara o ayudara. Sálvese quien pueda. Había muchos zapatos tirados, muchos zapatos de mujer... Se me grabó uno con una correíta. Seguí corriendo hasta que me topé con tres o cuatro soldados. A mí y a mi hermano y a otras diez o quince personas nos empujaron hacia la planta baja de un edificio, no sé cuál, opuesto al Chihuahua. Vimos cómo de todas partes salían más soldados. Intentamos subir al primer piso de ese edificio, que es uno de los más grandes que hay, pero los soldados nos ordenaron: "No se muevan"... Nos hablaron de buen modo. Seguro lo estaban haciendo para protegernos porque ya se oía el fuego cerrado y el ruido de las ametralladoras. Les preguntamos si nos podíamos ir y nos dijeron que no, que allí nos quedáramos. Pensamos que si no nos veían, no buscarían a nadie y poco a poco nos colamos hasta el primer piso del edificio. Los soldados estaban ocupados abajo. Tocamos a la puerta de un departamento y luego a otro y a otro y ninguno abría. Esperamos allí sentados en el suelo del primer piso del edificio. Como a las siete, o siete y cuarto, oímos los protectores de fierro de las botas, los estoperoles de los soldados en la planta baja y dos muchachos bajaron a preguntarles si ya podían salir y les dijeron que sí. Los muchachos nos gritaron que ya, y todos salimos. Entonces los soldados en vez de dejarnos ir, nos registraron, nos pidieron identificaciones y nos formaron allí. Al primero que llamaron fue a mi hermano.

–A ver tú, ven para acá.

Y lo empezaron a golpear.

• Carlos Galván, estudiante de Biblioteconomía de la UNAM

Pero las visiones aisladas son impresionantes: mujeres cosidas a la altura del vientre por las balas de las metralletas; niños con la cabeza destrozada por el impacto de los disparos de alto poder, pacíficos transeúntes acribillados; ambulantes y periodistas caídos en el cumplimiento de su labor cotidiana; estudiantes, policías y soldados muertos y heridos... Quizá la visión más sobrecogedora fue la de numerosos zapatos ensangrentados que se desparramaban en el área, como mudos testigos de la desaparición de sus dueños.

• José Luis Mejías, "Mitin Trágico", *Diario de la Tarde*, México, 5 de octubre de 1968

Tocamos en todas las puertas del edificio 2 de Abril y nadie abrió. Una señora que vivía en Tlatelolco y había ido con su niña por el pan se puso histérica y empezó a gritar. Quisimos ayudarla y pasamos un papelito por debajo de la puerta de un departamento que decía: "Dejen entrar a una señora con su niña". Contestaron con otro papelito: "No podemos, tenemos miedo". Así, textual. Perdí el papel, bueno, ni pensé en guardarlo. Creo que contestaron para que dejáramos de golpear las puertas, porque Lina y yo estábamos golpeando muy muy fuerte. No sé de dónde nos salieron tantas fuerzas; yo creo que del terror.

> • María Ángeles Ramírez, estudiante de la Escuela de
> Antropología dependiente de la SEP

Subimos al primer piso y tocamos a la puerta de algunos departamentos sin obtener respuesta. Entonces subimos al piso siguiente y así sucesivamente. Íbamos sube y sube, desesperados y nadie nos abrió. Oíamos el golpe de los tacones de las botas de los soldados que venían tras de nosotros. Entonces me paré frente a la puerta de un departamento y grité: "¡Dejen entrar a mi esposa con los niños, por lo menos!"

> • Ramón Oviedo, ingeniero geólogo del Instituto
> Mexicano del Petróleo

En el departamento donde estábamos escondidos había chavos comiéndose sus credenciales.

> • Genaro Martínez, estudiante de la Escuela de Economía
> de la UNAM

Los soldados me ayudaron a salir con mi hija embarazada y mi nieta de cuatro años.

> • Matilde Galicia, de setenta años

En ese momento me dio un beso para infundirme valor y me dijo con voz suave pero muy firme: "¡Muévete!" Me tomó de la mano

cuando vio que estaba engarrotada por el miedo. "¡Órale, muévete, no tienes nada!" Traté de avanzar. "¡Arrástrate...! ¡No te puedes
quedar aquí!" Las balas nos pasaban por todos lados. Entonces él
se aventó al suelo y empezó a jalarme como quien jala a un bulto...

• Magdalena Salazar, estudiante de Psicología de la UNAM

Tengo seis hijos. Pepe, Sergio, estudiante de Biología a quien le decimos *Pichi*, Miguel Eduardo que todos conocen por *El Búho*, Chelo, la única mujer, y los cuates, Rubén y Rogelio, los dos que no tuvieron parte activa en el Movimiento. Eduardo en cambio es del
CNH. A las tres de la tarde, Chelo y Sergio se prepararon para ir a
la manifestación. Los acompañaba su padre Cosme Valle Miller, mi
marido. Me quedé arreglando la casa. A las ocho regresó mi hija.
Tocó. Traía su ropa toda desgarrada y sus rodillas estaban ensangrentadas. Al abrir la puerta y verla en ese estado, lo primero que
le pregunté fue:
–¿Qué pasa, Chelo?
–Nos dieron, mamá, nos dieron.
Apenas podía hablar. Nunca había oído su voz tan entrecortada.
–¿Y tus hermanos?
Hacía veinte días que no veíamos a Eduardo porque como era
del CNH andaba escondido. Me contestó llorando que la tropa había tomado la Plaza de las Tres Culturas, que el helicóptero había
balaceado a los manifestantes y que los agentes que traían un
guante blanco en la mano disparaban sin ver a quién. A ella le tocó
ver a un agente de seguridad dispararles a tres niños que habían
quedado rezagados, tres niños de cuatro a seis años, porque la mamá llevaba a uno más pequeño en brazos y se adelantó. Chelo andaba con mi marido. Él le dijo: "Agáchate, Chelo, si no te van a matar". Tirada en el suelo se arrastró y esto le quemó la cara; se raspó
toda una mejilla. "Las balas llovían como granizo, mamá." Logró
llegar a una barda cercada por alambres atrás del Chihuahua. Allí
vio por última vez a su papá que estaba ayudando a la gente a encontrar una salida. Él le indicó que corriera y a partir de ese momento lo perdió. Salió a la calle y ya en la avenida encontró a un
soldado que le dijo:
–No te vayas a volver a meter porque te matan...
Chelo quería regresarse para buscar a su papá, a Sergio, a Miguel, pero siguió caminando y encontró a unos señores que llevaban su carro repleto de estudiantes. El conductor sacó diez pesos
y le dijo:

–Toma un auto...

Dice que vio muchos coches particulares retacados de muchachos. Se paraban en la avenida a recogerlos, y arrancaban a toda velocidad para que no fueran a intervenir los soldados.

Chelo se fue hasta la fábrica donde trabajan Rubén y Rogelio, y le dijo a Rogelio:

–Nos han pegado, hermano.

Rogelio la trajo a la casa. Allí esperamos a los demás. Sólo llegó mi marido:

–¡Han tomado a todo el CNH! A Eduardo lo vi asomarse por el balcón del tercer piso...

–¿Y Sergio?

–Se regresó a buscar a Eduardo.

Yo esperé toda la noche sentada junto a la ventana –vivimos en la Unidad Habitacional Loma Hermosa–, porque pensé que podrían llegar escondiéndose, con temor a que los siguieran. Pensé: "Tengo que estar alerta para abrirles la puerta apenas lleguen". Pero no llegaron. Estuve toda la noche frente a la ventana tratando de percibir algún movimiento, oír algo, ver algo. Pero nada. ¡Cuántas veces abrí la puerta que da al pasillo creyendo oír un ruido!

> • Celia Espinoza de Valle, madre de familia, maestra
> de primaria

Acomodamos al estudiante en el piso del coche y lo escondimos debajo de una manta. Hasta me senté atrás poniéndole los pies encima para disimular. Antes traté de lavarle la herida, pero nos cortaron el agua en toda la Unidad. ¡Ni agua, ni luz! Mi muchacha se sentó adelante, mi marido iba manejando y lo que más me preocupó durante el trayecto en que lo sacamos de Tlatelolco es que no lo oía respirar, no le oía ni el resuello. Por fin, lo dejamos en su casa... Después mi marido sacó a otro muchacho; lo escondió en la cajuela pero esta vez él fue solo, no fueran a sospechar algo los soldados. Cada vez que pasábamos, los soldados detenían el coche y nos pedían nuestras credenciales para certificar que vivíamos en Tlatelolco...

> • Isabel Montaño de la Vega, habitante de la
> Unidad Nonoalco-Tlatelolco

¿Quién se salvó? ¿Se salvaron los muchachos? ¿Están todos? ¿Se salvó Marta? ¿Viste a Juan? ¿Quién vio por último a Juan?

> • Rosalía Egante Vallejo, estudiante de Biología de la UNAM

Dice la mamá de Concha que Concha se llevó sus libros de escuela, que así se fue a la manifestación, con sus libros y sus cuadernos y que llevaba su suéter azul...

> • Ernestina de la Garza, estudiante de Medicina de la UNAM

Las puertas de los elevadores estaban agujeradas. Sólo un arma de alto poder pudo tener la fuerza para perforarlas así. Las habían atravesado a plomazos como atravesaron tantos cuerpos indefensos.

> • Roberto Sánchez Puig, estudiante de la Vocacional número 1

Miré los estanques; los vi con mucha curiosidad. Con razón les dicen espejos de agua. Pensé: ¡Todavía ayer en la mañana, los niños jugaban, chapoteaban en estos estanques!... ¡Todavía ayer vi un globero en el jardín de San Marcos! Vine al tercer piso del Chihuahua el día anterior para ver cómo iba a quedar el sonido, porque a mí me tocaba hablar a nombre de la Unión Nacional de Mujeres Mexicanas... ¡Todavía ayer había hombres que leían el periódico sentados en las bancas!... ¡Qué estúpida, pero qué estúpida soy! Cuando vi las tres luces de bengala detrás de la iglesia, pensé: "¡Qué padre! Estos muchachos son bien padres. En cada acto inventan algo nuevo. ¡Esto nos va a tocar con juegos pirotécnicos!" Me pareció como de feria, como de juego. Las luces artificiales siempre las asocia uno a la fiesta. A pesar de la tensión y de la presencia del ejército, en los mítines siempre hubo un ambiente de fiesta, saludos, abrazos, apretones de mano, quihubo cómo vas, ahí nos vidrios, órale no andes echando novia, quihubo, apúrate, cómo te ha ido, hombre, no seas sacón, ¿has visto a Luis?, su mamá anda rete apurada... Vi las luces desde el descanso de la escalera. Salían a la altura de la iglesia, a cinco o seis metros arriba de la cruz.

> • María Alicia Martínez Medrano, directora de guarderías

Era un mitin como cualquier otro de los muchos que habíamos hecho. Informes, análisis, directivas y orientaciones del Consejo y risas, chiflidos, porras, aplausos y gritos de los asistentes. Las noticias se recibían ávidamente y con aplausos. En la tribuna, representantes de numerosas organizaciones solicitaban hacer uso de la palabra para trasmitir sus saludos, plantear sus problemas y unirse públicamente al Movimiento. Ese día llegaron representantes de los médicos de ocho hospitales que estaban en huelga de apoyo a nuestros seis puntos, representantes de varios sindicatos pequeños; de sociedades de padres de familia, de maestros de primaria, de organizaciones femeniles, de ferrocarrileros, de campesinos... No era posible que hablaran todos, solamente se leían mensajes y cartas, telegramas y saludos y se anunciaban las nuevas organizaciones que se adherían al Movimiento.

● Raúl Álvarez Garín, del CNH

La sangre que me había salpicado la camisa era roja, rojísima y ahora que me veía de nuevo se había vuelto café... Pensé: A lo mejor no es cierto, a lo mejor lo soñé...

● Cristina Fernández Ríos, trabajadora social

¡Aguas! ¡Aguas! ¿Qué no me oyes?
Por más que lo sacudí, no me contestó. Entonces eché a correr.

● Antonio Llergo Madrazo, de nueve años, habitante de la Unidad Nonoalco-Tlatelolco

En el momento en que estábamos al pie de la escalera pasó una chica muy joven cubierta con un gran impermeable oscuro, temblando de miedo. Esta muchachita no gritaba, no hablaba, emitía unos sonidos muy raros, como si gruñera. Siguió caminando y también a ella le dispararon a los pies, pero en vez de alejarse se aventó hacia donde estaban los balazos, por lo tanto hacia donde estábamos nosotras y lo único que se nos ocurrió fue jalarla y echarla atrás de nosotras y seguir gritando al pie de la escalera. Ella empezó a murmurar: "Me voy al edificio Guerrero... Necesito irme al edificio Guerrero... Necesito estar en el edificio Guerrero..." Yo le dije:
—No te vas a ningún lado, te quedas aquí...

Se paró detrás de nosotras. Yo sentía cómo temblaba, tiritaba, pero no de frío, de miedo y no dejaba de gruñir. Nosotras seguíamos gritándoles a los tipos que copaban la escalera: "¡Déjennos pasar! ¡Nuestros hijos están en el cuarto piso! ¡Allí tengo mi departamento! ¡Déjennos subir! ¡Nuestros hijos pueden estar lastimados! ¡Nuestros hijos están solos! ¡Déjenos, señor! ¡Han de estar muertos de miedo! ¡Quizá estén heridos! ¡Ayúdenos por favor! ¡Queremos verlos! ¡Por favor! ¡Nuestros hijos! ¡Súbannos ustedes mismos al cuarto piso y si no encuentran a nuestros hijos, allí mismo nos dan un tiro!" Entonces el agente de guante blanco comandante de esa sección decidió que o de veras nos daban allí mismo un tiro o nos dejaban pasar con tal de ya no oír nuestros gritos y nuestros chillidos. Ordenó: "¡Que suban esas putas, esas quién sabe cuánto!" Nos escoltaron dos agentes. Obviamente en ese momento quienes tenían más miedo eran ellos mismos; era tal su espanto que cuando yo abrí, temblando, la puerta de mi casa, uno de la mano blanca que nos escoltaba cerró la puerta bruscamente y me dijo: "Mire, tal por cual, aunque vea a sus hijos muertos, no grite". No era un consejo tierno y cariñoso, era una amenaza porque tenía su pistola en mi espalda. Entramos y fue horrible porque vimos el departamento vacío, vacío, lleno de humo, de caliche, el piso cubierto de tierra, las paredes con agujeros, las cosas caídas, todo movido. A pesar de la recomendación, tanto Margarita como yo gritamos y entonces salió del baño la cara de mi muchacha y me dijo: "Los tengo en el baño, señora". Para esto, ya era tal el terror de los policías que nos acompañaban que nos gritaron: "¡A gatas!" Nos encerraron en el baño y catearon la casa, mi muchacha fue con ellos. En el baño nos sentamos en el suelo a abrazar a los niños y también se sentó en el suelo del baño la muchachita que habíamos pescado abajo, la del gran impermeable, que probablemente no era de ella. Cuando se lo quitó, sacó un fajo de propaganda y los nervios de esa criatura fueron tantos que dejó caer un bote de colecta del CNH y el dinero rodó por todo el baño precisamente en el momento en que los policías estaban cateando la casa. Te imaginas la angustia que todos, hasta los niños, sentimos en ese momento. Si habían oído, ésa sería la prueba absoluta de que todos estábamos con el Movimiento. Nos agarró una tal indignación a Margarita y a mí que sin contenernos le dijimos:

—Pero niña idiota, sólo a ti se te ocurre traer esto. ¿Por qué no lo tiraste allá abajo?

Y la niña, que estaba como pasmada, nos contesta con una ingenuidad increíble:

—Pero ¿cómo? Si el dinero es del Consejo Nacional de Huelga. Si el dinero es del Consejo Nacional de Huelga ¿cómo voy a tirarlo?

Le quitamos la envoltura del CNH al bote de Mobiloil, lo abrimos y sacamos el dinero. La niña lloraba:

–Pero es que yo no puedo tocar este dinero porque es dinero del Movimiento... Si es dinero del Consejo Nacional de Huelga, ¿cómo? ¿cómo?

–Mira, no importa de quién sea el dinero. Yo te lo voy a guardar y después lo voy a reponer al Movimiento...

Y sin hacerle caso le vaciamos el bote. Era una gran cantidad de veintes, creo que en total catorce pesos. En medio de la matazón, de las balas, del incendio, de las fugas de gas, de las tuberías perforadas, de las sirenas de las cruces que nos ponían los nervios de punta, a esta niña lo único que le importaba era preservar su bote del CNH. También le prendimos un cerillo a su propaganda porque ella no tenía conciencia de lo que significaba en ese momento tener volantes en las manos.

Oímos que alguien metía una llave en la cerradura del baño y le daba vuelta:

–¡Ya se fueron, señora!

Era mi muchacha.

• Mercedes Olivera de Vázquez, antropóloga

Corrimos detrás de un edificio y alguien destapó un pequeño tobogán en forma de hongo que daba a un cuarto de lámina. Ya había gente cuando caímos dentro de ese cuartito y después llegaron muchos más... Tenía respiraderos entre el nivel del piso y la tapadera y una abertura como una rejita. Al lado del tobogán por donde resbalamos había una escalera. Quedé muy cerca de ella. Me acuerdo de una ametralladora que disparaba sin descanso. Todos guardábamos así como mucho silencio. No teníamos fuerza para hablar. Pensé en los muchachos que estaban en el tercer piso y me los imaginé a todos muertos. Recordé caras que me habían sonreído, saludos, gente que me había hablado. Por unos minutos cesó el fuego y oímos correr, oímos pisadas de dos o tres muchachos; seguramente se escondieron en el desnivel de la escalera que está cerca del hongo. Una voz les dijo: "Vengan, yo los saco". Todos los ruidos se oían allí adentro. El cuarto estaba en una oscuridad impresionante. Sentí que la voz que llamaba a esos muchachos los iba a traicionar, los iba a matar. Y sí, en seguida la voz cambió de tono:

–¡Sal cabrón, es tu oportunidad!

–No, no salgo –dijo el muchacho–, no salgo, me va a entregar.

Seguramente el de la voz se fue porque oí que corrían y ya no supe más. Te voy a decir una cosa muy curiosa. En esos momentos aprendí a distinguir pasos de muchachos, de mujeres, de niños. Los vas registrando y después, cuando oyes caminar a la gente, te acuerdas de esos momentos y distingues: "Son pasos de mujer, son pasos de hombre, son pasos de niño". ¡Qué chistoso, el hombre camina más rápido que la mujer, pero la mujer lo hace con más energía y a los muchachos se les oye casi volar cuando corren! Cesaron momentáneamente los disparos y oímos muy cerca los pasos rápidos de una mujer. Empezó a golpear la puerta de un departamento y a gritar un nombre y le respondió una niña aterrorizada:

—No, no puedo abrir, no está mi mamá...

—Yo soy tu mamá. Ábreme.

—No, tú no eres mi mamá. Mi mamá no está y no puedo abrir...

Alguien dijo en el cuarto oscuro, como queriendo trasmitirle su pensamiento: "Ábrele, niñita". Y la señora respondió:

—Si no me abres, te voy a golpear... Ábreme estúpida.

En ese momento se reanudó el fuego y algo estalló en el techo del cuarto. Un muchacho tocó el techo y dijo: "Esto quema. Hay que salirse porque vamos a quedar como pollos rostizados". Y se entabló una discusión sobre si salíamos o no. Me acuerdo con ternura de que había una señora que estaba allí con sus tres hijos y dos hijas. Ellos le pedían que saliera con las hijas. Ella les respondió que no, que no los dejaría nunca a ellos. Un niño como de un año se puso a llorar. Nos dolió mucho el llanto de ese niño. Todos queríamos sacarlo de allí y ponerlo fuera de peligro. Hubo ideas ingenuas como la de salir y entregarlo a un soldado o que una mujer saliera con él, porque el niño iba con su papá y el papá sollozaba y decía:

—Pónganlo fuera de peligro. A mí no me importa lo que me pase.

Por fin el más sensato de todos nosotros dijo que era una estupidez salir en ese momento, pues cualquier bala podía alcanzarnos. Cuando oí al niño, me entró la onda del miedo. De pronto sientes que todo tu cuerpo es hipersensible y que la piel se te estira, se te apergamina y no sabes cómo, no sabes por qué, la boca te sabe a pólvora, la lengua de pronto también te sabe a pólvora, de pronto te crispas y de pronto te ablandas. Luego sientes lo que puede ser la nada, el vacío, el dejar de existir... creo que el miedo es eso. De pronto te entra frío, sientes la velocidad del aire encerrado en un cuarto subterráneo, y piensas en tus amigos en la Plaza, en el mitin y no sabes si reconciliarte con Dios para pedirle que estén vivos, que no les pase nada por favor; y como en una película, como en cámara lenta, aunque hagas fuerzas para no pensar, para no debilitarte, se te repiten las caras de ellos, su pelo, escenas de fraternidad, sus chistes, su... no sé...

• María Alicia Martínez Medrano, directora de guarderías

Tengo un amigo periodista del *Nouvel Observateur*, Jean Francis Held, él sí estaba en el tercer piso, en la tribuna, y vio a tipos muy muy jóvenes con guantes blancos que disparaban así nomás sobre la multitud y en el interior del edificio Chihuahua y se dijo: "¡Pero realmente a estos estudiantes les patina!" Held estuvo en Vietnam, en Israel; se quedó estupefacto: "Nunca he visto disparar así sobre una multitud". Los muchachos que él creía estudiantes lo hicieron guarecerse en un departamento enteramente ocupado por la policía. Los muchachos de guante blanco entraban continuamente a ese departamento y oyó decir a uno de ellos: "Hace veinticuatro horas que recibimos la orden de venir aquí con algo blanco en la mano, sin papeles y con nuestra pistola".

Desde un recodo de la iglesia de Santiago Tlatelolco vi que en un momento dado llegaron los tanques y tomaron la Plaza de las Tres Culturas bloqueando todas las entradas. Para entonces la llovizna se convirtió en un chubasco. Llovía a cántaros, eran las siete de la noche y cuando apareció el agua pensé: "ya no vamos a oír la balacera"; pero continuaba la balacera en medio del ruido de la lluvia... Ya tenía tres cuartos de hora mojándome y se me ocurrían detalles totalmente ridículos. Me decía a mí misma: ¡Achis, mañana voy a tener el pelo demasiado chino por la lluvia y no podré peinarme! También me fijé en que se me había perdido la hebilla de mi zapato y pensé: ¿En dónde? ¿En qué momento se me habrá caído? Hasta me puse a mirar a lo lejos; a tratar de ver si la encontraba. Por esto te digo que me ocupaba de cosas ridículas y al mismo tiempo lo miraba todo. Recuerdo también el hecho de que los aviones cruzaban por el cielo, aviones estilo Panamerican, de esos que van a Nueva York, sabes, y me decía: Dios mío, los pasajeros no se dan cuenta de lo que sucede aquí abajo. Nadie en el mundo podría hacerles creer que aquí están masacrando gente. Al mismo tiempo me decía: ¡Ah, qué contenta estaría yo de ir en ese avión! Por mi cabeza pasaban todos estos pensamientos que te demuestran hasta qué punto es fuerte la vida...

• Claude Kiejman, corresponsal de *Le Monde*, autora del libro: *Mexico, le pain et les jeux*

¿Quién cobrará esta deuda de sangre? ¿Quién vengará a nuestros muertos?

• Mercedes Olivera de Vázquez, antropóloga

Del edificio 16 de Septiembre era de donde más se disparaba. Los estudiantes efectuaron poco después un mitin en prolongación de San Juan de Letrán esquina con la calle de Sol pidiendo al público que los apoyara.

> • Raúl Torres Duque, Mario Munguía, Ángel Madrid, Luis Mayen, José R. Molina, Silviano Martínez C. y Mario Cedeño R., "Sangriento Tiroteo en la Plaza de las Tres Culturas. Decenas de Franco Tiradores se enfrentaron a las Tropas. Perecieron 23 personas, 52 Lesionados y más Vehículos Quemados", *Ovaciones*, 3 de octubre de 1968

Antes, a las 20:45 horas, atrás del edificio de Relaciones Exteriores, el ejército tenía detenidos como a 400 muchachos, quienes eran obligados a permanecer en cuclillas. Otros 100 estaban en los transportes militares.

Tras la iglesia de Santiago había también varios centenares de detenidos. Frente al ala derecha del edificio de Relaciones, una zanja cuadrada donde se encuentran las ruinas aztecas estaba totalmente atestada de detenidos, entre ellos un periodista de una agencia extranjera.

Del edificio de Relaciones Exteriores a las 20:20 horas sacaron a todos los empleados que se encontraban dentro del inmueble presas de pánico. El ejército los protegió en su salida actuando como en maniobras de guerra.

El fuego de la ametralladora apostada en el edificio del ISSSTE y de francotiradores instalados en otros edificios contiguos era contestado por los soldados con ametralladoras FA, M-1 y 30 M-2.

> • "Sangriento Tiroteo en la Plaza de las Tres Culturas", *Ovaciones*, 3 de octubre de 1968

Ya no oigo el tracatraca de la ametralladora... Ya no oigo los gritos; de hecho ya no oigo nada más que un ruido de cadenas que se arrastran en mi cabeza... ¡A lo mejor al de la ametralladora ya se lo llevó la chingada!... ¡A todos nos va a llevar la chingada! ¡Al mundo entero se lo va a llevar la chingada! Y a mí ya no me importa, porque yo después de esto, ya no creo en nada...

• Gerardo García Galindo, de la ESIME del IPN

Antes de salir con las manos en la nuca, me despedí de un compañero del CNH y le deseé suerte. Fuimos saliendo uno a uno. En el quicio de la puerta se quedaron dos hombres armados con metralletas y otros dos se metieron al departamento. Empezamos a amontonarnos en el descanso de las escaleras. Nos advirtieron que no habláramos, que no bajáramos las manos por ningún motivo. Al salir, los hombres armados nos revisaban y nos cacheaban, empujándonos después hacia la pared.

• Eduardo Valle Espinoza, *Búho*, del CNH

Varias metralletas nos apuntaban. La tensión provocada por la espera, la ropa mojada y todas las circunstancias en que nos encontrábamos, me hacían temblar, lleno de vergüenza traté de evitarlo. Un compañero que estaba atrás de mí, me tocó el hombro con su codo y me dijo: No tiembles, mano: no se lo merecen. Inmediatamente me controlé. Con las manos en la nuca nos fueron bajando a un departamento del segundo piso. ¡Aquí, Batallón Olimpia!, ¡baja con prisionero!

• Eduardo Valle Espinoza, *Búho*, citado en DA.

A mí me detuvieron en el tercer piso, donde estaba la tribuna del mitin. Cuando terminó el tiroteo, ya de noche, nos fueron llevando uno por uno al piso inferior. No había luz en todo el edificio y estaba inundado. Yo no sabía por qué, pero por lo que otros compañeros han platicado, los calentadores de agua fueron perforados. Ya sabes que las paredes de los departamentos del Chihuahua son de plástico. La primera orden al entrar al departamento fue: "¡Quítense los zapatos, hijos de la chingada!", y nos hicieron arrojarlos en lo que debía ser una cocina, no sé con qué fin. Toda la cocina o lo que fuera, estaba llena de zapatos de hombres y mujeres. A otros compañeros los detuvieron en un departamento superior donde habían buscado refugio y fueron llevados a ese piso, el segundo, hasta mucho más tarde, cuando ya nos habían sacado a nosotros. Ellos relatan lo mismo; se encontraban con el departamento oscuro, los muebles arrinconados y una cocina llena de zapatos. Cuando nos sacaron de allí, nos llevaron a la planta baja. Al llegar yo, ya había gran cantidad de muchachos amontonados: todos descalzos y con los pantalones bajados, la mayoría sin camisa y muchos sólo con trusa. Pensar que lo hacían para impedir que escapáramos es ridículo. Tal vez sólo para humillarnos. Cuando me leyeron los veinte delitos de que estoy acusado, le hice notar al secretario del juzgado que faltaba un delito en mi lista: faltas a la moral en la vía pública por andar en cueros. El chiste no le hizo gracia.

• Luis González de Alba, del CNH

Mientras ocurría el tiroteo, todos los integrantes del Consejo Nacional de Huelga fueron detenidos, entre los varios centenares que fueron llevados al Campo Militar número 1.

Algunos de los miembros del Consejo de Huelga fueron desnudados.

• "Se Luchó a Balazos en Ciudad Tlatelolco, Hay un Número aún no Precisado de Muertos y Veintenas de Heridos", *Excélsior*, jueves 3 de octubre de 1968

De un departamento en el tercer piso, en cuanto se vieron las luces de bengala en el cielo, automáticamente salió una nube de agentes de guante blanco que cayeron encima de todos los que estaban en la tribuna y los tiraron al suelo. Arrastrándolos, los metieron a un departamento. Nadie que no fuera de la propia policía podía defenderse.

• Arturo Fernández González, de la ESIQIE del IPN

Algunos muchachos tenían una pistola calibre 22, pero qué se puede hacer con una pistolita del 22 ante la M-1 reglamentaria... De haber tenido una pistola, yo la disparo, era tal mi sensación de rabia y de impotencia ante la matanza... Supongamos que en una Unidad Habitacional en la que viven miles de personas, como en Tlatelolco, se encuentran cuarenta armas, entre aficionados a la

213

cacería y deportistas, etcétera; pues realmente el arsenal es muy pequeño. Aunque hubiera veinte rifles de calibre 22, ¿qué es esto ante el armamento del ejército y de la policía?

> • Dionisio Santana, habitante de la Unidad Nonoalco-
> Tlatelolco

Cualquier estudiante que llevara una pistola, de maje la conserva. Entre más pronto la tirara, mejor.

> • Hesiquio de la Peña, de la ESIME del IPN

Ante la puerta central del edificio Chihuahua, desnudos y con las manos sobre las paredes, ciudadanos identificados por el ejército como oradores del mitin que esta tarde disolvieron violentamente eran vigilados por los militares.

En la escalinata del Chihuahua, a los lados del cadáver de su madre, dos niños no mayores de seis años sollozaban. Se hablaba de una niña de cuatro años con una bala en el pecho. Reporteros de varias agencias noticiosas contaron veinte cadáveres de civiles.

El ejército seguía, a las 21:50, controlando Ciudad Tlatelolco.

> • Salvador Pérez Castillo, estudiante de la ESIME del IPN

Allí se veían ametralladoras, pistolas 45, calibre 38 y unas de 9 milímetros.

> • Miguel Ángel Martínez Agis, reportero, "Edificio
> Chihuahua, 18 hrs.", *Excélsior*, 3 de octubre de 1968

Vimos al ejército en plena acción; utilizaban toda clase de armamentos, las ametralladoras pesadas empotradas en una veintena de yips, disparaban hacia todos los sectores controlados por los francotiradores.

> • Jorge Avilés R., redactor, "Durante Varias Horas
> Terroristas y Soldados Sostuvieron Rudo Combate",
> *El Universal*, 3 de octubre de 1968

Muchos soldados debieron lesionarse entre sí, pues al cerrar el círculo los proyectiles salieron en todas direcciones.

> • Félix Fuentes, reportero, "Todo empezó a las 18:30 horas", *La Prensa*, 3 de octubre de 1968

Por momentos la confusión era tan grande, que las fuerzas del orden parecían ametrallarse unas a otras...

> • Philippe Nourry, "Desencadenado en circunstancias misteriosas el sangriento tiroteo se prolongó toda la noche", *Le Figaro*, París, 4 de octubre de 1968

Ninguno de nosotros hizo uso de ninguna arma de fuego, contrariamente a lo que se nos imputa.

> • De un manifiesto suscrito en la cárcel de Lecumberri por 57 estudiantes presos, publicado en *El Día*, 17 de octubre de 1968

Sócrates A. Campos Lemus declaró a los periódicos el día 6 de octubre que en una reunión del CNH en la Facultad de Ciencias de la UNAM se acordó el establecimiento de "columnas de seguridad"; que eran cinco columnas de seguridad bajo los mandos siguientes: Guillermo González Guadardo, Jesús González Guadardo, Sóstenes Tordecillas, Raúl Álvarez y Florencio López Osuna. Que estas columnas en realidad eran grupos de choque. Que cada una de estas columnas o grupos de choque estaba integrada por un responsable o comandante y seis miembros armados. Que solamente conoce los nombres de algunos de los miembros que integraron dichas columnas y que son: José Nazar, Canseco, Cantú, Palomino y otras personas. Que la finalidad de la formación de estas columnas fue la de dar seguridad a las personas que concurrieron al mitin de Tlatelolco, y para que en cuanto llegaran los granaderos o los soldados a disolver el mitin, abrir el fuego en contra de ellos, particularmente en contra de los grupos en donde se sospechaba que estaban los mandos tanto de los granaderos como del ejército. Que para tal objetivo se proveyó a las columnas mencionadas de armas de fuego, recordando que se habían conseguido a través de elementos de la Escuela de

Agricultura de Chihuahua, 20 pistolas calibre 38; dos rifles calibre M-1, dos metralletas calibre 22, un rifle calibre 30.06 y dos pistolas 0.45.

Cualquier persona en sus cinco sentidos se da cuenta que sería absurdo pretender enfrentarse al ejército o a la policía con un arsenal tan ridículo.

• Félix Hernández Gamundi, del CNH

Gilberto lo dijo en el Campo: Nosotros siempre estamos armados con nuestros ideales. El 2 de octubre no teníamos otras armas. Sólo anhelos e ideas que, para el gobierno, son más peligrosas que las balas. Una bala mata a un hombre. Una idea revolucionaria despierta a cientos o a miles de personas.

• Raúl Álvarez Garín, del CNH

En los edificios que circundan la Plaza de las Tres Culturas de Nonoalco-Tlatelolco, el ejército encontró cincuenta y siete armas de fuego, dos mil doscientos cartuchos y otros equipos de materiales de guerra.

Este material fue abandonado en casas-habitación, azoteas y otros diversos sitios por quienes el miércoles último, en criminal acto, dispararon contra la multitud desde el edificio Chihuahua, obligando al ejército y elementos de la policía a intervenir.

El impresionante arsenal fue mostrado anoche a los periodistas en el Campo Militar número 1, en presencia de uno de los profesores que fueron detenidos aquella noche sangrienta, Áyax Segura Garrido, quien reconoció algunas de las armas.

Las armas encontradas son: tres subametralladoras, catorce rifles, cinco escopetas, cuatro carabinas y treinta y un pistolas de diversos calibres y un total de 2 200 cartuchos.

Se encontró además una máquina recargadora de cartuchos, una balanza para pesar pólvora, un crisol para fundir plomo, dos juegos de baquetas articuladas, un embalador, un calibrador de cascos, unos prismáticos y un radio portátil, marca Motorola, receptor y transmisor.

• "Arsenal Recogido en los Edificios Cercanos a la Plaza de las Tres Culturas", *El Nacional*, 7 de octubre de 1968

Áyax nos explicó que en el Campo Militar le habían mostrado una fotografía de su esposa e hijos para obligarlo a declarar lo que los militares deseaban. Yo creo que es cierto.

● Luis González de Alba, del CNH

El régimen actual cree que cuando se habla de revolución hablamos de tomar las armas; eso lo cree en la misma medida en que para combatir hace lo que nos atribuye: se lanza a la subversión.

● José Revueltas a Margarita García Flores, "La Cultura en México", n. 381, 29 de mayo de 1969, *Siempre!*

EJÉRCITO, LAS AULAS NO SON CUARTELES

● Manta en el mitin del 2 de octubre de 1968

El general José Hernández Toledo declaró después que ordenó al ejército no utilizar las armas de alto calibre, para impedir mayor derramamiento de sangre; esto lo publicó *El Día*, el día 3. ¡Qué tipo! Lo único que faltó fue que interviniera la Fuerza Aérea con dos o tres bombitas sobre la Plaza de las Tres Culturas, porque en el Chihuahua hay huellas de bazukazos y muchos de los cuates que estuvieron en el mitin vieron que los tanques disparaban.

● Juan Manuel Sierra Vilches, estudiante de la Facultad de Comercio y Administración de la UNAM

El punto de vista del gobierno mantiene como único argumento para demostrar la participación de "francotiradores", el hecho de que el general Hernández Toledo resultara herido en las "acciones" de ese día. Sin embargo existen algunos detalles significativos que destruyen ese argumento. En primer lugar, el general Toledo fue herido por la espalda, y si consideramos que en el momento de ser alcanzado por la bala se encontraba junto a la Secretaría de Relaciones Exteriores, encaminándose hacia la Plaza de las Tres Culturas, se deduce que el disparo provino de su retaguardia, probablemente de entre sus propios hombres o bien de alguno de los helicópteros que en ese momento colaboraban a la masacre ametrallando desde el aire a la multitud inmovilizada y acorralada. En segundo lugar, refuerza esta hipótesis el hecho de que el calibre de la bala empleada corresponde a un fusil AR 18, arma novedosa empleada casi exclusivamente por la infantería de marina de los Estados Unidos en la guerra de Vietnam. Por otra parte, aunque todavía no se conocen con exactitud las circunstancias en que resultó herido el general Toledo, la suposición de que los disparos partieron desde algún edificio cercano, y el hecho de que no se conozca quién o quiénes dispararon, obliga a pensar en uno o varios tiradores especializados, seguramente bien entrenados, capaces de asegurar sus disparos desde el primer momento y con la retaguardia perfectamente cubierta. Todos los departamentos de los edificios cercanos a la Plaza fueron registrados cuidadosamente por el ejército y la policía y no se encontraron armas del tipo señalado. Lo anterior concuerda con el hecho de que los agentes del Batallón Olimpia dispararon también sobre las tropas que se acercaban o que estaban en la Plaza en esos momentos.

• Gilberto Guevara Niebla, del CNH

El Batallón Olimpia, que participó en los acontecimientos de Tlatelolco, estaba formado por soldados y oficiales jóvenes, elementos de las policías Judicial del Distrito, Judicial Federal, Dirección Federal de Seguridad y Policía Fiscal de la Federación.

• Valerio Ortiz Gómez, licenciado

Llegamos tarde y nos quedamos frente a la tribuna, abajo en la explanada. Como estábamos cerca vimos a muchos miembros del CNH. Un orador dijo que habían pensado ir al Casco de Santo Tomás, pero que como había muchos soldados, esta marcha no se iba a hacer. "Ahora, se van todos a sus casas. ¡Nada de provocaciones! ¡Todos, en calma, a su casa!" A mí hasta me pareció muy corto el mitin. De pronto se vio una luz de bengala en el cielo y todos volteamos hacia atrás a verla, y cuando miré de nuevo hacia la tribuna vi a unos hombres de guante blanco junto a los oradores. Los oradores gritaron por el magnavoz: "No corran, son salvas", pero uno de guante blanco tiró hacia la gente o hacia los soldados que estaban detrás de nosotros. Entonces cundió el pánico y la gente empezó a correr. Yo todavía detenía a la gente: "¿Por qué corren?" Cuando me di cuenta, estaba detrás de un pilar de esos grandes que sostienen al edificio Chihuahua. Yo no corrí porque no sentí miedo sino coraje. Mi hija fue la que me empujó hacia el pilar. Allí nos quedamos atrás, resguardándonos, mi hija y yo... En realidad, yo fui al mitin para acompañarla porque mis nietos ya van a la prepa y ellos asistieron a varios mítines. Cuando empezaron a oírse los disparos, vi que los muchachos se dejaban caer de una barda para abajo, unos encima de otros. ¡La aplastada que se habrán dado! Las ráfagas de ametralladora barrían toda la explanada y unos jóvenes desde un comercio, una florería o tienda de regalos –he querido ir a verla, pero se siente feo– empezaron a gritarnos: "¡Métanse, señoras!" Como no lo hicimos, porque yo seguía asida al pilar, llena de coraje, un muchacho salió y me cargó, jalándome por la espalda, con su brazo alrededor de mi cuello, hasta la tienda esa, pero hubo otra ráfaga de ametralladora e inmediatamente sentí un golpecito muy pequeño en la pierna y empecé a sangrar. Era una esquirla de bala explosiva que, si me ha alcanzado la pierna, se la lleva. Uno de los jóvenes se quitó su camisa, la hizo tiras y me vendó la pierna arriba de la rodilla. Yo no sentía nada de dolor. Sólo sentía cómo me salía la sangre, pero un hilito nada más. Mi hija estaba junto a mí y los jóvenes le dijeron:

–Hay que sacar a su mamá porque está herida.

En la tienda había como cien personas entre niños, jóvenes y señoras, todos tirados en el suelo. Nosotras también nos tiramos al suelo. A las dos horas de estar allí protegiéndonos –yo ya sentía la pierna dormida–, entraron los soldados por la parte de atrás del comercio, esa tienda que está en la parte baja del edificio Chihuahua, nos amenazaron con los rifles y todos les rogaron que no tiraran porque había niños y señoras. Entonces los soldados hicieron que nos levantáramos y a todos nos escularon. Por eso nos dimos cuenta de que ninguno de los que estaban allí traía arma. No había una sola arma. Los soldados nos sacaron de la tienda y nos separaron: hombres y mujeres. En ese momento mi hija le dijo a un cabo:

–Mi mamá está herida.

–Voy a traer una camilla.

Yo les dije: –Puedo andar.

Me fui caminando hasta la ambulancia.

Cuando llegamos a la Cruz Roja, no había soldados pero a los diez minutos ya habían tomado la Cruz y los médicos estaban muy enojados: "¡Los soldados no tienen por qué estar aquí!" Los soldados empezaron a tomarle declaraciones a la gente y a retenerla. El doctor, después de ponerme muchas vendas, me dijo:

–Váyase usted por las escaleras. No tiene usted por qué declarar nada. Si sigue usted aquí la pueden detener... Mañana va usted a ver a un médico para que la cure. Por de pronto así está bien. Ya le desinfecté la herida...

El médico estaba enojado y otros también, por la invasión de los militares en la Cruz Roja... De la Cruz, nos fuimos mi hija y yo a la casa, y en los días sucesivos me dio mucha indignación leer en la prensa que los estudiantes iban armados y provocaron la represión del ejército. Yo digo que es mentira que los estudiantes trajeran armas, porque en un comercio en el que éramos como cien personas ninguno traía armas.

* Matilde Rodríguez, madre de familia

Mira qué pasa allá; le tiran a todo.

* Una voz en la multitud

–Déjenme salir. ¡Quiero salir!
–¡Échese! ¡Échese le digo!

* Voces recogidas en una grabadora en Tlatelolco, el 2 de octubre por Leonardo Femat

Yo estas cosas las veía en *Combate* en la televisión. Nunca creí que las vería en la realidad.

* Matilde Rodríguez, madre de familia

En la ambulancia iban seis. A mí no me dejaban subir. Un médico altote, ¡cómo se le graban a uno las cosas en ese momento!, me dijo: "¡Usted no está herida. Déjele el lugar a los heridos porque hay muchos y muy graves!" Pero, como no pensaba dejar sola a mi mamá, me quedé parada fuera de la ambulancia de la Cruz. Entonces llegó otro médico y le rogué:

–Por favor, déjeme ir con ella a donde la lleven. Me siento en un rincón cualquiera hasta atrás... Por favor –yo ya estaba llorando–, ocuparé el menor espacio posible.

Entonces el médico me dijo:

–Váyase hasta el fondo y no se mueva, pero píquele, súbase rápido, súbase pero ya...

Me hinqué en un rincón. En la ambulancia iba una muchacha con los dedos desprendidos por un balazo. Ella misma nos dijo que iba a hacer una llamada telefónica y un soldado le disparó. Otro joven acostado en una de las camillas iba quejándose terriblemente. Me pedía un calmante pero yo no soy enfermera ni nada y me limité a tomarle la mano. Tenía una bala en el estómago. Otro iba boca abajo. Tenía un bayonetazo en la espalda y ése ya estaba más para allá que para acá. Mi mamá pudo viajar tranquila a pesar de la herida en su pierna. Y así salimos de Tlatelolco.

En la Cruz Roja, a mi mamá la metieron rápidamente a la sala de curaciones. Me quedé observando todo. Llegó un soldado herido en una pierna y lo devolvieron o tal vez él quiso irse, puesto que la Cruz no es hospital militar. Permanecí afuera un rato, pero no aguanté la angustia y entré a la sala de curaciones, a buscar a mi mamá, y lo que me sorprendió es que en todos los cubículos –todos estaban abiertos, todos tenían las cortinas descorridas, no había tiempo que perder, nadie se preocupó de que lo vieran o no lo vieran–, todos o la gran mayoría de los heridos que alcancé a ver estaban boca abajo y tenían heridas en la espalda, en los glúteos, en la parte trasera de las piernas. Quiere decir que a todos les tiraron por detrás, por la espalda. Yo creo que iban corriendo y así los cazaban. Incluso la herida de mi mamá es en una pierna, pero atrás.

• Ana María Gómez de Luna, madre de familia

Los cuerpos de las víctimas que quedaron en la Plaza de las Tres Culturas no pudieron ser fotografiados debido a que los elementos del ejército lo impidieron, y amenazaron a los fotógrafos con despojarlos de sus cámaras si imprimían alguna placa.

• "Hubo muchos muertos y lesionados anoche", *La Prensa*, 3 de octubre de 1968

Llegaron los de la Cruz Roja y tocaron:

–¿Hay heridos? ¿Dónde están sus heridos? –gritaron.

Abrimos la puerta Meche y yo, y no sé qué nos pasó al ver al señor de blanco batido en sangre –soy esposa de médico y estoy acostumbrada a ver sangre porque además estudié hasta segundo de medicina–; en ese instante nos pusimos a llorar y a gritar con los cuatro niños colgados de nuestras faldas:

–Queremos irnos. Usted o nos saca o nos saca o nos saca o nos tiramos por el balcón.

El de la Cruz Roja intentó calmarnos pero no hubo forma.

–Señor, sáquenos de aquí, sáquenos de aquí...

Nos vio tan desesperadas que decidió sacarnos. .

–Bueno, lo que yo puedo hacer es entregarlas a los soldados.

Nuestros alaridos fueron peores. Los niños también gritaban:

–¡Cómo con los soldados, si están matando a la gente!

–No, con los soldados es mejor. Vénganse conmigo.

Rápidamente tomamos una maleta en la que pusimos puros pijamas –después nos dimos cuenta. Para esto, habíamos tenido un problema con una de las niñas de Meche, Ceci, a quien le empezó de repente una urticaria muy fuerte. Cada vez que se oían balazos a la niña le salía más urticaria, como verdugones. La niña no lloraba, se pegaba simplemente a mi vestido y gimoteaba. Bajamos. La planta baja estaba plagada de soldados. El ambulante se acercó a un grupo y le dijo a un soldado:

–Oiga mi cabo, háblele al coronel.

Se fue el cabo y en eso se escuchó una balacera. Entonces los soldados nos aventaron contra la pared y nos cubrieron haciendo valla. Junto a nosotros, además de la muchacha del bote del CNH, había dos chamaquitas muy jóvenes que de ahí en adelante se nos pegaron. Cuando paró la balacera, llegó el que supongo que es coronel, y el ambulante le dijo:

–Oiga, mi coronel, a estas señoras hay que sacarlas porque, si no, al rato vamos a tener que sacarlas en camilla.

El coronel contestó:

–¿Usted qué anda viendo viejas histéricas?... ¡Vaya a recoger heridos!

Soltó unas palabrotas. Como el ambulante no se movía, el coronel le gritó:

–¡Déjese de recoger viejas histéricas y vaya por sus heridos! ¿Qué no me oyó?... ¡Y ustedes, señoras, vuelvan a su departamento!

Los cuatro niños empezaron a llorar.

–Pues no señor, aquí nos mata usted pero no volvemos al departamento. Mire usted, hemos visto cómo matan a la gente, hemos visto cómo la asesinan, mire la sangre, mírela...

Empezamos de nuevo con nuestro griterío, los cuatro niños llorando; en fin: panorama de histeria, fácil de imaginar. Entonces dijo el coronel:

–Es que les hago un favor regresándolas a su departamento. ¿Qué no ven que si las entrego con los granaderos, como es mi obligación, las van a cachear, se las van a llevar a la cárcel? Mejor regrésense a su departamento...

–No regresamos al departamento. Aquí mátenos, haga lo que le dé la gana pero no regresamos al departamento.

Entonces la niña Cecilia, que fue la que creo nos salvó, me dice:

–Margarita, ¿dónde están los muertos? No quiero ver a los muertos –y siguió con una voz muy dulce–. No quiero ver a los muertos, cuando pasemos cerca de los muertos, ¿me tapas la cara Margarita?

No sé cómo se me ocurrió decirle:

–Si no eran balas, m'hijita, eran cohetes. Tú has oído los cohetes, ¿no?

Entonces el coronel nos dijo:

–Bueno, vénganse, las voy a sacar.

Un soldado tomó la maleta y salimos: las tres mujeres, los cuatro niños y las dos muchachitas que se nos habían pegado. El coronel nos atravesó toda la explanada para dejarnos sobre Nonoalco. Al llegar les dijo a otros soldados que estaban allí:

–Las señoras salen.

Cruzamos la calle que estaba cercada de granaderos y uno de ellos nos gritó:

–¿A dónde van? Regrésense...

Se cerró el cerco. Entonces les dijo Meche:

–¿Cómo que regrésense? Si aquéllos nos corren y ustedes nos regresan pues ni modo que nos quedemos aquí.

Otro le avisó:

–Las sacaron los soldados.

Se abrió el cerco de los granaderos y nos dejaron pasar. Eran como las once de la noche cuando llegamos a la casa y ya habían empezado a juntarse los alumnos de Antropología y los maestros para buscar a sus compañeros. Inmediatamente se organizaron en brigadas. Nos pusimos a hacer listas de los que faltaban y no había regresado mi hijo mayor.

• Margarita Nolasco, antropóloga

Estaban los enfermeros de la Cruz Roja atrás del convento, seleccionando a los heridos para llevárselos, apartándolos de los muertos –los veíamos porque estaban frente al Chihuahua–, y en un momento dado los tiros los alcanzaron también a ellos y delante de nosotros cayó una enfermera y cayó también uno de los enfermeros. Eso lo vimos nosotros. Fue una cosa de lo más desagradable e incluso la indignación del personal de la Cruz Roja era tremenda.

• Mercedes Olivera de Vázquez, antropóloga

Reyes Razo reportó poco después de las 20:15 horas que un ambulante de la Cruz Roja, identificado como Antonio Solórzano, había sido alcanzado por las balas y se le recogía en mal estado. Horas más tarde fallecía en la Cruz Roja.

• "26 Muertos y 71 Heridos; Francotiradores Dispararon
Contra el Ejército, el General Toledo, Lesionado",
El Heraldo de México, 3 de octubre de 1968

Informó además la Cruz Roja que a las 21:45 horas dejó de presentarse en el lugar de los hechos, debido a que grupos de granaderos impedían la salida de sus ambulancias. Se dijo a la institución que esos granaderos habían sido apostados para proteger el hospital e impedir que algunos lesionados lo abandonaran.

Doctores, comandantes, ambulantes y personal de la benemérita institución protestaron ante lo que llamaron una invasión incorrecta e impedimento de sus labores. Dijeron que se estaban violando los acuerdos de Ginebra, en los que se establece que la Cruz Roja es una institución neutral.

• "Lista Parcial de Muertos y Heridos en la Refriega",
Novedades, 3 de octubre de 1968

La Cruz Roja, que había suspendido el servicio de emergencia hacia las 21 horas, por instrucciones de la Jefatura del Estado Mayor de la Defensa Nacional, lo reanudó a las 23:30 horas cuando varias ambulancias partieron hacia la zona de Tlatelolco.

Se explicó que la suspensión se debió a la necesidad de evitar la presencia de "intrusos en la sala de emergencia" y para que las autoridades interrogaran a los heridos.

• "Se Luchó a Balazos en Ciudad Tlatelolco", *Excélsior*,
3 de octubre de 1968

Una ambulancia. Por favor, como compañero, una ambulancia.

• Oriana Fallaci, al reportero de *Excélsior*, Miguel Ángel
Martínez Agis. "Oriana Fallaci, Famosa Reportera Herida
a Tiros", *Excélsior*, 3 de octubre de 1968

Mi novio y yo subimos las escaleras hasta la azotea, unos diez pisos, y no me acuerdo que me haya costado ningún esfuerzo. Oí caer gente en la escalera y ya en la azotea vi a un chamaco de catorce o quince años que corría adelante de nosotros entre los cuartos de servicio y lo ensartaron con una bayoneta.

• Enriqueta González Cevallos, maestra normalista

En el Servicio Médico Forense... las autopsias mostraron que la gran mayoría de las víctimas murieron... a consecuencia de heridas por bayoneta... Otros por disparos de armas de fuego hechos a corta distancia... Tres casos llamaron la atención de los médicos; un niño de aproximadamente 13 años que murió a consecuencia de una herida de bayoneta en el cráneo... El segundo, una anciana que sucumbió tras de recibir un bayonetazo por la espalda... El tercer caso, una jovencita que presentaba una herida de bayoneta en el costado izquierdo. La lesión nacía en la axila y terminaba en la cadera...

• "Penosa Identificación de las Víctimas", *El Universal*, 4 de octubre de 1968

La bayoneta –arma para el invasor– ¿quién la ordenó contra nuestros hijos?

• Manta de la Vocacional 7 en la manifestación del 27 de agosto

Ambulancias de las cruces Roja y Verde y del Hospital Central militar comenzaron a entrar, por varias calles simultáneamente, a Ciudad Tlatelolco. Esto fue pasadas las 20:30 horas.

Los soldados siguen cargando a bayoneta calada, según informantes dignos de crédito, contra todo grupo mayor de diez personas.

Un reportero de AMEX vio cuando, sobre las 19:00, un estudiante fue derribado por un militar con un golpe de fusil y ultimado a bayonetazos. Ocurrió lo anterior en la esquina que forman las calles de Allende y Nonoalco.

• Margarita García Flores, jefa de Prensa de la UNAM

La presencia del ejército se produjo cuando el mitin estaba por concluir y cuando un líder había pedido a la multitud que "era conveniente suspender la manifestación que estaba planeada en el Casco de Santo Tomás".

> • Félix Fuentes, reportero, "Todo empezó a las 18:30
> horas", *La Prensa*, 3 de octubre de 1968

Hubo escenas tan tremendas como la siguiente que vio el reportero cuando estaba parado en el tercer piso de uno de los edificios: un hombre gritó: "Mi hijita está en su corralito", y corrió al interior del departamento. Lo vimos cuando cayó de un balazo en el pecho; poco después sacaríamos a la niña indemne y la entregamos a la madre que parecía sonámbula, víctima de un tremendo shock nervioso.

> • Jorge Avilés R., redactor, "Tlatelolco Campo de Batalla,
> Durante Varias Horas Terroristas y Soldados Sostuvieron
> Rudo Combate", *El Universal*, 3 de octubre de 1968

–¿Por qué me pega, si ya le enseñé mi credencial de estudiante?
–Sí, por eso mismo te pego, hijo de la chingada.
Francamente sentí miedo porque nunca nadie me había golpeado así. Le grité a mi hermano, pero no me contestó y después me preguntó ese soldado –un güero de ojos rasgados– que dónde estaban las armas. Le dije que no tenía arma. Él y otro soldado me arrinconaron contra la pared con las manos en la nuca, junto a muchos otros cuates que ya habían agarrado y estaban cacheando. Entonces el soldado güero le dijo a otro:
–Si alguno de éstos se mete, le pegas un balazo.
Opté por recargarme en la pared y pensé que no tenía caso moverme.

> • Ignacio Galván, estudiante de la Academia de
> San Carlos y del Taller de Cerámica de la Ciudadela

Lo vi como nunca antes. Vi sus manos muy blancas, como de cera, con las venas azules, su barba de candado que siempre le pedí que se dejara: "¡Déjatela, déjatela", porque lo hacía verse mayor que sus veintiún años, vi sus ojos azules muy sumidos en sus cuencas (él siempre ha tenido una expresión triste) y sentí su cuerpo tibio junto al mío. Los dos estábamos empapados por la lluvia y porque nos tiramos al suelo tantas veces en el agua, y sin embargo yo sentía su brazo cálido sobre mis hombros. Entonces, por primera vez desde que andamos juntos, le dije que sí, que cuando nos dejaran salir los soldados que me llevara con él, que al cabo y al fin nos íbamos a morir, sí, tarde o temprano, y que yo quería vivir, y que ahora sí, le decía que sí, sí, sí quiero, sí te quiero, sí, lo que tú quieras, yo también quiero, sí, sí, ahora yo soy la que quiero, sí...

• María del Carmen Rodríguez, estudiante de Letras Españolas en la Universidad Iberoamericana

En el momento en que lo empezaron a golpear, oí que mi hermano Ignacio me llamaba y le pregunté a uno de los soldados:

—¿Por qué lo golpea? Él también es estudiante.

Y el soldado me dijo:

—Bueno, pues, ¿qué quieres que haga? Pasa tú a defenderlo...

Cuando me dijo esto, hasta me dio risa:

—¿Con qué lo defiendo?

—¡Pásale para acá, hijito!

Pasé, el soldado me agarró. Yo traía en la chamarra un escudo del circo soviético. Me preguntó qué era eso:

—Es del circo soviético.

No dijo nada y siguió con su interrogatorio:

—A ver, hijito, ¿qué andabas haciendo aquí en el mitin?

No le contesté. Me dijo:

—Arrodíllate.

Sólo puse una rodilla.

—No, no arrodíllate bien, hijito... Y alza las manitas.

Luego luego pensé: Bueno, este cuate va a hacer que le pida perdón, ¿o qué?

—¿A dónde te gustaría una patadita? ¿Aquí en las costillitas?

—No mano, pues allí me vas a desgraciar todo...

Cuando menos me lo esperaba, que me suelta la patada en la boca del estómago. Después me dio un culatazo en la espalda; me doblé. Me levantó de los cabellos. Cuando nos doblábamos nos levantaban de los cabellos, culatazo en el estómago, en el pecho, en la espalda, en los hombros, bueno, nos daban, ya no sentíamos lo duro sino lo tupido. Nos gritaban: "Ahora sí, para que no nos llamen asesinos"... Uno de ellos, que por lo visto era el jefe, les ordenó a unos que estaban parados nomás viendo:

—Órale, ¿pos qué esperan?

Sólo a los que éramos estudiantes nos pegaron, y con los que más se ensañaban era con los de la UNAM y con los del Poli. Al registrarnos nos sacaron propaganda de las bolsas:

–¿Por qué tienen eso?

–Nos la acaban de dar ahorita...

–No, tú la andas repartiendo...

Si los cuates pedían clemencia: "No, no, ya no me peguen", pues más les pegaban.

Nos formaron a todos con las manos en alto y a los que estaban greñudos los apartaban. A un muchacho lo hincaron y le trozaron mechones con la bayoneta. Pensé que a mi hermano Ignacio lo iban a pelar porque es artista y anda greñudo. Nos dijeron que nos uniéramos a la fila con los demás:

–Ahí les va su despedida.

Y nos golpearon como si estuvieran quebrando piñatas.

> • Carlos Galván, de la Escuela de Biblioteconomía y
> Archivología de la UNAM

¡Han agarrado a todo el Consejo Nacional de Huelga!

> • Andrés Pérez Ramírez, estudiante de la ESIME

Se reían: "¿Conque eres estudiante, no?" Me dieron un culatazo tan brutal que sentí que me privaba, pero entonces hubo una reacción en mí, porque pensé que si me caía allí, ya no me iba a levantar: "Me van a matar" y algo muy fuerte hizo que me repusiera. Dentro de mí yo decía: "¿Pues por qué voy a morir así?" Lo que yo quería era ver a mi hermano para decirle un adiós. Estoy dispuesto a morir porque sé que todos nos tenemos que morir, pero no así, en esa forma. "A ti, llegando, te vamos a quemar el pelo con gasolina", me dijeron. Nos subieron a las camionetas pánel de los granaderos y ya en la pánel, el sargento, bien enojado, nos iba diciendo a mí y a otros compañeros:

–No, ya ven, en vez de que estuvieran tomando un cafecito con sus padres o con la novia, andan aquí en estos relajos... Pero sus padres tienen la culpa porque en vez de reprenderlos les dan ánimos. "Sí, vete al mitin, sí, vete, cómo no, ve hijito." Ellos son los que tienen la culpa. Ahora que sus líderes los saquen, a ver cómo le hacen...

Yo no podía ver por dónde nos llevaban. El sargento seguía cotorree y cotorree. Lo que más le enojaba era que: "Por culpa de ustedes desde hace dos meses nos tienen acuartelados. A ver, ustedes tan chamacos". Se acaloraba a medida que iba hablando hasta que nos gritó: "Y esto nomás es el principio, hijos de la chingada. Ahorita van a ver lo que es bueno en el Campo número 1".

Nos echó un discurso larguísimo; que estábamos pendejos si creíamos que íbamos a tumbar al gobierno porque ellos también tenían ametralladoras. Alegaba: "¿Nosotros qué les hacemos? ¿Por qué nos ofenden? Nos gritan: ¡*Asesinos!*... A nosotros nos paga el gobierno; tenemos que defenderlo. Por lo que hubo en la Universidad, nos quitaron un día de sueldo". También dijo que si había un mal gobierno, hasta ellos serían los primeros en entrarle a un movimiento así. Decía todo esto mientras la pánel iba caminando, pero nosotros no sabíamos a dónde nos llevaban. Se estacionaron como tres minutos y fue cuando notamos que estaba todo oscuro y que se veían puros árboles. Creí que nos iban a ordenar que nos bajáramos, pero nelazo; se subieron otros dos granaderos, arrancó la pánel y entre ellos comenzaron a platicar. Nosotros estábamos amontonados, bien golpeados todos, siempre con las manos en la nuca, y así llegamos al Campo Militar número 1, que está junto al Toreo de Cuatro Caminos. No queríamos descender; estábamos todos ciscados; nos bajaron a empujones y una vez en el Campo, un teniente coronel nos dijo:

—Por favor, señores, bajen las manos, aquí están entre caballeros...

- Ignacio Galván, de la Academia de San Carlos

Hago un llamado a los padres de familia para que controlen a sus hijos, con el fin de evitarnos la pena de lamentar muertes de ambas partes; creo que los padres van a entender el llamado que les hacemos.

- General Marcelino García Barragán, secretario de la Defensa Nacional: Jesús M. Lozano, reportero, "La Libertad Seguirá Imperando, El Srio. De la Defensa hace un Análisis de la Situación", *Excélsior*, 3 de octubre de 1968

Nos hicieron pasar a todos en grupo —creo que éramos más de quinientos en ese recodo delante de la iglesia de Santiago Tlatelolco— y nos ordenaron poner nuestras manos tras de la nuca y caminar hasta el frente de la iglesia. En ese momento un coronel nos pidió que nosotras las mujeres tiráramos nuestros paraguas si es que los teníamos y que los hombres se quitaran sus cinturones. Todos aventamos estas prendas y nos dejaron ahí parados mucho tiempo. Al cabo de una hora la gente comenzó a cansarse y algunos se sentaron en el suelo sin pedir autorización. Gracias a Dios estaban entre nosotros dos vendedores ambulantes de cacahuates, también detenidos, y nos acabamos su mercancía porque ya teníamos hambre. Eran las nueve de la noche y había llovido mucho.

La gente se puso a platicar entre sí, a preguntarse por qué; hablaban de la represión y de sus problemas y cuando se dieron cuenta de que yo era extranjera me dijeron: "A usted seguramente la van a dejar salir, pero a nosotros nos van a detener". Y todos comenzaron a darme su número de teléfono y me indicaron que sólo dijera, al descolgar la bocina: "Pablito está bien... Paco está bien, Marisa está bien, Juan está bien, Rosa está bien, Eduardo está bien". Nos dimos muy bien cuenta que había muchos muertos y gran cantidad de heridos porque se tardaron mucho en recogerlos. Más tarde, a las tres de la mañana, oí a un médico militar decir que había más de setenta muertos hasta ese momento y añadió: "... Y sin duda hay más".

- Claude Kiejman, corresponsal de *Le Monde*

¡Y a mí no me desaparecen el cadáver de mi hijo, como se lo han hecho a otros! ¡A mí no me lo hacen! Aunque esté muerto, aunque esté entre los muertos, ¡yo lo quiero ver!

- Elvira B. de Concheiro, madre de familia

Cerca de las dos horas de hoy, los familiares de dos muertos del edificio Chihuahua se negaban a entregar los cuerpos a las ambulancias que los solicitaban.

- Raúl Torres Duque, Mario Munguía, Ángel Madrid, Luis Mayen, José R. Molina, Silviano Martínez C. y Mario Cedeño R., "Sangriento Tiroteo en la Plaza de las Tres Culturas", *Ovaciones*, 3 de octubre de 1968

Estábamos bloqueados en la iglesia de Santiago en el costado oriente, el *Cuec*, Leobardo López Arreche –me da mucho coraje su muerte–, y yo. Ahí nos quedamos hasta las cinco de la mañana en que nos llevaron a Santa Marta Acatitla al dormitorio 4... A las seis de la tarde del 3 de octubre pasaron unos agentes a reconocer a los detenidos y a las ocho ya estábamos en el Campo Militar número 1. Allí estuvimos incomunicados trece días. A mí me aislaron totalmente, lo cual agradecí mucho, porque me pone nervioso platicar. Es mejor estar solo, piensas. A otros, la soledad les afecta. Yo nunca he estado solo tanto tiempo como para que me afecte... Trece días después del Campo Militar número 1, entré a la crujía H, en Lecumberri.

• Raúl Álvarez Garín, del CNH

Supe que el director de Santa Marta Acatitla dijo que ya no le mandaran más presos, que ya no le cabían, que en dónde los iba a meter... Aquí vinieron setecientos estudiantes; ya no hallaban ni dónde ponerlos. Cuatro o cinco días antes del 2 de octubre desocuparon el dormitorio 4, lo cual demuestra que la represión en la Plaza de las Sepulturas estaba planeada con toda alevosía y ventaja... ¡Y a pesar de eso, ya no tenían cupo para tanto muchacho!

• Demetrio Vallejo, cárcel de Santa Marta Acatitla

Se llevaron los muertos quién sabe a dónde.
Llenaron de estudiantes las cárceles de la ciudad.

• José Carlos Becerra, "El espejo de piedra"

Nunca antes lo había visto llorar y me impresionó su rostro de pronto envejecido, los ojos rojos como la sangre –la sangre se le había subido a los ojos–, las bolsas bajo los ojos, las ojeras moradas en este amanecer que olía a pólvora... Yo creo que lloró toda la noche sin que yo me percatara bien a bien de ello, o sin que lo quisiera aceptar... Bien que oí sus sollozos atragantados, pero por pudor, por vergüenza se los achaqué a otro... Eran las cinco de la mañana; miré los espejos de agua; ahora los soldados parecían rehuirnos, pasaban delante de nosotros haciendo como que no nos veían. La mañana se veía limpia, clara, como lo son en octubre. Lo miré de nuevo. Le escurrían gruesos goterones por sus arrugas ya muy marcadas. "Cálmate, papá, no llores. Cálmate."

• Elba Suárez Solana, estudiante de Ciencias Políticas

231

No, no voy a dar ninguna entrevista, ninguna, no después de lo que me pasó; me han disparado, me han robado mi reloj, me dejaron desangrarme ahí en el suelo del Chihuahua, me negaron el derecho a llamar a mi embajada... Quiero que la delegación italiana se retire de los Juegos Olímpicos; es lo menos que pueden hacer. Mi asunto va a ir al Parlamento, el mundo entero se va a enterar de lo que pasa en México, de la clase de democracia que impera en este país, el mundo entero. ¡Qué salvajada! Yo he estado en Vietnam y puedo asegurar que en Vietnam durante los tiroteos y los bombardeos (también en Vietnam señalan los sitios que se van a bombardear con luces de bengala) hay barricadas, refugios, trincheras, agujeros, qué sé yo, a donde correr a guarecerse. Aquí no hay la más remota posibilidad de escape. Al contrario. Yo estaba tirada boca abajo en el suelo y cuando quise cubrir mi cabeza con mi bolsa para protegerme de las esquirlas un policía apuntó el cañón de su pistola a unos centímetros de mi cabeza: "No se mueva". Yo veía las balas incrustarse en el piso de la terraza a mi alrededor. También vi cómo la policía arrastraba de los cabellos a estudiantes y a jóvenes y los arrestaban. Vi muchos heridos, mucha sangre, hasta que me hirieron a mí y permanecí tirada en un charco de mi propia sangre durante cuarenta y cinco minutos. Un estudiante junto a mí repetía: "Valor Oriana, valor". La policía jamás atendió a mi petición: "Avísenle a mi embajada, avísenle a mi embajada". Todos se negaron, hasta que una mujer me dijo: "Yo voy a hacerlo".

He llamado a mi hermana que sale hoy en avión; he llamado a Londres, a París, a Nueva York, a Roma. Hoy en la mañana cuando me llevaron a rayos X unos periodistas me preguntaron qué hacía en Tlatelolco. ¿Qué hacía, Dios mío? Mi trabajo. Soy una periodista profesional. Tuve contacto con los líderes del Consejo Nacional de Huelga porque el Movimiento es lo más interesante que sucede ahora en su país. Los estudiantes me hablaron el viernes a mi hotel y me dijeron que habría un gran mitin en la Plaza de las Tres Culturas el miércoles 2 de octubre a las cinco de la tarde. Como no conocía la Plaza y sé que es un centro arqueológico, pensé combinar las dos cosas. Por eso fui. Desde que llegué a México me llamó la atención la lucha de los estudiantes contra la represión policiaca. Me asombran también las noticias en sus periódicos. ¡Qué malos son sus periódicos, qué timoratos, qué poca capacidad de indignación! ¡Qué Olimpiadas ni qué nada! Apenas me den de alta en este hospital, me largo.

• Oriana Fallaci, corresponsal de *L'Europeo*, en su cuarto del Hospital Francés

Minutos después de iniciado el encuentro los teletipos comenzaron a enviar a todo el mundo cables sobre los sucesos –visiblemente abultados– causándose un daño irreparable e incalculable para el país.

- "26 Muertos y 71 Heridos. Francotiradores Dispararon Contra el Ejército: el General Toledo, Lesionado", *El Heraldo de México,* 3 de octubre de 1968

Pasó una hora más. Las luces de los edificios se habían apagado y ya no se veía un alma en las ventanas. Sí, había una mujer que extrañamente limpiaba sus vidrios en el cuarto piso. Más tarde supe que muchos departamentos estaban llenos de refugiados tendidos en el piso en la oscuridad. Ante nosotros, en la explanada, pasaban más prisioneros, sobre todo jóvenes, las manos detrás de la nuca, empujados por soldados que les daban de culatazos en los riñones. Algunos muchachos estaban totalmente desvestidos y los retuvieron desnudos sobre las terrazas que forman los techos de los edificios. La Plaza de las Tres Culturas estaba cubierta de heridos y muertos, de los cuales varios eran niños. Ya casi no tenía miedo. Sólo pensaba que sería absurdo morir así. Éramos tantos los que nos decíamos esto en el mismo instante.

- Claude Kiejman, corresponsal de *Le Monde*

Los desnudaron contra las paredes, muchachos y muchachas, y desnudos los metieron a las "julias" y a las camionetas pánel para llevarlos al Campo Militar número 1.

- Rodrigo Narváez López, de la Facultad de Arquitectura de la UNAM

Yo hubiera querido matar al tipo, por lo menos cercenarle los dedos que apoyaba sobre el gatillo de la ametralladora. El tracatracatraca de la ametralladora se me metió en la cabeza. Durante días caminé por las calles y sólo oía el tracatracatraca de la ametralladora.

- Jaime Macedo Rivera, estudiante de Odontología de la UNAM

Detrás de la iglesia de Santiago Tlatelolco
treinta años de paz más otros
treinta años de paz,
más todo el acero y el cemento empleado para las
fiestas del fantasmagórico país,
más todos los discursos
salieron por boca de las ametralladoras.

• José Carlos Becerra

Nos quedamos así sentados a esperar, y a las diez de la noche volvieron los tiros sin que se supiera muy bien desde dónde tiraban. Tuve la impresión que disparaban detrás de la iglesia y en otros edificios más lejanos, no sé si en el 20 de Noviembre o en el 16 de Septiembre, y allí estábamos nosotros todos a descubierto. Hubo entonces otro momento de pánico porque las balas podían pegarnos mucho más fácilmente frente a la iglesia que en el recodo anterior. Las mujeres se aterrorizaron y comenzaron a llamar a gritos, a pedir que les abrieran la puerta de la iglesia para poder refugiarse en el interior: "Ábranos la puerta de la iglesia, nos van a matar, nos van a herir... Ábranos... Nosotros también somos mexicanos". La puerta no se abrió jamás. Yo también tuve mucho miedo porque pensé que, puesto que el ejército le estaba disparando a la gente, no había razón alguna para que no nos tirara a nosotros. Se ha hablado mucho de francotiradores. Quizá los hubo, pero no vi a nadie disparar desde las ventanas ni vi grupos que pudieran hacer creer que había un núcleo guerrillero en Tlatelolco. Pero como tiraban en todos sentidos, en todas direcciones, podíamos muy bien resultar heridos. Vi muchachos con guante blanco que circulaban libremente delante de la policía y del ejército, y por eso mismo me fijé en ellos.

Había miles de personas: ocho mil o diez mil, no sé; resulta difícil dar un número pero no vi a nadie tratar de deshacerse de su pistola, si es que la tenía. Quizá en los edificios hubo gente que cuando se vio atacada tomó su fusil o su pistola, eso sí es posible, ¿no hacemos lo mismo ante un ladrón o ante una agresión?, pero no había realmente gente armada en el interior de los edificios de Tlatelolco. El hecho de que tantos soldados murieran se explica por el movimiento mismo que los militares llevaron a cabo; una maniobra envolvente que hizo que todos se dispararan entre sí.

Este segundo tiroteo duró hasta las once de la noche más o menos, y nos quedamos frente a la fachada de la iglesia casi hasta las tres de la mañana. A esa hora nos ordenaron poner de nuevo las manos sobre la nuca y nos condujeron al interior del antiguo convento, al lado de la iglesia. Allí nos amontonaron como animales y la gente seguía diciendo que los iban a detener de todas todas, pero que yo como extranjera podría salir. Le dije a un médico militar que entró a vernos:

—Yo estoy aquí por azar. Venía a La Linterna Mágica, al teatro de los Ferrocarrileros, que está a la vuelta. Allí tenía yo cita con un familiar. ¿No tendría usted la amabilidad de avisar a mi casa para que no se preocupen?

Le dije también que era periodista y que pensaba que no estarían muy contentos de que yo lo hubiera presenciado todo. También le pedí que hablara a la embajada de Francia y me contestó que no era necesario avisar a mi embajada y que él hablaría a mi pariente —cosa que hizo, debo aclararlo—, porque también creo que gracias a su intervención salí de Tlatelolco a las siete de la mañana.

Al salir, pasamos por el otro lado de la iglesia y allí me di cuenta que aún quedaba mucha, pero mucha gente. Pensaba que nosotros éramos todos los detenidos; pero cerca de un estanque o espejo de agua vi que había aún más gente detenida. El médico militar me guiaba. Aún a esa hora se oían tiros de tiempo en tiempo, un poco por todas partes. La avenida Nonoalco estaba llena de tanques, pero en las otras calles la circulación parecía totalmente normal, y como la Plaza de las Tres Culturas y sus alrededores estaban sumidos en la oscuridad, seguro que la gente que pasaba no podía sospechar que cinco mil, diez mil personas aguardaban encajonadas. Un amigo mío vino a la Secretaría de Relaciones Exteriores a buscar a alguien que había ido al mitin. Le dijeron que ya no había nadie, que todos se habían regresado a sus casas y no se dio cuenta en lo absoluto de lo que estaba pasando.

Cuando subí al vehículo militar, me pareció increíble cómo todo volvía a la vida normal. Era como si lo de Tlatelolco no hubiera existido. El hombre al volante me preguntaba dónde deseaba ir; había transeúntes a nuestro lado que ni siquiera nos volteaban a ver, claxons, taxis, ciclistas, todo como si nada hubiera pasado.

• Claude Kiejman, corresponsal de *Le Monde*

La normalidad, la tranquilidad de la vida de afuera, fue para mí una bofetada.

• Elvira B. de Concheiro, madre de familia

Al salir de Tlatelolco, todo era de una normalidad horrible, insultante. No era posible que todo siguiera en calma. Sin embargo la vida ha seguido como si nada y es que somos tan mugres, tan pendejos. Íbamos en el taxi y a la altura de Bellas Artes vimos un trolebús quemándose y la bola de mirones que se ponen siempre que pasa algo. Entonces me agarró una especie como de ataque de histeria y empecé a gritar: "¡Están masacrando a la gente en Tlatelolco!" y quién sabe qué y el del taxi se asustó y arrancó y nos dijo que si volvíamos a hacer eso nos bajaba a la cuadra siguiente.

- Margarita Nolasco, antropóloga

En el coche, yendo hacia la casa de esas chicas que fuimos a dejar, Margarita se encontró en un alto a un vendedor de periódicos y desde la ventanilla lo tomó por la camisa y le preguntó:

—¿El periódico dice algo de la matanza que está sucediendo en Tlatelolco?

—No señora, no dice nada, ni lo va a decir. ¿Qué cree que en el periódico van a decir eso?

—Pues entonces tú tienes la obligación de decírselo a cuanta gente veas...

Y sacó la cabeza de la ventanilla y se puso a gritar: "Están masacrando a la gente... ¡Es un asesinato vil!" Esto lo estaba gritando en el cruce de Tacuba y San Juan de Letrán, sin haberse dado cuenta que detrás del periodiquero estaban cuatro o cinco soldados cercando a un trolebús que se estaba incendiando en la esquina... Son cosas inútiles ¿verdad?, pero que en determinado momento no se pueden dejar de hacer. Fue imposible controlar a Margarita. Yo la comprendo porque yo ya tenía a todos mis hijos conmigo y ella no.

- Mercedes Olivera de Vázquez, antropóloga

Yo me fui a sentar a mi casa y pensé: ¡Mañana el pueblo se levanta en armas! ¡Mañana que se enteren, empieza la Revolución! Y cuando vi que todo seguía igual, que nadie se movía, fue el shock más grande de mi vida.

- Enrique Vargas, estudiante de la ESIQIE del IPN

¿Qué va a pasar ahora, mano? ¿Qué va a pasar?

• Eulogio Castillo Narváez, estudiante de la Vocacional 1

Lo inexplicable de lo sucedido en la Plaza de las Tres Culturas es lo explicable de la necesidad de dominio de una clase en el poder. Mas disponer de interpretaciones lógicas de Tlatelolco no es aminorar el mundo irracional que ha desatado. Más irracional que la matanza surge el deseo de establecer que no sucedió, que no hay responsabilidad ni la puede haber.

• Carlos Monsiváis, "Aproximaciones y reintegros",
"La Cultura en México", n. 453, 14 de octubre de 1970,
Siempre!

Después, Emery me contó que también estaba en la Plaza cuando entró el ejército. Le dispararon muy cerca y le soltaron varias descargas con verdadera saña, pero de un salto cayó junto al cadáver de un muchacho. Le siguieron disparando pero todas las balas iban a darle al cadáver.

• Raúl Álvarez Garín, del CNH, citado en DA

Abrí la puerta de la casa.
–¿Y Carlitos?
–No ha llegado. No sabemos nada.
Entonces comenzó la peor noche de mi vida.

• Margarita Nolasco, antropóloga

Arriba, en la tribuna, el desconcierto pronto se convirtió en desesperación. Todo fue claro entonces: aquello era una agresión traicionera. El Batallón Olimpia nos encañonó con sus armas. Y abrió fuego a mansalva contra la multitud que corría allá abajo. El ruido de los fusiles y las ametralladoras, mezclado con los gritos de la multitud y de nosotros mismos, se hizo ensordecedor.
–¡Arriba, arriba! –gritamos algunos, mientras corríamos buscan-

do una salida en aquella amplia terraza del tercer piso del Chihuahua, desde donde los oradores habían hablado.

Al fin, un departamento sirvió de pasajero refugio para unos cuantos. Otros, con peor suerte que la nuestra, ya habían caído bajo el fuego asesino, o estaban a punto de caer.

El ejército hacía fuego en todas direcciones. Dentro del departamento era imposible caminar erguido. Las balas se incrustaban en la pared después de romper cristales y cortinas. Pedazos de yeso y de otros objetos llovían por todas partes, golpeándonos.

En ese departamento, en el quinto piso del Chihuahua, me agarraron los agentes.

> • Pablo Gómez, estudiante de Economía de la UNAM

En el décimo piso de un edificio de Tlatelolco que desemboca a Constantino vi el cadáver de un hombre, muerto de un balazo en la cabeza... Bajé corriendo para dar aviso y en esa misma calle encontré a una muchacha que me dijo que se llamaba Georgina Henríquez. Lloraba. Fue a Tlatelolco por pura puntada y resultó herida de bala en la pierna izquierda. "Andaba de curiosa." Creo que pudo hablar por teléfono porque su familia la recogió y se la llevó en un coche, pero voladaza... Todos los que estaban en Tlatelolco trataban de comunicarse con sus parientes para no caer en manos de los soldados... Entonces me dio miedo avisar. El cuate este ya estaba bien muerto.

> • Manuel Pacheco Hinojosa, estudiante de Filosofía y Letras de la UNAM

Vi una mancha de sangre en la pared de enfrente, una mancha grande que escurría. Acerqué la mano, la puse encima de la mancha, y la retiré pegajosa, toda pegajosa. Entonces, sentí, no sé por qué, ganas de vomitar.

> • Sofía Bermúdez Calvillo, estudiante de Comercio y Administración de la UNAM

¿Quién ordenó esto? ¿Quién pudo ordenar esto? Esto es un crimen.

> • Una voz en la cinta grabada por Juan Ibarrola desde la línea de fuego

238

Los culatazos todavía los aguanto, yo lo que no tolero son los escupitajos.

• Mauricio Sabines Cándano, estudiante de la Vocacional 1

¡Contra la pared, hijos de la chingada, ahorita les vamos a dar su revolución!

• Un "Mano Blanca" a varios miembros del CNH

¡No voltees o te vuelo la cabeza! ¡No voltees! ¡La cara contra la pared!

• Un "Mano Blanca" a Luis González de Alba, del CNH

¡Échese, échese le digo!

• Cinta grabada por Juan Ibarrola

Hay varios impactos de bala en el edificio de la Secretaría de Relaciones Exteriores. Las oficinas no pudieron ser desalojadas completamente. Sólo algunos empleados del turno vespertino pudieron salir del edificio, ayudados por policías y soldados.

La única precaución que se pudo tomar fue apagar las luces del edificio. Los empleados que no pudieron salir permanecieron retirados de los ventanales y para contestar las llamadas telefónicas se arrastraban en el suelo. El motociclista de la Secretaría de Relaciones Exteriores Manuel Landín resultó herido de un balazo.

• Adolfo Alanís, funcionario de la Secretaría de Relaciones Exteriores, informó a la Agencia Noticiosa AMEX

Del departamento 615 del edificio Chihuahua, en Tlatelolco, fue sacado un niño de 15 años muerto de un balazo en la cabeza.

• Agustina Román de Falcón, habitante de la Unidad Nonoalco-Tlatelolco

–Levántese, señora...

La mujer hizo un esfuerzo sin lograrlo.

–¿Qué es usted paralítica? –le pregunté.

–No, no, no sé qué es lo que me pasa en las piernas, no las puedo mover.

–La voy a ayudar a levantarse...

–¡Ay, joven, mejor no!... Me siento tan mal. Estoy toda desarreglada, mire cómo me quedó la falda... No me vea...

–No se preocupe, no la veo... Eso es lo de menos señora. Usted no se puede quedar aquí... Trate, yo no la veo...

La anciana intentó hincarse, intentó estirar una pierna... Entonces se las vi, todas ensangrentadas hasta arriba de las rodillas.

–¡Señora, tiene usted las piernas quemadas por las esquirlas! ¡Voy a ir a buscar a un camillero! ¡Una camilla para un herido!

Sólo entonces la señora empezó a llorar. Tenía más de sesenta años.

> • Ricardo Esteves Tejada, estudiante de la Facultad de Medicina de la UNAM

Yo pertenezco al Cuarto Batallón de Infantería, mi grado es el de sargento segundo y estoy bajo las órdenes del coronel Ramón Arrieta Bizcarra. A las 19 horas aproximadamente recibí órdenes de subirme a un camión militar que me trasladó a la Unidad Tlatelolco. Cuando llegó el camión me bajé para entrar a la Unidad pero no me acuerdo por dónde. Cuando iba caminando, oí varios disparos de arma de fuego que provenían de lo alto de varios edificios, en contra mía y en contra de los demás elementos de mi unidad, y traté de zigzaguear junto con mis compañeros, pero cuando iba corriendo se me salió un tiro del fusil que llevaba y me lesioné el pie derecho. Posteriormente me recogió una ambulancia que me trasladó al Hospital Central Militar... Todo esto consta en el acta número 54832/68, en la Dirección de Investigaciones.

> • Jesús Marino Bautista González, sargento segundo con domicilio en el Campo Militar del Cuarto Batallón de Infantería

La mujer lloraba a sollozos como pedradas.

> • Carlos Lemus Elizondo, empleado de una zapatería Canadá

A mí me da mucho coraje cuando oigo decir que los estudiantes saquearon los comercios, las tiendas, los establecimientos abandonados del edificio Chihuahua. Ellos no fueron los que se dedicaron al pillaje, en cambio los agentes de guante blanco y algunos soldados bien que rompieron aparadores y se llenaron las bolsas. Puedo certificarlo porque yo lo vi.

• Angelina Rodríguez de Cárdenas, madre de familia

Alberto se fue con Emilio, su amigo, al mitin. Se quedaron en una esquina de la explanada escuchando a los oradores, viendo a la gente. Incluso había niños que andaban en su bicicleta, y otros que se correteaban, seguramente habitantes de la Unidad. Parecían ignorar a los oradores, o no eran motivo suficiente para suspender sus juegos, sus diversiones. Alberto y Emilio llegaron temprano. Se dieron cuenta de que ya habían instalado el equipo de sonido porque lo estaban probando como siempre se hace: "Atención, uno, dos, tres, probando, probando... Atención, uno, dos, tres, probando, probando..." Pasó un rato y como se estaban aburriendo hasta pensaron: "Mejor ya vámonos". De pronto se desató la balacera y todos los manifestantes se aventaron al suelo. Emilio quedó encima de Alberto; así se tiraron los dos. Cuando cesó el ruido de los disparos, Alberto le dijo a su cuate: "Levántate, vámonos, pesas mucho, levántate Emilio, ¡vámonos!" Alberto se incorporó y entonces el otro rodó en el suelo, muerto.

A Alberto ni le iba ni le venía la política. Ahora es tal su shock, su indignación ante el balazo a su amigo, ante la muerte en Tlatelolco, que quiere intervenir en política, organizar actos, protestar.

• Gabriela Silva de Guerrero, madre de familia

Bajo las pancartas, las mantas ensopadas por la lluvia, había dos cadáveres.

• Rosario Acevedo, estudiante de Psicología de la UNAM

... Que las víctimas de la última noche sean curadas, devueltas a sus hogares, que se les pida, con la libertad, perdón...

• María Luisa Mendoza, escritora, periodista, habitante del edificio Cuauhtémoc de la Unidad Nonoalco-Tlatelolco

... ¿Sabes?, los soldados disparaban contra toda ventana por la que se asomara gente... Por eso cuando Margarita se asomaba a buscar a Carlitos, eran ráfagas de balazos hacia la ventana del departamento... Después se puso una mascada oscura sobre el pelo rubio casi platino y pudo asomarse con más tranquilidad.

• Mercedes Olivera de Vázquez, antropóloga

Muchos habitantes de Tlatelolco quisieron organizar brigadas de salvamento, pero su actuación fue bien precaria por la falta de seguridad en que nos encontrábamos todos. ... De vez en cuando volvían a escucharse disparos.

• Cecilia Carrasco de Luna, habitante de Tlatelolco

A la Tercera Delegación llegaron en la madrugada cuatro cadáveres más que aumentaron el número de catorce a dieciocho en dicha comisaría. Han sido identificados Leonardo Pérez González, empleado de la SEP; Cornelio Caballero Garduño, de la Prepa 9; Gilberto Ortiz Reynoso, de la ESIQIE; Luis Contreras Pérez, José Ignacio Caballero González, Ana María Reyes Touché. Llegó además un niño de trece o catorce años con herida de bala, que fue sacado del departamento 615 del edificio Chihuahua.

En el Hospital Rubén Leñero se habló de cuatro muertos, uno de los cuales fue aventado frente al hospital desde un auto.

• *Ovaciones*, 3 de octubre de 1968

Aproximadamente quince mil balas de distintos calibres han sido disparadas durante los acontecimientos armados en Nonoalco-Tlatelolco.

• Un oficial

Es notoria la buena calidad de las centenas de bombas molotov lanzadas por los manifestantes, a diferencia de anteriores ocasiones.

• Un oficial

Después de esto yo me doy de baja del ejército. Esto se pone cada vez peor para los dos bandos. Desde que tomamos CU el problema se agravó considerablemente. Quién sabe dónde vayamos a parar.

• Un teniente del Cuerpo de Paracaidistas

La situación es muy difícil. No podemos tirar a todos lados porque la orden es contestar el fuego únicamente. Desde que estamos aquí, nos han disparado continuamente y con armas de grueso calibre... La vida es difícil, sabe usted, y hay que ganársela. Desgraciadamente hay que cumplir la orden porque si damos un paso atrás nos matan a lo tarugo nuestros propios compañeros.

• Un sargento del 19 Batallón de Infantería

Aquí sólo nos movemos y nos disparan. Hay francotiradores. Necesitamos que manden un convoy de ambulancias civiles para ver si los dejan pasar. Que vengan con las sirenas abiertas para mostrar que son ambulancias.

• Miguel Ángel Martínez Agis, reportero, "Edificio Chihuahua: 18 hrs.", *Excélsior*, 3 de octubre de 1968

Soldados armados con ametralladoras disparan a todo aquello que se mueve, sobre todo en las ventanas de los edificios cercanos. Un piquete de soldados arrebató de nuestras manos a un hombre de sesenta años herido en el brazo. Se lo llevaron quién sabe a dónde. A nosotros esto nos indignó.

• Lorenzo Calderón, Alfonso García Méndez, Vicente Orozco, vecinos de la Unidad Nonoalco-Tlatelolco

Las palabras serenas, la advertencia: "Se informa a los compañeros que la manifestación programada ha sido suspendida. Repetimos. No habrá manifestación al Casco. Ésta ha sido suspendida. Dentro de unos momentos nos separaremos todos, porque no va a haber marcha al Casco de Santo Tomás", las porras espontáneas de una multitud tensa pero pacífica, se enfrentaron repentinamente a ráfagas de ametralladoras y bayonetas homicidas.

Ese lenguaje no lo hablábamos. Nuestra palabra había sido siempre otra. Cuando la lucha adquirió caracteres nacionales, nuestras banderas irrumpieron más de una vez en el Zócalo, para exigir libertad política, cese de la represión, derecho de huelga efectivo, libertad para los presos políticos.

Estábamos unidos y teníamos razón.

La respuesta pudo ser afirmativa; pero entre la solución de las demandas y la represión asesina, el gobierno escogió esta última.

• Pablo Gómez, estudiante de Economía de la UNAM

La Tercera Delegación está rodeada de policías; no se puede entrar pero se acerca mi marido, pregunta por uno de ellos porque se acordó que entre sus pacientes del ISSSTE había un encargado de esa delegación. Lo llaman, reconoce a mi marido y éste le explica que estamos muy nerviosos porque nuestro hijo fue al cine Tlatelolco y no tenemos noticias de él; que sabe que hay unos cadáveres en la delegación y quiere que le permita pasar a verlos.

–Bueno, voy a ver si puedo.

Al rato sale y dice:

–Bueno, pues pásenle, pásenle...

Al verme tan alterada, llorando, el policía añade:

–No, pase usted solo, doctor, usted que está acostumbrado.

Mi marido regresó pálido:

–¿Qué pasa? ¿Está el niño allí?

–No, no está...

–¿Viste bien? –le dije.

–¡Hombre, cómo de que no, vámonos!

Salimos y afuera nos dijo que contó veintidós cadáveres tirados en el suelo. Después en el periódico publicaron que había veinte. Él vio a una mujer embarazada. Se acercó a cerciorarse si el niño estaba vivo y entonces el estudiante de Antropología que nos acompañaba le hizo notar: "Pero, maestro, murió hace más de cinco horas". "Me di cuenta de eso –me dijo mi marido– cuando me acerqué a tocarla, pero en el momento mismo tuve esa reacción instintiva." A la una de la mañana intentamos de nuevo entrar en Tlatelolco; sólo se podía llegar por el lado de Reforma y uno de los policías que estaban en la esquina frente al Cuitláhuac nos dijo:

–Se llevaron a muchos al Campo Militar número 1...

Nos fuimos para allá y nos negaron que hubiera alguien. Tanto en la puerta principal como en las puertas laterales del Campo Militar los soldados nos decían: "No hay nadie aquí, no hay nadie aquí, no hay nadie aquí..."

• Margarita Nolasco, antropóloga

El (Hospital) Leñero informó que era literalmente imposible para la gente que deseaba ver a sus allegados, pasar al interior del nosocomio, pues la policía lo estaba impidiendo.

• "Lista Parcial de Muertos y Heridos en la Refriega",
Novedades, 3 de octubre de 1968

Se llevaron los muertos quién sabe a dónde
Llenaron de estudiantes las cárceles de la ciudad.

• José Carlos Becerra

El teniente coronel y otros oficiales empezaron a contar hasta el 60 para meternos a los dormitorios. Yo fui el 60 y detrás quedó mi hermano. A él lo pasaron a otro dormitorio con otros sesenta. Nos hicieron desfilar de uno en uno; iban anotando el nombre de cada quien; empezaron a tomar edades, casi todos éramos jóvenes, aunque había un señor con su esposa y su hija, cuatro muchachos, tres extranjeros –me imagino que camarógrafos, porque traían aparatos de cine y grabadora–, y tres chamacas, de los trece a los quince años, que estaban muy asustadas.

Los dormitorios constan de dos filas de literas; quince camas de cada lado, pero literas dobles de hierro, o sea que caben sesenta chavos. Fui el primero en entrar y le pregunté a un soldado que estaba allí barriendo –era un preso militar– dónde estaba el baño, y lo primero que hice fue romper en pedacitos mi credencial y echarla al excusado porque me habían dicho que los más perjudicados iban a ser los estudiantes. En el dormitorio todos nos pusimos a platicar, y yo, como soy muy nervioso, escuchaba una plática aquí, otra allá; iba de grupo en grupo. Metieron a una señora que gritaba histérica porque había dejado a sus niños: "Mis hijos están encerrados en el carro, mis hijos están encerrados en el carro, mis hijos se quedaron encerrados, dejé a mis hijos, mis hijos..." Entró un teniente coronel y nos dijo:

–Por favor, señores, guarden orden. Aquí no les va a pasar nada. Que cada quien se acomode en una litera.

La señora seguía gritando. El oficial le dijo que por favor se controlara, que a las mujeres las iban a mandar a la enfermería... Entonces las que se pusieron a llorar fueron la esposa y la hija del señor y también las tres muchachas que aún tenían sus libros. Les pregunté de qué escuela eran y dijeron que de una academia, no recuerdo cuál. Un gordito que iba con su novia la abrazó, pero a todos los separaron: a la esposa, a las tres muchachas, a la novia.

–Por favor, las damas tienen que pasar a la enfermería.

El esposo pidió explicaciones y el del ejército le dijo algo así –no recuerdo bien en qué palabras– que por faltas a la moral. "Aquí no pueden quedarse." No queriendo, colgándose de sus familiares y llorando, se las llevaron a la enfermería en donde tenían a las mujeres.

Al rato regresaron los oficiales a preguntar que quiénes eran los que iban con la señora y con las señoritas y los sacaron. También sacaron a los extranjeros. De ellos ya no supimos nada. Les preguntamos a los soldados:

–¿Qué ya nos irán a sacar a nosotros?

Nomás se rieron.

–¿No van a venir por nosotros?

–Sí, cómo no, van a venir a darles su calentada.

Uno de los soldados presos me dijo:

–Ahorita les van a traer colchones.

Yo se lo creí, pero lo que nos dieron fueron cartones que sólo alcanzaron para unos cuantos. Nos formaron y nos gritaron:

–Ahí les va su *box spring*.

Pero a mí ya no me tocó. En los lockers que estaban junto al baño encontramos periódicos, historietas, libros de primaria. Agarramos los libros de primaria de almohada y los periódicos como si fueran colchón. La primera noche no pude dormir por los golpes. Como a las doce de la noche un subteniente gordo y de bigotes entró a platicar con nosotros. Le preguntamos qué nos iban a hacer y cuándo nos iban a soltar.

–No se preocupen, porque si ustedes no tienen nada que ver con el Movimiento, no les va a ir mal ni los van a consignar, pero a los que sí van a pasar por las armas, por traición a la patria, es a los del Consejo Nacional de Huelga...

Entraron otros oficiales y nos levantamos todos creyendo que nos iban a sacar, pero sólo venían a pasar lista y se fueron. Como a las cuatro de la mañana vi que abrieron la puerta y aventaron a otros seis muchachos. Venían más golpeados que nosotros. Uno traía toda la sangre amortajada del lado izquierdo de la cara y tenía el ojo totalmente cerrado; los otros venían mojados, descalabrados y sin zapatos; los habían desnudado y estuvieron cuatro horas así, con las manos en alto bajo la lluvia, y después –cuando la balacera rompió las tuberías allá en Tlatelolco– los encerraron en un cuarto que se iba llenando de agua. Todos empezamos a relatar lo que nos había pasado. A la mayoría los robaron; a unos, los soldados les quitaron sus cosas, a otros, los agentes secretos, a todos les quitaron dinero en efectivo. Unos decían que los policías los habían tratado muy bien, que ésos no les habían pegado, que los que les habían pegado eran los del ejército, y otros decían lo contrario, que los del ejército los habían tratado muy bien y los de la policía no. Por eso creo que a nosotros nos fue peor, porque nos tocó el ejército y la policía; los dos nos golpearon. A las siete de la mañana nos formaron para pasar lista y como a las diez unos oficiales y los mismos presos militares encargados de los peroles y de repartir el desayuno nos formaron a todo lo largo del dormitorio y pasamos uno por uno a agarrar nuestro plato y un pocillo. En la noche vinieron los del Ministerio Público. Nos preguntaron en qué escuela estudiábamos, pusimos la huella digital de los dos pulgares, nos tomaron fotografías de frente y de perfil, total, nos ficharon, y cuando terminaron nos encerraron de nuevo:

–Pueden pasar a seguir descansando.

• Carlos Galván, de Biblioteconomía de la UNAM

En el Campo Militar número 1 negaban todo. Como a las dos de la mañana nos paramos a preguntar en una de las puertas laterales –creo que es la puerta 3–, una de las que están más atrás, insistiendo: "No hombre, por favor, si están aquí... Ustedes saben que están aquí... Pueden enviarles un recado... Por favor, díganos que están aquí"... Nada, nada, nada, los soldados negados. Además cada vez que se acercaba un carro, los soldados cortaban cartucho y apuntaban. De pronto, llegó un carro militar y bajó un hombre vestido de civil que dijo:

–Soy del Batallón Olimpia, corran a esa gente porque ahí vienen los demás.

Entonces uno de los soldados ordenó:

–Se van de aquí inmediatamente...

–¿Por qué nos tenemos que ir, si estamos en la calle?

Entonces nos apuntan con el rifle y nos dicen:

—Por esto.

Nos subimos al carro y nos fuimos. Ahora sé que traían más muchachos presos y no querían que nos diéramos cuenta. De allí nos fuimos a la Procuraduría y nos informaron que al día siguiente, como a las ocho de la mañana, empezarían a salir listas. Como eran más de las cuatro de la mañana, decidimos regresar a la casa y esperar las horas que faltaban.

A las seis de la mañana, el chico todavía no había regresado a casa, no sabíamos nada. Lo único que sabía es que no estaba entre los muertos, porque habíamos recorrido las cruces, pasábamos una foto del niño y con ésa lo buscaban entre los muertos y los heridos. Además mi marido estaba en contacto con otros médicos. Entonces, si no estaba entre los muertos ni entre los heridos, temía que estuviera preso. A las siete de la mañana regresé al Campo Militar; que no tenían a nadie, me dijeron. A las ocho de la mañana nos presentamos de nuevo en la Procuraduría a buscar listas, y nada. En la Procuraduría decían que no tenían a nadie, en el Campo Militar que no tenían a nadie, en la Federal también decían que no tenían a nadie. ¡Resulta que en ningún sitio tenían a nadie! Entonces regresamos a la casa para dejar informe de a dónde íbamos a ir; habíamos pensado en la Secretaría de la Defensa, y me recibió mi hija diciéndome que un chamaco habló diciendo que mi hijo estaba oculto en un departamento vacío del edificio Chihuahua. Corrimos al Chihuahua y con la excusa de que Meche quería ver cómo había quedado su casa, enseñó sus papeles y entramos mi marido, Meche y yo. Serían las nueve cuando llegamos al Chihuahua. Estaba lleno de soldados pero, con todo, empezamos a tocar de puerta en puerta, no sabíamos en qué departamento y tocamos a todos, un piso tras otro. Yo gritaba: "Carlos, Carlitos, Carlitos ¿dónde estás?" Me empecé a desesperar: "Contesta Carlos, contéstame Carlitos, yo soy... Soy yo, Carlitos..." Me seguían tres o cuatro soldados pero ya no me importaba nada; pensé que tenerlo vivo ya era una ganancia.

• Margarita Nolasco, antropóloga

El descontrol de Margarita fue muy grande, enorme. Nos pasamos toda la noche buscando al niño, y ya el colmo de la histeria —podemos decir— fue al día siguiente, después de que nos avisaron por teléfono que el niño estaba en uno de los departamentos en el edificio Chihuahua, no sabíamos cuál. Entonces presencié escenas terribles que no sólo eran de Margarita sino de mucha gente, de muchas madres que buscaban a sus hijos, algunos muy pequeños, hasta de dos años, otros, como el de Margarita, ya de secundaria, y Margarita, ya fuera de sí, iba puerta por puerta gritando: "¡Carlitos, soy yo! ¡Ábreme!" Era kafkiano. Obviamente, el niño no le hubiera abierto.

• Mercedes Olivera de Vázquez, antropóloga

... Las carreras angustiosísimas de seres indefensos que trataban de ponerse a salvo de las balas, el grito mudo de los cientos de detenidos, el heroísmo de los habitantes de Nonoalco-Tlatelolco ayudando, dando cafés, vendando cabezas, protegiendo a los heridos aun a costa de su propia vida y finalmente, en la mañana gris, carente de agua la llave, con la noche del insomnio encima... una madre... una madre gritando: "¡Carlitos!" por pasillos y escaleras, sollozando en busca de su hijo y preguntando por él.

• María Luisa Mendoza, escritora y periodista, habitante del edificio Cuauhtémoc de la Unidad Nonoalco-Tlatelolco

En la mañana, como a las cinco, empezamos a organizarnos toda la familia. Mi marido se fue a las procuradurías, Pepe a las delegaciones, Chelo y yo a las cruces, a los hospitales, a los anfiteatros, a donde hubiera heridos o muertos. Los cuates, Rubén y Rogelio, salieron a su trabajo a esperar que nos comunicáramos con ellos. En la Cruz Roja me preguntaron que si tenía valor para bajar al anfiteatro que está en los sótanos. (La Cruz Roja queda en Ejército Nacional, frente a Sears.) Yo respondí:

–¿Usted cree que una madre no tiene valor para hacerlo?

Un encargado me acompañó. Bajamos por un elevador. Mi hija se quedó: "Espérate aquí". Ya en la morgue, el encargado presionó un botón y empezó a jalar las gavetas. Salió una primera gaveta en la que había el cadáver de un joven como de diecisiete años, su tez ya estaba amoratada. Como le faltaba parte del rostro, traté de identificarlo por medio de su dentadura y de los lunares que tienen en la cara todos mis hijos. A este cadáver sólo le quedaba la mandíbula y unos cuantos dientes. Al verlo me dio la impresión de que era el *Pichi*, porque yo los veía a todos como si fueran míos; en cada cadáver creía reconocer a uno de mis hijos, pero para cerciorarme abrí los pedazos de labios que le quedaban y examiné sus dientes y no eran, porque *Pichi* tiene los dientes de enfrente muy separados y éstos estaban muy juntos y el mayor los tiene incrustados en oro... Me sacaron otros cadáveres traídos de Tlatelolco, pero ninguno era. Muchos eran de señoras, pero no me fijé tanto puesto que yo buscaba hombres. Sólo recuerdo a una como de 45 años con el pelo teñido de rojo y una blusa color naranja.

Subimos de nuevo y le pregunté al encargado a dónde podría seguir buscando.

–Vaya usted a Traumatología, de Balbuena.

Durante el trayecto Chelo y yo no hablamos una sola palabra. En Traumatología no había sino heridos y no me dejaron verlos. Además ninguno correspondía a la descripción que yo daba. Desesperada, volví a preguntar dónde podría haber más cadáveres y me dijeron que en el Rubén Leñero, pero que allí no me iban a dar ninguna información porque todos estaban en calidad de detenidos. Después supe que había cincuenta y ocho estudiantes heridos. No había muertos. A un muchacho agente del Ministerio Público le di los retratos de mis hijos y regresó a decirme:

–No, no están allí. Ninguno se parece a las fotos.

En todas partes era una romería de gente buscando a sus muertos o a sus heridos. Me trasladé a la Tercera Delegación, cerca de la Lagunilla. Al llegar estaban las calles llenas de humo, como si hubiera mucha neblina y era porque se estaba quemando un camión y despedía una gran cantidad de humo. Pregunté a los policías si se podía entrar a la Tercera Delegación y uno de ellos me contestó que sí:

–Entre, para que le sirva de escarmiento.

Entonces me formé porque teníamos que hacer cola. Pasábamos de cinco en cinco. Le dije a mi hija:

–Chelo, espérame, tú no entres.

Caminé por un pasillo y llegué a un cuarto muy frío; lo sentí más frío que el de la Cruz Roja. Allí lo primero que vi fueron siete cadáveres como de doce a quince años, pero estos niños ya estaban identificados. Por eso estaban separados del grupo. Como era la primera impresión así que recibía, creí que nada más ésos eran los cadáveres, pero mis ojos empezaron a recorrer el cuarto y vi tres planchas de piedra y arriba estaban tres cadáveres de tres ferrocarrileros con la cabeza deshecha por bala expansiva. Los reconocí por el paliacate amarrado al cuello y por la camisa de mezclilla azul. Abajo de ellos estaban los demás cadáveres. Lo primero que vi fue a una mujer que iba a dar a luz y el feto se le estaba saliendo porque las balas expansivas le habían deshecho el vientre. Más tarde pregunté a Cosme mi marido: "¿Cómo pueden quedar así?" "Porque es bala expansiva", contestó. Un poco más lejos descubrí a la edecán morena, de pelo largo, muy bonita, con su cara muy serena, el pecho deshecho, como floreado, todo lo rojo lo tenía abierto y sentí que ella seguramente tenía más frío que yo porque me quité el suéter y se lo aventé. Estaba desnuda del vientre para abajo y me dio mucho dolor que estuvieran sus partes así, a la vista de todos. Había otros cadáveres –doce más–, todos amontonados, puros ferrocarrileros y le pregunté al policía:

–Bueno, ¿y por qué puros ferrocarrileros? ¿Y los estudiantes?

–Ésos no llegaron aquí.

–Entonces, ¿dónde están?

–Pos vaya al Campo Militar número 1.

Allá mismo, en la delegación, un teniente coronel a quien le pregunté cómo podría entrar al Campo Militar número 1 me dijo:

–Es inútil, señora, no vaya, allí no le darán razón de nada. Es inútil acercarse.

Salí trastornada de la delegación, porque fue muy duro; caminé, caminé, creía que estaba soñando un sueño que me producía frío, y seguí caminando por la lateral de todo el Paseo de la Reforma recargándome en las paredes. Ni siquiera veía a Chelo, no la sentía siquiera caminar junto a mí. No hablamos. Ella no me preguntó nada. De la Reforma anduvimos hasta la casa. Fueron llegando, Cosme:

–Nada.

Mi hijo Pepe:

–Nada.

Esperé quince días para tener noticias. Recuerdo que me pasaba largas horas en la ventana esperando. Yo sentía náuseas. Estaba débil y desesperada. Y yo soy una mujer fuerte. Durante quince días no comí formalmente por el estado de ánimo en que me encontraba. En realidad, casi nadie comía; sólo líquidos. Jamás nos volvimos a sentar a la mesa. A los quince días encontré a *Pichi* en la crujía H de Lecumberri y lo soltaron por falta de méritos. A Eduardo lo localizamos cuando le informaron a mi hijo Rogelio en su trabajo que estaba en el Campo Militar número 1. ¡Estaba vivo! A lo mejor quedé traumada, pero es bien difícil no estarlo. Cuando trasladaron a Eduardo a Lecumberri, fui con su novia a verlo. Sólo nos dejaban pasar unos minutos a una de las dos a la H, y ella me dijo:

–Vaya usted, señora.

Todo lo que nos había pasado me dio mucho valor porque ver a Eduardo en Lecumberri bajar por la escalera de la crujía como un topo, cogiéndose de los barandales y reconociéndome sólo por la voz, pues le grité: "¡Eduardo, aquí estoy!", es algo que jamás olvidaré. Bajaba así cogido del barandal, porque lo habían golpeado tremendamente y porque no tenía lentes. Sólo la voz lo guiaba. Desde los cuatro años ha tenido que usar lentes, ve muy poco, son lentes de mucho aumento, cristales muy gruesos, por eso todos le dicen el *Búho*.

A mí me dio una depresión terrible y me puse a escribir muchos versos en esos días para desahogarme. Mire éste:

Rejas

Junta más las rejas carcelero,
no las dejes de juntar,
que por más que las juntares
nunca podrás atrapar
las ansias de libertad.
Te sugiero que también
pongas rejas hacia el cielo,
no sea que el pensamiento vuele
y te cause sinsabores.

Una mañana cuando leí que llevaban a operar a GDO de su ojo, le hice un epigrama:

Los doctores se preocupan
de dar luz al que la quita.
¿No sería más conveniente
darle tantita cicuta?

Le voy a traer mis versos, no para que los publique ni nada, sino para que me diga si están bien. Ponga mi nombre, póngalo, después de lo que vi, ¿qué más me podría pasar? ¿Qué más me podrían hacer a mí si ya tienen a mi hijo preso?

> • Celia Espinoza de Valle, maestra de primaria y madre de familia

Llevaron cadáveres al Campo Militar número 1. Un amigo contador fue por el cadáver de su mamá y le dijeron que se lo daban a condición de que firmara que su mamá era una peligrosa agitadora. Firmó todo. Todo. Su mamá era una ancianita que estuvo en Tlatelolco por pura casualidad.

> • María de la Paz Figueroa, contadora pública

La Delegación de Tacuba –Novena– reportó haber recibido el cadáver de un estudiante, Guillermo Rivera Torres, de 15 años, de la Vocacional 1. Afirmó el agente investigador en turno que el joven fue trasladado aún con vida al Hospital Central Militar, donde murió, y posteriormente el cadáver fue llevado al anfiteatro de esa agencia investigadora.

Por su parte, la Tercera Delegación informó a las 2:10 horas, que el número de cadáveres que había recibido hasta esa hora ascendió a 18.

También se informó allí que habían sido ya identificados los cuerpos de Leonardo Pérez González, empleado de Educación Pública; Cordelio Garduño Caballero, alumno de la Preparatoria 9; Gilberto R. Ortiz Reinoso, del cuarto año de la Escuela Superior de Ingeniería Química; Luis Contreras T., José Ignacio Caballero González, empleado de 36 años y Ana María Touchet.

La Cruz Roja reportó tener 4 muertos: dos muchachos, el ambulante Antonio Solórzano García y una señora.

El puesto de socorro de Balbuena reportó muerto a Cecilio León Torres, recogido en las cercanías de Tlatelolco.

A las 23 horas había en el anfiteatro de la Tercera Delegación 14 cadáveres, llevados allí por ambulancias de las cruces Roja y Verde. Entre ellos se encuentran tres mujeres: una joven de unos 23 años; una señora de unos 35 que estaba encinta y otra mujer, de unos 40 años. Hay dos hombres que sobrepasaban los 30 años y nueve cadáveres parecen pertenecer a estudiantes. Sólo se podía identificar a tres o cuatro de esos muertos, pero hasta no realizar los trámites legales no se dará a conocer ningún nombre, indicó el agente investigador (después fueron llevados cuatro más).

Por su parte, la Secretaría de la Defensa Nacional reportó muerto al cabo Pablo Pinzón Martínez, del 44 Batallón de Infantería.

Hasta las 0:45 horas de hoy, los informes recabados por nuestros reporteros indicaban un total de 25 personas muertas y más de 70 heridas durante los trágicos sucesos de Tlatelolco.

> • "Lista Parcial de Muertos y Heridos en la Refriega",
> *Novedades*, 3 de octubre de 1968

MUERTOS:

Cruz Roja: Manuel Telésforo López Carballo, Antonio Solórzano Gaona y tres desconocidos, una señora de aproximadamente 55 años y dos jóvenes de 18 y 25 años, aproximados.

Hospital Central Militar: cabo Pedro Gustavo López Hernández.
Rubén Leñero: Carlos Beltrán Maciel o desconocido. Éste fue arrojado desde un coche a las puertas del Hospital.
Balbuena: Cecilio de León Torres.
Tercera Delegación: 18 cadáveres de personas que no fueron identificadas.

• "Sangriento Encuentro en Tlatelolco", *El Heraldo de México,* 3 de octubre de 1968

Las ambulancias de la Cruz Roja números 3, 4, 6 y 9, así como la 71 de la Cruz Verde y otra del Instituto Mexicano del Seguro Social, recogieron ayer por la noche de la Plaza de las Tres Culturas a 14 personas muertas, quienes presentaban heridas causadas por armas de fuego.

Las mismas quedaron en el anfiteatro de la Tercera Delegación, a reserva de que sus parientes las identifiquen.

Al parecer, fueron víctimas inocentes de los disparos que hicieron grupos de francotiradores profesionales, que desde el edificio Chihuahua de la Unidad Nonoalco-Tlatelolco dispararon contra cualquier persona.

Solamente 5 de ellos fueron identificados. Los nombres de los muertos identificados son: Ana María Regina Teucher, como de veinte años de edad, estudiante del primer año de Medicina, no se sabe si del Politécnico o de la UNAM; otro es Gilberto Reinoso Ortiz, como de 24 años, estudiante del Politécnico, quien cursaba el cuarto año de Ingeniería Química Industrial; Cornelio Caballero Garduño, de la Preparatoria 9; Luis Contreras López y José Ignacio Caballero González, de 36 años.

Los otros cuerpos no llevaban ninguna identificación.

Hospital Militar

El Hospital Central Militar reportó a las 24 horas un muerto, el soldado Pablo Pinzón Martínez, quien recibió un proyectil en la región occipital izquierda que salió por la región temporal derecha. Se trata al parecer de una bala expansiva calibre 38. Pertenecía al 44 Batallón de Infantería.

• "29 Muertos y más de 80 Heridos en Ambos Bandos: 1,000 Detenidos", *El Universal,* 3 de octubre de 1968

La edecán se llamaba Regina; era muy guapa, muy joven y llevaba ese uniforme a rayas que les pusieron a todas.

• Socorro Lazcano Caldera, maestra de primaria

Había belleza y luz en las almas de esos muchachos muertos. Querían hacer de México la morada de la justicia y la verdad. Soñaron una hermosa república libre de la miseria y el engaño. Pretendieron la libertad, el pan y el alfabeto para los seres oprimidos y olvidados y fueron enemigos de los ojos tristes en los niños, la frustración en los adolescentes y el desencanto de los viejos. Acaso en algunos de ellos había la semilla de un sabio, de un maestro, de un artista, un ingeniero, un médico. Ahora sólo son fisiologías interrumpidas dentro de pieles ultrajadas. Su caída nos hiere a todos y deja una horrible cicatriz en la vida mexicana.

No son, ciertamente, páginas de gloria las escritas esa noche, pero no podrán ser olvidadas nunca por quienes, jóvenes hoy, harán mañana la crónica de estos días nefastos. Entonces, tal vez, será realidad el sueño de los muchachos muertos, de esa bella muchacha, estudiante de primer año de medicina y edecán de la Olimpiada, caída ante las balas, con los ojos inmóviles y el silencio en sus labios que hablaban cuatro idiomas. Algún día una lámpara votiva se levantará en la Plaza de las Tres Culturas en memoria de todos ellos. Otros jóvenes la conservarán encendida.

• José Alvarado, "Luto por los muchachos muertos", *Siempre!*, n. 799, 16 de octubre de 1968

Se presentó muerto al joven Antonio Solórzano, de quien se dijo era socorrista de la Cruz Roja, aunque en los momentos de recibir las lesiones que le costaron la vida no se encontraba en labores de socorro; igualmente fueron presentados muertos una mujer desconocida de unos 55 años, un joven de entre 17 y 22 años al parecer estudiante, y otro desconocido.

• "La Situación Estudiantil. Los Balazos Partieron del Edificio Chihuahua, dice Cueto. Informó que Tres Agentes del Servicio Secreto Resultaron También Heridos, dos de Ellos Graves", *El Día*, 3 de octubre de 1968

Por otra parte, las informaciones suministradas por la Cruz Roja indican que allí fueron atendidos 54 lesionados; de éstos cuatro fallecieron y sólo se identificó al ambulante de 36 años de edad, Antonio Solórzano Gaona, quien cayó en cumplimiento de su deber. Se disponía a recoger a uno de los heridos cuando fue tocado por una ráfaga de ametralladora.

- "Francotiradores Abrieron Fuego Contra la Tropa en Tlatelolco. Heridos un General y 11 Militares, 2 Soldados y más de 20 Civiles Muertos en la Peor Refriega", *El Sol de México* (matutino), 3 de octubre de 1968

Regina, la edecán, tenía novio. ¿Sabes?, su papá es un médico creo que de origen alemán. Por eso Regina aprendió tantos idiomas, por su papá. Y por eso la escogieron como edecán. ¡Ese día andaba feliz!

- María Inés Moreno Enríquez, estudiante de la Universidad Iberoamericana

La Cruz Roja reportó tener 46 heridos, casi todos de bala y algunos de ellos muy graves. Informó, además, que cuatro personas que fueron llevadas lesionadas murieron en el hospital. No han sido identificados.

- "Se Luchó a Balazos en Ciudad Tlatelolco, Hay un Número aún no Precisado de Muertos y Veintenas de Heridos", *Excélsior*, 3 de octubre de 1968

Al día siguiente y en los días sucesivos la inseguridad creció notablemente. Había miles de personas desaparecidas y no se tenía ningún tipo de noticias acerca de ellas. Los rumores alarmantes y contradictorios enardecían los ánimos y provocaban estados de tensión extrema. En los hospitales se producían aglomeraciones durante todo el día, la gente revisaba una y otra vez las listas de heridos, recorría los anfiteatros a fin de reconocer los cadáveres y pasaban horas enteras en las puertas de las cárceles y las oficinas judiciales esperando la lista de los detenidos. Al ambiente de angustia se agregaba la indignación producida por la represión y agravada por la insolencia con que los funcionarios policiacos trataban a los que se les acercaban a preguntar por sus allegados. Ya desesperados, después de once días de no saber absolutamente nada de Raúl, mi marido y yo pusimos un desplegado en el periódico, dirigido al procurador general de Justicia de la República Mexicana.

> • Manuela Garín de Álvarez, matemática y profesora de las
> facultades de Ingeniería y Ciencias de la UNAM

Una mujer descalza
cubierta la cabeza con un rebozo negro
espera que le entreguen a su muerto.
22 años, Politécnico:
un hoyo rojo en el costado
    hecho por la M-1
    reglamentaria.

> • Juan Bañuelos

No quisiéramos vernos en el caso de tomar medidas que no deseamos, pero que tomaremos si es necesario; lo que sea nuestro deber hacer, lo haremos; hasta donde estemos obligados a llegar, llegaremos.

> • Gustavo Díaz Ordaz, presidente de la República,
> Cuarto Informe Presidencial, 1o. de septiembre de 1968

Recuperar lo que se perdió en las sombras de esa noche de Tlatelolco es vital para el país. Volver los soldados a los cuarteles; vaciar las cárceles de prisioneros y purgar el ánimo es el mandato de esta hora negra. Nadie gana en esta contienda en la que naufraga México.

> • Francisco Martínez de la Vega, "¿Hacia dónde va
> nuestro país?", *El Día*, 8 de octubre de 1968

Todos creíamos que íbamos a salir a las setenta y dos horas y nos empezamos a desesperar cuando no nos soltaron. Allí pasamos diez días con sus noches. De los nervios, del miedo, yo dormía rete que

mal. Había un señor a quien le tocó una litera en la mera entrada
–este señor trabajaba en la Pepsi-Cola– y como casi no dormía me
contó que luego en las noches, como a las tres de la mañana, pasaban unos oficiales con una lámpara de mano, de litera en litera
buscando a uno del Consejo. Me imagino que como ya nos tenían
fichados a todos, entonces les llevaban nuestras fotos a los que ya
habían aprehendido del Consejo y me imagino que les preguntaban: "A ver, dinos, ¿a quién conoces de éstos de aquí? ¿Quiénes están metidos en esto?" En una ocasión nos metieron a todos al baño
y apagaron las luces del dormitorio, nada más quedó la luz del baño donde estaban los oficiales, y empezaron a llamarnos de a uno
por uno y el oficial preguntó:

–¿A ti dónde te agarraron?

–No, pues en Tlatelolco...

–¿Y qué andabas haciendo allá?

–No, pues fui al mitin...

–¿A qué horas te agarraron? ¿Antes o después de la balacera?

–No... pues... este... después.

–¿Ya te hicieron la prueba de la parafina?

–No.

–Ándale, ya vete a dormir... Te la vamos a hacer mañana. Debe-
rían habértela hecho como a todos los demás.

Y así nos fueron pasando de a uno por uno. Pero después se ru-
moraba que allí atrás, donde estaba oscuro, estaba Sócrates que andaba viendo a ver si reconocía a alguno. Cuando pasábamos al
baño, uno de los oficiales nos agarraba la cara, nos volteaba de un
lado, luego de otro, y cuando entró un maestro de la Vocacional 5,
a ése sí, a él lo detuvieron: "A ver, maestro, espérese tantito..."

–Sí –le dice el oficial–, tú eres de la Coalición de Maestros...

–No –contestó–, no sé nada...

–Bueno, ¿has ido a alguna manifestación, a algún mitin?

–Sí, sí he ido.

–¿Y te has encontrado allí a compañeros?

–Sí, pues es una cosa muy natural que se encuentre uno a compañeros.

–¿Y cómo sabes si alguno de esos compañeros no te delató?

–No, pues no sé nada... Tal vez sea una equivocación.

–Bueno, pues ya vete a descansar y si en el transcurso de la noche escuchas tu nombre, es mejor que vayas haciendo tu rezo, porque a los de la Coalición los van a tronar.

Entonces el maestro fue a darle a un ingeniero que estaba allí
un retrato de su chamaca y le dijo que si le sucedía algo que por
favor avisara a su casa. Luego nada más se acostó a descansar. Pero

después cada vez que abrían la puerta todos nos parábamos a ver. Él seguía en su litera descansando para tratar de controlarse.

> • Ignacio Galván, de la Academia de San Carlos

Comprendo que el gobierno no podía permitir bajo ningún concepto que los disturbios estudiantiles prosiguieran estando tan cerca las Olimpiadas. Los ojos del mundo estaban puestos en México. ¡Había que detener a los estudiantes a como diera lugar, pasara lo que pasara! En Europa, muchos turistas empezaron a cancelar sus reservaciones; los estudiantes comprometían con sus bravatas y sus motines los Juegos Olímpicos, querían aprovechar una Olimpiada de carácter internacional para sus fines personales, sus peticiones absolutamente locales. La presencia de corresponsales extranjeros siempre al acecho de periodismo sensacionalista y amarillista los azuzó, les dio alas. A ellos tenían que demostrarles que eran muy "machos"; invitarlos a presenciar manifestaciones, hacerlos participar en sus mítines... Comprendo muy bien la acción del gobierno mexicano y en su lugar quizá no hubiera tenido más remedio que hacer lo mismo.

> • Daniel Guian, director de Seguros Marítimos, visitante francés en las Olimpiadas

Y uno, alarmado y dolido intensamente por los sangrientos sucesos repetidos en el conflicto estudiantil, no puede menos que preguntarse si hay compromiso diplomático, si hay evento deportivo que valga la muerte de mexicanos; y si puede desenvolverse una fiesta de pacifismo cuando golpea la violencia cruenta.

> • Alberto Domingo, "La cruenta cólera tuvo su festín",
> *Siempre!*, n. 799, 16 de octubre de 1968

Lo que pasa es que los estudiantes querían robarle cámara a la Olimpiada.

> • Lola d'Orcasberro, visitante de Francia a las Olimpiadas

Si están matando estudiantes para que haya Olimpiada, mejor sería que ésta no se realizara, ya que ninguna Olimpiada, ni todas juntas, valen la vida de un estudiante.

> • Un atleta italiano, miembro de la Delegación Italiana a los XIX Juegos Olímpicos, *Ovaciones*, 3 de octubre de 1968

Todo se preparó con tanto cuidado, se gastó tantísimo dinero, no se ha escatimado detalle alguno; hasta en los boletos para cada evento deportivo prevalece el buen gusto; los letreros indicativos, los folletos y programas, los carteles, el diseño de los trajes de las edecanes, de los anuncios, hasta de los globos; la puntualidad con la que se verifica cada evento, la magnífica organización, por eso duele y duele mucho que los XIX Juegos Olímpicos estén teñidos de sangre.

> • Beatriz Colle Corcuera, especialista en artes gráficas, dibujante

Desatada la balacera, el ejército actuó como si estuviera sofocando un levantamiento armado, no un mitin estudiantil. Las aprehensiones rebasaron el millar y medio y el trato a los detenidos fue más desconsiderado y duro: muchas personas –de uno y de otro sexos– fueron desnudadas, arrojadas contra la pared, mantenidas largo tiempo en pie y con los brazos en alto. Una fotografía de un matutino del jueves 3 muestra a un grupo de soldados que, sonrientes, cortan el cabello a un joven detenido, en acto tan injustificado como vejatorio.

> • Alberto Domingo, "La cruenta cólera tuvo su festín", *Siempre!*, n. 799, 16 de octubre de 1968

La ropa sucia se lava en casa. Los estudiantes querían lavar la suya frente a los delegados olímpicos del mundo entero y aprovechar su presencia para inmiscuirlos en la política interna del país.

> • Douglas Crocker, conservador de museo, visitante norteamericano en las Olimpiadas

Nosotros nunca dijimos que queríamos boicotear la Olimpiada. El 14 de septiembre el oficial mayor de Gobernación, en un escrito, nos hizo saber que en el caso de que nuestra intención fuera amenazar con actos que pudieran impedirla o estorbarla, el gobierno haría uso de los recursos legales de que dispone para que la Olimpiada pudiera efectuarse. Nosotros siempre declaramos que no estábamos en contra de la Olimpiada. Incluso el 29 de agosto hicimos un manifiesto que se publicó el 30, en *El Día*, diciendo que nuestro Movimiento no tenía relación alguna con la próxima Olimpiada y que no deseábamos entorpecer una actividad de carácter internacional.

- Gilberto Guevara Niebla, del CNH

En una ocasión, cuando ya estábamos agotados (ya te hemos platicado que las sesiones del CNH duraban hasta diez horas), Áyax Segura Garrido sacó un manifiesto y propuso su publicación para el día siguiente. Dijo que su escuela lo pagaría. Pedimos que lo leyera –no olvides que eran las cinco de la mañana– y, en cuanto escuchamos las primeras frases lo dimos por aprobado. El texto se refería a un acuerdo anterior del CNH que ya se había discutido y aprobado semanas antes. Se trataba de señalar ante la opinión pública que no estábamos contra la celebración de los Juegos Olímpicos. Pero el manifiesto de Áyax añadía que barreríamos la ciudad, serviríamos de guías, lavaríamos vidrios y lustraríamos zapatos, o casi. Esa parte fue la que no se leyó. Y no se leyó porque yo me paré y dije: "Compañeros, ese manifiesto lo aprobamos hace tres semanas, no vamos a discutirlo otra vez. Que salga". Y que sale. Que lo voy leyendo al otro día, impreso en los periódicos y se me pusieron los pelos de punta. Llegué a la asamblea decidido a recibir una paliza. Y la recibí. ¡Pues claro que la recibí! Los muchachos estaban indignados con justa razón. Primero pensé en inventar alguna mentira, alguna justificación; pero finalmente me decidí por platicarles cómo había estado la sesión del Consejo y cómo habíamos aprobado semejante barbaridad. Si me creían, bien, y si no, pues ni modo. Después de oírme quedaron conformes con mi autocrítica.

- Luis González de Alba, del CNH

Nosotros no estábamos en contra de la Olimpiada en cuanto a fenómeno deportivo, pero sí en cuanto a fenómeno económico. Somos un país demasiado pobre y la Olimpiada significaba una sangría económica irrecuperable por más que se dijera lo contrario. López Mateos contrajo ese compromiso con fines exhibicionistas que no correspondían para nada a nuestra realidad.

• Gustavo Gordillo, del CNH

Será interesante... concentrar todas las filípicas que recibieron de consejeros y tutores naturalmente oficiosos los estudiantes que manifestaron sus inconformidades. Esos serenísimos y regañones adultos, tan partidarios del orden indiscriminado impuesto por represiones violentísimas, tan conmovedoramente saturados de un patriotismo sublime, han olvidado, como era de esperarse, reconocer la actitud del Movimiento Estudiantil y de sus apaleados y agredidos directores ante el compromiso olímpico. Atentos a señalar errores, excesos y su docilidad ante "oscuros intereses extranjeros", esos impecables Catones han pasado por alto la actitud juvenil, de tregua olímpica, para no hacerla de irresponsables "aguafiestas".

• Francisco Martínez de la Vega, "La serenidad de los inconformes", "En la esquina", *El Día*, 23 de octubre de 1968

El gobierno sensible a las presiones de 25 000 *businessmen* y técnicos norteamericanos presentes en México decidió reaccionar empleando la mano fuerte. No pensó que corría el riesgo de vaciar el estadio al llenar las cárceles.

• Albert Paul Lentin, *Le Nouvel Observateur*, lunes 7 de octubre de 1968

¿Qué, así se dialoga en México? ¿A balazos? ¡Por lo visto Pancho Villa sigue haciendo de las suyas!

• Andrew Fulton, comerciante, visitante norteamericano a los XIX Juegos Olímpicos

Yo estimo que el diálogo se estableció y que el señor presidente de la República contestó en su Informe a todos los seis puntos planteados por el llamado CNH e incluso tocó otros temas de interés básico y de gran trascendencia. Seguramente el más importante de ellos es el de la reestructuración de la educación superior en México. Así es que el diálogo se estableció y desde la más alta tribuna de México, en medio de gran solemnidad y con el mayor público posible –en lo inmediato y a través de la televisión y la radiodifusión y después por la prensa nacional–, el señor presidente intervino en el diálogo en la forma ya conocida, contestando a todos los puntos planteados.

> • Luis Echeverría Álvarez, secretario de Gobernación, "Declaraciones del secretario de Gobernación: El diálogo con los estudiantes lo estableció Díaz Ordaz en su Informe del 1o. de septiembre", Rubén Porras Ochoa, *La Prensa*, 3 de octubre de 1968

¿Murieron líderes del CNH en Tlatelolco? Eso es lo peor, la gente inocente.

> • Álvaro Monroy Magaña, ebanista

Para aquellos que creían sinceramente en un avance serio de las instituciones democráticas y que solamente veían ciertas omisiones y errores en el sistema político y social de México, los sucesos de Tlatelolco los llevaron a una revisión completa de sus valores fundamentales.

> • Elena Quijano de Rendón, maestra normalista

Un muchacho que andaba descalzo le preguntó a uno de los soldados presos en el Campo Militar número 1 que si no tenía unas chanclitas y él le consiguió unas botas, pero le pidió mucho dinero. Entre todos nos cooperamos para comprarle las botas a ese muchacho que no tenía un centavo. Entonces él nos dijo:
–Compañeros, en agradecimiento a todos ustedes les voy a bailar el Jarabe Tapatío.
Nos pusimos a tararear: Tarará, tarará, tararara, tarará, tarará, tararara, tarará, tarará, tararara, tarará, tarará, tarará... Y él bailaba allí el zapateado.

> • Ignacio Galván, de la Academia de San Carlos

La prueba más evidente de que existe una profunda crisis educativa es que todos nuestros gobernantes, que en su gran mayoría son egresados de centros de enseñanza superior, son ineptos e ignorantes.

> • Raúl Álvarez Garín, del CNH

"Pues yo nada más fui por curioso." "Pues yo nada más fui por curioso." ¡Estúpidos, es lo único que saben decir! ¡Ya ven, por andar de curiosos, a dónde vinieron a dar!

> • Un oficial a los sesenta detenidos del dormitorio en el Campo Militar número 1

Como nos estaban tomando las huellas digitales y éramos muchos, me puse a platicar con un soldado. Él alegaba:

—No, ya ven, ustedes no saben ni a qué le tiran. ¿A poco les gustaría tener un régimen como el del Che Guevara? ¿A poco les gustaría el Che Guevara pa' presidente?

—Pues no.

Yo, por no perjudicarme, le daba por su lado. Pensé: De buey me pongo a discutir con éste.

—No, pues ustedes están mal. ¿Por qué quieren al Che Guevara pa' presidente?

Pensé: Pues este señor se ve que no sabe que el Che Guevara ya se murió. Por lo visto a los soldados, no les enseñan nada.

> • Carlos Galván, de Biblioteconomía de la UNAM

¡Fíjate nomás qué onda la de estos cuates! ¡Les hicieron la prueba de parafina hasta a los muertos!

> • Ramón Ceniceros Campos, estudiante

En realidad hubo pocas protestas públicas después del 2 de octubre. Posiblemente las silenciaron. O la gente estaba aterrada. El 3 de octubre los maestros y alumnos asistentes al mitin en Tlatelolco pusieron un desplegado en *Excélsior* en el que decían que solamente podían hacer patente su más profunda indignación como seres humanos, que los únicos responsables de los hechos eran las fuerzas públicas tanto uniformadas como disfrazadas y que no había habido provocación alguna por parte de los ciudadanos asistentes: estudiantes, obreros, campesinos, familias y pueblo en general. También en el *Excélsior*, el 4 de octubre, el Bloque de Pasantes en Paro de los hospitales declararon que se sumaban a la indignación popular por este injustificable atentado en contra del pueblo reunido pacíficamente en Tlatelolco, y reafirmaron su decisión de continuar en paro total e indefinido como apoyo al Consejo Nacional de Huelga hasta la completa resolución del conflicto... El 5 de octubre, también en *Excélsior*, la Asamblea de Intelectuales, Artistas y Escritores protestó... Pero el Consejo Nacional de Huelga había quedado debilitado en su estructura orgánica y manifestaba ya claros síntomas de descomposición política. La policía perseguía y agredía a los que "estaban libres". Por estas razones, la indignación y el descontento popular no pudieron ser canalizados en acciones políticas de respuesta. Después de que el Consejo decretó unilateralmente "la tregua olímpica", numerosos sectores combatientes quedaron aislados y fueron atacados duramente por las autoridades, prácticamente sin posibilidades de defensa. Total: ¡un desmadre!

• Félix Lucio Hernández Gamundi, del CNH

La masacre del 2 de octubre fue "justificada" por todos los sectores gubernamentales, los más impúdicos con ruidosas declaraciones públicas y los otros con un profundo silencio cómplice. No se oyó ni una voz oficial de protesta por el asesinato de estudiantes salvo, fuera del país, la renuncia de Octavio Paz a la embajada de México en la India.

• Raúl Álvarez Garín, del CNH

No creo que las imágenes puedan mentir... He visto noticieros, fotografías...

• Octavio Paz

Tengo la impresión de que la gente fue tomada totalmente por sorpresa y que quedó como petrificada. La gente aún no comprende de qué se trataba. ¿Por qué? ¿Qué es lo que había debajo? ¿Quién es el responsable?

Lo que más me llamó la atención es que ocho días después los Juegos Olímpicos se inauguraran como si nada en medio de una calma al menos aparente... Lo que en cualquier otro país bastaría para desencadenar una guerra civil, aquí no ha trascendido más allá de los días de tensión que siguieron a Tlatelolco.

Estoy tan aterrada ante Tlatelolco que a veces me pregunto si es verdad. No hago un juicio moral sobre Tlatelolco, lo único que puedo decir es que no entiendo. ¿Por qué? No entiendo tampoco por qué se guarda silencio. Personalmente, por lo que he podido ver, creo que el sistema tiene grandes fallas. Un día un profesor de la Universidad me dijo: "No olvide jamás que, aquí, todos somos funcionarios". Por lo visto todos están metidos en el sistema y creo que éste es uno de los problemas de México.

• Claude Kiejman, corresponsal de *Le Monde*

¡Ay, pues ni modo!

• José Vázquez, expendedor de la miscelánea La Norteñita

¡Ah, y otra cosa! Al último, a la hora en que estábamos todos formados para que nos sacaran, nos dijo un sermón el jefe del lugar; nos dijo que le diéramos las gracias al general Marcelino García Barragán que porque no quería él que sufrieran tantos, que esto que había pasado nos sirviera de escarmiento para que no nos volviéramos a meter en estos líos y que ahí era nuestra casa: "Cuando gusten pueden venir a jugar futbol, pueden venir aquí a hacer ejercicio, ésta es su casa", y quién sabe qué tanto. Pero pues ¿quién va a querer ir a jugar allá después de lo que ha pasado? Luego luego todos aplaudieron –la mayoría, seguro, para salir del Campo Militar–, pero yo no aplaudí y detrás de mí estaba un muchacho que me dio la mano y me dijo: "Muy bien hecho, así se hace, me gusta que no seas como los borregos".

–No tengo por qué aplaudir porque lo que dice él, allá él; yo no estoy de acuerdo.

Y no estoy de acuerdo porque no voy con sus ideas: a mí me gusta mucho la libertad. En las canciones que hago hablo de la libertad. Estoy resignado, sí, pero siempre tengo esperanza de hacer algo, aunque en la mayoría hable del puro fracaso, dél sufrimiento que

266

hay en la vida. También de lo que me acuerdo, ya cuando veníamos en el carro; unos venían todavía vacilando y un muchacho se enojó: "No vengan echando relajo porque nos van a regresar". Estos cuates venían muy contentos, pero la mayoría estábamos espantados, salimos muy desmoralizados de ahí.

- Ignacio Galván, de la Academia de San Carlos

La única respuesta organizada provino del combativo Bloque de Pasantes en Paro de los hospitales más importantes de la ciudad. Naturalmente, la represión se concentró sobre los sectores que continuaban luchando. El día 12 de octubre el Bloque de Pasantes de Medicina anunció que la Secretaría de Salubridad había decretado suspenderles el pago de las becas a los médicos que se encontraban en huelga; paralelamente la policía perseguía a los dirigentes del Bloque y se hallaban desaparecidos varios de ellos, entre otros Mario Campuzano.

- Félix Lucio Hernández Gamundi, del CNH

Entre algunos profesores y estudiantes se produjo una reacción de azoramiento total.

- Doctora Paula Gómez Alonzo

Desde el cuartelazo de Victoriano Huerta en contra de Madero, en 1913, no había sucedido nada que nos desfigurara tanto como Tlatelolco/2 de octubre, nada que nos manchara a ese grado, que nos revolcara, que nos llenara la boca de sangre, la sangre de nuestros muertos.

- Isabel Sperry de Barraza, madre de familia

Yo no estoy de acuerdo con los estudiantes, pero francamente, al gobierno se le fue la mano.

- Jorge Olguín Andrade, empleado de banco

267

El 2 de octubre volvimos a nacer. Ese día también, decidimos cómo vamos a morir: luchando por la justicia y la democracia verdaderas.

• Raúl Álvarez Garín, del CNH

Después de Tlatelolco soy otro, no sé si mejor o peor. Bueno o malo, así como me dejó Tlatelolco, así voy a morir.

• Manuel Cervantes Palma, estudiante de la ESIQIE del IPN

No importa el tiempo que yo viva, a mí no se me van a olvidar jamás las horas de Tlatelolco.

• Luis Gutiérrez Lazo, estudiante de la ESIQIE del IPN

A mí no me interesaba la política; ahora sí, porque tengo coraje.

• Enrique Zúñiga Flores, estudiante de la Vocacional 9

Y además, ya que tantas veces pedimos serenidad a los estudiantes, pedirla ahora, insistentemente a las autoridades. Un país entero fue herido en Tlatelolco.

• Francisco Martínez de la Vega, "¿Hacia dónde va nuestro país?", *El Día*, 8 de octubre de 1968

Para eso, al día siguiente volver al Chihuahua fue así como... como... no sé, una cosa así... nebulosa que yo todavía no puedo precisar; volver a mi departamento ametrallado, revuelto, todavía con el olor a pólvora, con soldados en la puerta, con policías que te están cuidando, que te revisan todo lo que llevas, y por otro lado con el suelo manchado de sangre por todas partes...

Pues... estoy viviendo otra vez en Tlatelolco porque ya se taparon los agujeros, porque ya se pintó, ya está todo otra vez muy bonito y ahora nadie se acuerda de nada... Al contrario, todos los días recibimos unos mensajes preciosos diciendo que tenemos que ir a manifestar en contra de los estudiantes a la Secretaría de Educación y a pedir concretamente que cierren las escuelas que hay en Tlatelolco que son una amenaza para la sociedad.

• Mercedes Olivera de Vázquez, antropóloga

Los empleados
municipales lavan la sangre
en la Plaza de los Sacrificios.

• Octavio Paz

Nunca hemos llorado tanto como en esos días, sí, nosotras las mujeres. Como si quisiéramos lavar a fuerza de lágrimas todas las imágenes, todos los muros, todas las aristas, todas las bancas de piedra manchadas de sangre de Tlatelolco, todas las huellas de los cuerpos desangrándose en los rincones... Pero es mentira que las imágenes se lavan a fuerza de lágrimas. Allí siguen en la memoria.

• Perla Vélez de Aguilera, madre de familia

En los días siguientes se convirtió en una obsesión para nosotras ir al departamento de Mercedes para fregarles la paciencia a los soldados. Íbamos con cada embajada que... que... bueno; que ahora venimos a esto, que ahora a lo otro. Les teníamos verdadero rencor. Los veíamos leyendo y les preguntábamos muy amablemente: "¡Ah! ¿pero qué ustedes saben leer?"

Una de las veces en que bajamos a hablar por teléfono los vimos haciendo cola en la caseta de teléfonos que está en la esquina del edificio y les dijimos en esa misma forma muy amable pero también muy majadera:

—¿Qué los civiles podemos usar esto o está reservado únicamente para las fuerzas del orden público?

Y nos contestaron, quizá sin pescar la ironía, que nosotros también podíamos usar el teléfono. Hicimos nuestra cola y frente a nosotras habló uno de ellos y de pronto nos hizo sentir que los soldados también eran hombres, porque decía algo así como: "Mira, mi vidita, no puedo ir, no sé cuándo saldré de aquí... Anda, pónmelo al teléfono; anda, que me diga algo". Se conoce que le pusieron al teléfono a un niño porque le preguntó: "¿Cómo has estado? ¿Te has portado bien? Habla tu papi..." y las tonterías que decimos todos. Entonces nos volteamos a ver Meche y yo y como que descubrimos que eran gente igual a nosotros, porque en Tlatelolco el 2 de octubre dieron la impresión de no serlo.

> • Margarita Nolasco, antropóloga

Yo ya no quiero vivir en Tlatelolco, aunque lo remocen, aunque lo limpien, háganle lo que le hagan. Regresé y haga de cuenta que el paladar se me llenó de sangre, caminé por la explanada con el sabor caliente y salado de la sangre de los muertos atorado en la garganta... Ya sé que la sangre se seca, se ennegrece, pero para mí se ha colado en los intersticios de la piedra de la Plaza de las Tres Culturas, está ya irremediablemente incrustada en la piedra, en el tezontle. Fíjese, hasta el tezontle me parece sangre magullada... Por eso no puedo vivir aquí... Dimos una vuelta mi hija y yo y me iba diciendo: "Mira mamá, aquí estaban los tanques", "mira, aquí cayeron", "ya resanaron los muros", "el elevador sirve"... Le contesté: "Hija, yo no puedo con Tlatelolco, vámonos y vámonos lejos".

> • Catalina Ibarrola de Cabrera, habitante de la Unidad
> Nonoalco-Tlatelolco

El paisaje mexicano huele a sangre.

> • Eulalio Gutiérrez, presidente provisional de México
> del 1o. de noviembre de 1914 al 20 de enero de 1915,
> designado por la Convención de Aguascalientes

¡Bendito sea Dios que compré mi departamento aquí en este Nonoalco-Tlatelolco! No lo voy a dejar nunca aunque me venga a sacar el general Marcelino García Barragán lleno de entorchados y de bazukas. Éste es mi pedazo de aire y es mi trinchera... Oye no, no, mi trinchera no, mejor no digas mi trinchera porque van a creer que tengo aquí un arsenal de bombas y de granadas y fíjate nomás, ¡en mi cocina ni siquiera los cuchillos cortan!

> • María Luisa Mendoza, periodista

Fui con los curas franciscanos de la parroquia de Tlatelolco y les dije que venía en nombre de un grupo de madres de los muchachos muertos y heridos del 2 de octubre y queríamos una misa de difuntos precisamente ahí, y me dicen:

–Lo siento mucho pero no tenemos quien oficie misa ese día. Estamos completos.

–Mire usted nosotros ponemos nuestro padre, pero quisiéramos hacer la misa aquí el 2 de noviembre porque, pues, aquí murieron nuestros muchachos.

Entonces me contestan:

–Es que tampoco tenemos tiempo.

–Pues será la única iglesia en México que tiene todo el tiempo cubierto, porque usualmente lo que les falta son curas para llenar el...

–No, es que aquí tenemos todo el tiempo cubierto.

–Bueno, no necesita ser misa, pueden ser maitines o lo que ustedes quieran, pero algo en honor de nuestros muertos.

–Pues lo siento, no podemos hacer nada.

–Entonces permítannos hacer un altar de muertos en una esquina de la iglesia.

–Lo sentimos... Tampoco.

–Bueno es que este grupo de madres quiere venir a poner un altar aquí. Nosotras hemos intentado disuadirlas, pero quieren hacerlo a toda costa. Si algo pasa el 2 de noviembre, ustedes van a tener la culpa.

–Lo sentimos. No podemos.

–Bueno, pues si no pueden, yo les voy a traer a las madres, que son todas cristianas, porque yo no soy católica, y ustedes se lo explican a ellas, porque si no van a decir que esto es cosa mía porque yo no soy católica. Luego dicen que uno habla mal de los curas, así es de que es mejor que ustedes les expliquen sus razones.

–Bueno, tráigamelas y nosotros vamos a convencerlas.

Al día siguiente vamos como treinta personas en total; dos madres de dos muertos, los hermanos de los muertos, otros familiares, varios estudiantes. Los llevamos con el prior franciscano y les empieza a contar que no tenía tiempo y que era imposible que en un templo como Santiago Tlatelolco se permitiera levantar un altar; que las veladoras ensuciaban la pared, que la pared tenía cuatro siglos, en fin, el cuento de siempre. Los que íbamos preparados para discutir nos quedamos callados porque una de las madres empezó con una especie de queja, como un grito quedo y luego fuerte que nos enchinó el cuero a todos. Dijo que hasta la Iglesia les

271

volteaba la espalda, que era el colmo que ni siquiera un pobre rezo quisieran darle a su hijo, y como que el franciscano se condolió un poco:

–No puedo decirles una misa especial, pero solemos decir cuatro misas a lo largo del día por los pobres de la parroquia, y estos muchachos, si ustedes quieren, pueden ser considerados como los pobres de la parroquia.

Dijimos que sí, que encantadas que fueran considerados como pobres de la parroquia.

–Entonces tienen ustedes que anotar en un sobre el nombre del pobre y meter un peso de limosna.

Como ya estábamos furiosas con la actitud de los padres anotamos los nombres de los muertos y pusimos un peso dentro de cada sobre, ni un centavo más. Anotamos exclusivamente los nombres de los muertos que aparecieron en los periódicos –34 muertos–, entre mujeres, estudiantes y niños, sin añadir los cadáveres inidentificados de los que hablaron todos los periódicos... Desgraciadamente nunca se ha logrado establecer la lista completa de los muertos del 2 de octubre en Tlatelolco.

Llevamos una esquela a todos los periódicos para que se publicara el 2 de noviembre. Decía que recordábamos con profundo dolor a los muertos del 2 de octubre y dábamos sus nombres. Eso era todo. Los directores de los periódicos –porque hasta ellos se llegó de una u otra manera– rechazaron la esquela.

El 2 de noviembre una mujer de ojos claros, que tiene mucha valentía, se acercó con uno de los franciscanos de Santiago Tlatelolco y le dijo que su sindicato le había dado una corona de muertos para su hijo y que le gustara o no, la iba a poner, pasara lo que pasara. No hizo más que recargarla en la pared cuando salió gente hasta debajo de las piedras y empezó a prender veladoras. Se hicieron altarcitos esparcidos a lo largo y a lo ancho de la Plaza de las Tres Culturas, con flores y veladoras. Yo llegué con mis cempazúchitl y vi que había granaderos armados hasta los dientes, no solamente en la Plaza sino en toda la Unidad. ¡Coches estacionados frente a Relaciones Exteriores estaban llenos de agentes secretos! Unos caminaban con su woki-toki. En el suelo había varias tarjetas que eran ofrendas a los muertos: "A los mártires de Tlatelolco, criminalmente masacrados". Vimos una cruz de zacate muy bonita de la Unión de Mujeres que decía: "A nuestras mártires, octubre 2", y también junto a la cruz, una cartulina grande con el dibujo de un muchacho ensartado en una bayoneta.

• Margarita Nolasco, antropóloga

Me han matado a mi hijo, pero ahora todos ustedes son mis hijos.

> • Celia Castillo de Chávez, madre de familia a los estudiantes en la explanada de la Ciudad Universitaria, el 31 de octubre de 1968

El día 8 de diciembre que llevamos a enterrar a Jan, mi madre, al salir, miró por la ventanilla del coche en ese lento viaje de regreso que ya no la llevaba a ninguna parte y vio un helicóptero en el cielo –todos lo oímos. Nunca olvidaré su rostro y la voz de su miedo:
–Un helicóptero. ¡Dios mío!, ¿dónde habrá una manifestación?

> • E. P.

A mí me dio miedo ese helicóptero que rasgaba nuestras cabezas. Me pareció un ave de mal agüero.

> • María Elena Cervantes, maestra de primaria

Unos cuatro mil estudiantes y padres de familia se reunieron hoy a las 17:15 en la Plaza de las Tres Culturas en Tlatelolco, para iniciar su manifestación al Casco de Santo Tomás.
Carros blindados, ligeros de asalto (tanquetas) del ejército patrullaban la zona de la Plaza de las Tres Culturas.
Agentes de la Policía Federal, Judicial del Distrito Federal y del Servicio Secreto también se encuentran en esta zona a la expectativa.
La tensión entre estudiantes y policías vestidos de civiles es manifiesta, pero hasta el momento no se ha presentado ninguna intervención o visos de violencia por ambas partes.

> • Comunicado de Prensa

Eran las 6:10 de la tarde cuando un helicóptero lanzó unas luces de bengala verdes. El ejército avanzó y cerró todas las salidas.

> • Raúl Álvarez Garín, del CNH

Cuatro bengalas verdes lanzadas a las 18:10 fueron la señal para que elementos del Batallón Olimpia, vestidos de civil, iniciaran el fuego esta tarde contra estudiantes y obreros que manifestaban en Ciudad Tlatelolco.

- Margarita García Flores, jefa de Prensa de la UNAM

Sobrevolaban la iglesia dos helicópteros. Vi que en el cielo bajaban unas luces verdes. Automáticamente escuché un ruido clásico de balazos... La balacera se hizo nutrida y automáticamente apareció el ejército...

- Rodolfo Martínez, fotógrafo de prensa, "Cómo vieron la refriega los fotógrafos", *La Prensa*, 3 de octubre de 1968

No se espanten, no corran, es una provocación, no se vayan compañeros, no corran compañeros, no corran, calma compañeros...

- Eduardo Espinoza Valle, *Búho*, del CNH

Son cuerpos, señor...

- Un soldado al periodista José Antonio del Campo, de *El Día*

JULIO

Lunes 22

Alumnos de la Vocacional 2 del IPN y de la Preparatoria Isaac Ochoterena, incorporada a la UNAM, se enfrentan unos contra otros. El
origen del conflicto es confuso; se habla de que los causantes fueron
pandillas que habitualmente se encuentran en la Ciudadela, precisamente llamados "los ciudadelos" y "los araña". Los hechos ocurren en la Preparatoria Isaac Ochoterena cuyo plantel sufre daños.

Viernes 26

Tienen lugar dos actos públicos: uno organizado por la FNET para
protestar por la intervención que un grupo de policías efectuó en
la Vocacional 6; otro organizado por agrupaciones de izquierda para celebrar la fecha simbólica de la Revolución Cubana. La primera
manifestación –según sus organizadores– transcurrió en perfecto
orden, salvo un incidente en el Monumento a la Revolución, cuando un grupo trató de introducirse para desviarla por la avenida
Juárez. La manifestación continuó hasta Santo Tomás, donde un
grupo de estudiantes invitó a los presentes a trasladarse al Zócalo
con el objeto de hacer más patente su protesta. Éstos llegaron por
la avenida Hidalgo, continuaron por San Juan de Letrán y Madero.
Fue en las calles de Palma y Madero en donde tuvo lugar el primer
encuentro con la policía. A partir de este momento la lucha empezó a generalizarse por todo el primer cuadro de la capital. Según
varios estudiantes, entre ellos Luis González de Alba, de la Facultad de Filosofía y Letras, por una extraña y curiosa coincidencia, ¿o
sería casualidad?, había piedras en los botes de basura, esperando
a un alma caritativa que hiciera uso de ellas. ¿Desde cuándo los ca-
pitalinos tiran piedras en los basureros?

Sábado 27

Eduardo de la Vega Ávila y otros miembros del Partido Comunista
protestan por el allanamiento de las oficinas de su Comité Central,

llevado a cabo el día anterior. Él y sus compañeros son arrestados en las oficinas del PC, en Mérida 186, y desde entonces están presos.

Domingo 28

En la Escuela Superior de Economía del IPN se discute con los representantes estudiantiles de la UNAM y del IPN la posibilidad de un movimiento de huelga hasta que sean satisfechas las siguientes demandas:
–Desaparición de la FNET, de la "porra" universitaria y del MURO.
–Expulsión de los alumnos miembros de estas agrupaciones y del PRI.
–Indemnización a los estudiantes heridos y a los familiares de los muertos.
–Excarcelación de todos los estudiantes detenidos.
–Desaparición del cuerpo de granaderos y demás policías de represión.
–Derogación del artículo 145 del Código Penal.

Lunes 29

Los estudiantes de la Preparatoria 7 bloquean la avenida de la Viga y apresan a dos policías.
En Nonoalco-Tlatelolco también los estudiantes de la Vocacional 7 capturan camiones y bloquean las principales avenidas.
La Preparatoria 1 acuerda hacer un paro indefinido en solidaridad con el Movimiento. Igual actitud asumen las Vocacionales 2, 4 y 7.

Martes 30

Bazukazo a la Escuela Preparatoria de San Ildefonso. Queda totalmente destruida la puerta, obra maestra del arte barroco. Hay muchos heridos entre los estudiantes de las Vocacionales 2 y 5, y detenciones masivas. El secretario de la Defensa, Marcelino García Barragán, declara: "El ejército hizo acto de presencia a las 0:40. De inmediato procedieron a acordonar toda la zona y detuvieron a los estudiantes, la mayor parte de los cuales estaban lesionados. Hacia las dos de la mañana el ejército había dominado totalmente la situación". El licenciado Echeverría, secretario de Gobernación, declara, en una conferencia de prensa dada a las 3:30 de la mañana: "Las medidas extremas adoptadas se orientan a preservar la autonomía universitaria de los intereses mezquinos e ingenuos, muy ingenuos, que pretenden desviar el camino ascendente de la Revolución Mexicana. El camino ascendente de la Revolución Mexicana que tanto irrita a esos ingenuos se entorpece con la agitación y los disturbios. México se esfuerza por mantener un régimen de libertades que difícilmente se encuentra en otro país, en contraste con lo que ocurre en las dictaduras de cualquier signo político, o en las naciones en que impera el caos y la violencia. La CNED fue la que planeó los acontecimientos".

Alfonso Corona del Rosal, regente de la Ciudad, declara en una entrevista en el Departamento del D. F., a los dirigentes de la FNET: "Todos hemos reconocido que hay muchos elementos agitadores que no son estudiantes. Les he manifestado que nosotros somos los primeros que reprobamos siempre que un policía o un granadero penetre en los planteles educativos. Lo tienen terminantemente prohibido y lo tendrán; el gobierno no tiene el menor interés en lastimar los sentimientos de los estudiantes que desean que sus escuelas sean respetadas por la policía". (Hay que recordar que la poderosa FNET [Federación Nacional de Estudiantes Técnicos], está controlada en gran parte por el PRI y que su acción mediadora y sus tentativas de división fueron condenadas por el CNH.)

AGOSTO

Jueves 1

Mano tendida: El presidente de la República declara en Guadalajara: "Hay que restablecer la paz y la tranquilidad pública. Una mano está tendida; los mexicanos dirán si esa mano se queda tendida en el aire. Me han dolido en el alma esos deplorables y bochornosos acontecimientos. No ahondemos más las diferencias, dejemos de lado el amor propio, en la inteligencia de que me incluyo, naturalmente, yo".

Lunes 5

Los profesores del IPN, en asamblea general, aprueban la creación del Comité de Profesores del IPN Pro Libertades Democráticas, cuya finalidad será que la ciencia y la cultura se impartan ante hombres libres. Exige, además, la inmediata libertad de profesores, alumnos, ciudadanos; derogación del artículo 145 del Código Penal; castigo a los responsables de la represión; desaparición del cuerpo de granaderos; respeto a los planteles educativos. Esta asamblea repudió a la FNET por instigar la división entre los estudiantes.

Jueves 8

Formación del CNH con las escuelas de la UNAM, del IPN, las normales, El Colegio de México, Escuela de Agricultura de Chapingo, la Universidad Iberoamericana, la Universidad La Salle y las universidades de provincia. El CNH lanza el pliego petitorio de los seis puntos.

Martes 13

Primera gran manifestación al Zócalo, en la que participan 150 mil personas entre estudiantes del IPN, de la UNAM, normales, Chapingo, maestros y público en general. La marcha se inicia en el Casco de Santo Tomás hasta el Zócalo. La Coalición de Maestros encabeza la manifestación, que se efectúa ordenadamente. Se pide la libertad de Vallejo, libertad de los presos políticos y hay gritos de "¡Líder honesto igual a preso político!"

Jueves 15

El Consejo Universitario apoya las demandas de los estudiantes, a través de una comisión de 21 personas. Según una declaración del doctor Ricardo Guerra (*Siempre!*, n. 793, 4 de septiembre de 1968), ésta es una sesión histórica en la vida de la UNAM.

Viernes 16

Mítines relámpago, brigadas para "volantear", etcétera. La Asamblea de Artistas e Intelectuales se integra al Movimiento.

Jueves 22

El licenciado Luis Echeverría, secretario de Gobernación, propone un "diálogo franco y sereno que desembocará en el esclarecimiento de los orígenes y el desarrollo de este lamentable problema".

El CNH pide que sea público: frente a la prensa, la televisión, la radio.

Viernes 23

Profesores y estudiantes vuelven a insistir en que aceptan el diálogo con la única condición de que las conversaciones sean transmitidas simultáneamente por la radio y la televisión y en presencia de periodistas. Sugieren que las conversaciones se realicen en el Auditorio Nacional, la explanada de la Ciudad Universitaria, en la de

Zacatenco o en cualquier instalación de ambas unidades educacionales, incluidas la Vocacional 5 y el Casco de Santo Tomás.

Sábado 24

El Sindicato Mexicano de Electricistas declara: "Estamos de acuerdo con los estudiantes cuando rechazan cualquier infiltración extraña (sea cual sea su tendencia) como en el caso de la CIA, que trata de crear el mito de que México está saturado de comunistas". En su declaración, el SME califica de urgente necesidad que "autoridades y auténticos estudiantes sin intransigencia inicien las pláticas".

Martes 27

Gran manifestación. 300 mil personas marchan del Museo de Antropología al Zócalo. Los jóvenes llevan retratos de Juárez, Villa, Zapata, Hidalgo, Ernesto Guevara y Vallejo.

Sócrates Campos Lemus pide que el diálogo público con el gobierno se efectúe el día primero, día del Informe Presidencial, en el Zócalo, a las diez de la mañana. Se iza una bandera rojinegra en el asta del Zócalo. Propone también que se quede una guardia. A la una de la madrugada, fuerzas del ejército, de la policía y de los bomberos desalojan el Zócalo.

Miércoles 28

Numerosos burócratas son llevados al Zócalo para un acto organizado por el Departamento del Distrito Federal en desagravio a la bandera.

Jueves 29

El ingeniero y profesor Heberto Castillo, de la Coalición de Maestros, declara, después de haber sido golpeado salvajemente: "La agresión que sufrí es un grave error de quienes la ordenaron... Yo no tengo más armas que las ideas... Debe restablecerse la vigencia de la Constitución".

SEPTIEMBRE

Domingo 1o.

El presidente de la República, Gustavo Díaz Ordaz, rinde su Cuarto Informe de Gobierno. Declara: "La cultura es el fruto magnífico de la libertad...", lo cual también dijo en la Universidad de Guadalajara, en 1964.

Sábado 7

Mitin de 25 mil personas en Tlatelolco, convocado por el CNH.

Lunes 9

El rector pide el regreso a clases. Dice: "En su Informe el Presidente respondió satisfactoriamente a las demandas estudiantiles".

Viernes 13

GRAN MANIFESTACIÓN DEL SILENCIO

Domingo 15

El ingeniero Heberto Castillo da el Grito de conmemoración de la Independencia en la explanada de la Ciudad Universitaria. También hay una celebración en el IPN.

Martes 17

El CNH acepta el diálogo escrito y profusamente difundido, pero el Movimiento se ha convertido en una auténtica lucha social del pueblo, que busca no sólo protestar, sino restablecer los derechos que consagra la Constitución.

Miércoles 18

El ejército invade la Ciudad Universitaria.

Jueves 19

Protesta el rector, ingeniero Javier Barros Sierra: "La ocupación militar de la Ciudad Universitaria ha sido un acto excesivo de fuerza que nuestra casa de estudios no merecía".

Martes 24

El ejército entra al Casco de Santo Tomás, después de una larga y dura batalla campal entre estudiantes y policías. Hay numerosos heridos, muertos, y detenciones.

OCTUBRE

Martes 1o.

El CNH rechaza el regreso a clases. El ejército sale de la Ciudad Universitaria. El CNH anuncia un gran mitin en la Plaza de las Tres Culturas en la Unidad Habitacional de Nonoalco-Tlatelolco.

Miércoles 2

TLATELOLCO

Sábado 5

Declaraciones de Sócrates A. Campos Lemus, que involucra en el Movimiento a políticos y a intelectuales.

Miércoles 9

Conferencia de algunos miembros del CNH en la Casa del Lago, dependiente de la UNAM. Nada de manifestaciones o conflictos durante la "tregua olímpica" del 12 al 28 de octubre.

Sábado 26

Son liberados 67 estudiantes detenidos en el Campo Militar número 1.

Jueves 31

Primer mitin en la UNAM. La madre de un estudiante muerto habla delante de siete mil personas.

DICIEMBRE

Miércoles 4

Regreso a clases.

Viernes 13

A partir de esta fecha fueron arrestadas 500 personas, en diferentes lugares, entre ellas *Tita, Nacha,* Rodolfo Echeverría del PC por ser defensor de Gerardo Unzueta.

Nota a la primera edición

Al cerrar esta edición, han sido puestos en libertad 28 de los presos detenidos en 1968, de los cuales participan en este libro: Lic. Adela Salazar de Castillejos, Ana Ignacia Rodríguez, *Nacha*, Roberta Avendaño Martínez, *Tita*, Eli de Gortari, Félix Lucio Hernández Gamundi, Romeo González Medrano y Ceferino Chávez.

Impresión:
Encuadernación Técnica Editorial, S. A.
Calzada San Lorenzo 279, 45-48, 09880 México, D. F.
10-II-2003

Ensayo y testimonio en Biblioteca Era

Jorge Aguilar Mora
   La divina pareja. Historia y mito en Octavio Paz
   Una muerte sencilla, justa, eterna
Robert Antelme
   La especie humana
Roger Bartra
   El salvaje en el espejo
   El salvaje artificial
Fernando Benítez
   Los indios de México [5 volúmenes]
   Los indios de México. Antología
   Los primeros mexicanos. La vida criolla en el siglo XVI
   Los demonios en el convento. Sexo y religión en la Nueva España
   El peso de la noche. Nueva España de la edad de plata a la edad de fue
   El libro de los desastres
   En la tierra mágica del peyote
   Los hongos alucinantes
   1992: ¿Qué celebramos, qué lamentamos?
   La ciudad que perdimos
John Berger
   La forma de un bolsillo
José Joaquín Blanco
   Función de medianoche
   Un chavo bien helado
   Álbum de pesadillas mexicanas
Jorge Boccanera
   Sólo venimos a soñar. La poesía de Luis Cardoza y Aragón
Federico Campbell (comp.)
   La ficción de la memoria. Juan Rulfo ante la crítica
Claudia Canales
   El poeta, el marqués y el asesino. Historia de un caso judicial

Luis Cardoza y Aragón
Pintura contemporánea de México
Ojo/voz
Carlos Chimal (comp.)
Crines. Nuevas lecturas de rock
Gilles Deleuze y Félix Guattari
Kafka. Por una literatura menor
Christopher Domínguez
Tiros en el concierto
Bolívar Echeverría
La modernidad de lo barroco
Mircea Eliade
Tratado de historia de las religiones
Juan García Ponce
Teología y pornografía. Pierre Klossowski en su obra
Jaime García Terrés
El teatro de los acontecimientos
Antonio Gramsci
Cuadernos de la cárcel [6 volúmenes]
Hugo Hiriart
Disertación sobre las telarañas
Sobre la naturaleza de los sueños
Discutibles fantasmas
José Lezama Lima
Diarios (1939-49 / 1956-58)
Héctor Manjarrez
El camino de los sentimientos
José Carlos Mariátegui
Siete ensayos de interpretación de la realidad peruana
Antonio Marimón
Mis voces cantando
Carlos Monsiváis
Días de guardar
Amor perdido
A ustedes les consta. Antología de la crónica en México

Pablo Soler Frost
  Cartas de Tepoztlán
André Schiffrin
  La edición sin editores. Las grandes corporaciones y la cultura
Lev Tolstói
  Diarios 1847-1894
Marina Tsvietáieva
  Natalia Goncharova. Retrato de una pintora rusa
Remedios Varo
  Cartas, sueños y otros textos
Juan Villoro
  Efectos personales
Jorge Volpi
  La imaginación y el poder. Una historia intelectual de 1968
Paul Westheim
  Ideas fundamentales del arte prehispánico en México
Eric Wolf
  Pueblos y culturas de Mesoamérica
Varios autores
  El oficio de escritor [Entrevistas con grandes autores]